駿河台出版社
SURUGADAI SHUPPANSHA
テーマで読む
韓国語
［初級上～中級編］
金昌九・崔昌玉

音声について

本書の音声は、下記サイトより無料でダウンロード、
およびストリーミングでお聴きいただけます。

https://stream.e-surugadai.com/books/isbn978-4-411-03144-0/

＊ご注意
・PC からでも、iPhone や Android のスマートフォンからでも音声を再生いただけます。
・音声は何度でもダウンロード・再生いただくことができます。
・当音声ファイルのデータにかかる著作権・その他の権利は駿河台出版社に帰属します。
無断で複製・公衆送信・転載は禁止されています。

本文イラスト：がりぼん（ひろガリ工房）
装丁：dice

はじめに

「先生は、どうやって日本語を勉強したんですか？」

日本の学生からこんな質問を受けることがよくあります。

来日してからだいぶたつというのに、筆者の日本語はまだまだ拙いレベルです。とはいえ、それまでまったく知らなかった日本語をなんとか使いこなせるようになったのは、言語が習得される仕組みを長年研究してきたことが大きいと考えます。

言語習得の極意は、そう、語彙力にあります！

基本的な文法を終えた後は、たくさん聞いて・たくさん読んで、語彙と表現のストックを増やすことが重要です。そして、語彙を増やすための最も効率的な方法とは、テキストをたくさん「読む」ことなのです。

しかし、テキストをきちんと「読む」ということは、じつはなかなか難しく、退屈に思えてしまいがちです。

そこで、本書では、「読む」ことに初めて挑戦する学習者が、「読む」楽しさを味わいながら、相応の語彙をしっかり身につけてくれることを目指しました。

特に心がけたのは以下の点です。

- 重要かつ実践的で身近なテーマの設定
- 客観的なデータに基づいた語彙と文法項目の選定
- 語彙力・文法力をつけるための語彙練習やワークブックの充実
- 独学用としても使えるような設計

これらの点を踏まえつつ、学習者自身が主体的に「読む」という行為に取り組んでくれるよう、テキストの内容や書き方も工夫しました。

本書が、一人でも多くの韓国語学習者の役に立てば幸いです。

本書の作成にあたっては多くの方々にお世話になりました。この場を借りて感謝の気持ちを伝えたいと思います。特に、1年間の教科書試用期間中、プリント教材で我慢してくれた藤女子大学と小樽商大の学生たち、そして、本書の企画段階から出版まで力強く導いてくださった駿河台出版社の浅見忠仁様に心から感謝いたします。

2022年2月

著者を代表して　金昌九

目 次

付 録

別冊 WORKBOOK

1 블로그 많이 사랑해 주세요.

01 韓国留学中のハナさんがブログを開設しました。

하나의 프로필

20XX년 5월 삿포로에서 태어났습니다.
20XX년 4월 XX대학교 한국어문학과 입학
20XX년 3월 한국 XX대학 유학 중

안녕하십니까, 여러분! 만나서 반갑습니다. <하나 짱의 한국 유학 블로그> 사토 하나입니다.

일본 삿포로에서 왔습니다. 전공은 한국 문학이고 2학년입니다.

올해 2월에 한국에 왔습니다. 한국은 처음입니다. 한국 아이돌과 드라마를 아주 좋아합니다. 그래서 한국에 꼭 한번 와 보고 싶었습니다.

한국에는 1년 정도 있을 겁니다. 한국에서 한국어도 열심히 ⓐ(공부하다) 친구도 많이 사귀고 싶습니다. 여행도 많이 ⓑ(가다) 보고 싶습니다.

앞으로 열심히 하겠습니다. 제 블로그 많이 사랑해 주세요!

그럼 여러분, 잘 부탁드립니다.

↳ 하나 씨, 저도 만나서 반가워요.

↳ 처음 뵙겠습니다. 제 이름은 박수빈이에요. 저도 잘 부탁드립니다!

文法・表現リスト

- □ 만나서 반갑습니다 / 만나서 반가워요 → 030
- □ 문학이고 / 열심히 공부하고 → 007
- □ 사귀고 싶습니다 → 010
- □ 와 보고 싶었습니다 / → 010
  가 보고 싶습니다 → 033
- □ 있을 겁니다 → 056
- □ 하겠습니다 / 처음 뵙겠습니다 → 005
- □ 사랑해 주세요 → 036

1 読む前 初対面の時使う表現です。繰り返し読みなさい。

1 처음 뵙겠습니다. 始めまして。
2 만나서 반갑습니다. お会いできてうれしいです。
3 열심히 하겠습니다. 一生懸命頑張ります。
4 잘 부탁드립니다. よろしくお願いします。

2 読む前 [보기] から ______ に入ることばを選んで、適当な形に変えて入れなさい。

[보기] 꼭 잘 정도 많이 처음 열심히

1 A：한국은 ______이에요? 韓国は初めてですか。
B：아뇨, 작년에도 왔어요. いいえ、去年も来ました。

2 A：제 생일이에요. ______ 오세요. 私の誕生日です。ぜひ来てください。
B：네, ______ 갈게요. はい、必ず行きます。

3 (식사 중) (食事中)
A：______ 드세요. たくさん召し上がってください。
B：네, ______ 먹겠습니다. はい、いただきます。

3 内容確認

1 本文を読んで、ハナさんについて分かったことをチェックしなさい。

① (　　) 이름(名前)
② (　　) 가족(家族)
③ (　　) 전공(専攻)
④ (　　) 사는 곳(お住まい)
⑤ (　　) 나이(年齢)
⑥ (　　) 국적(国籍) / 고향(実家)
⑦ (　　) 취미(趣味)
⑧ (　　) 전화번호(電話番号)

2 ⓐ공부하다を適当な形に直したものを一つ選びなさい。
① 공부하고 ② 공부하니까 ③ 공부하지만 ④ 공부하는데

3 ⓑ가다を適当な形に直したものを一つ選びなさい。
① 가 ② 가러 ③ 가서 ④ 가면

＊前の言葉の表す行動を試しにやるという意を表す表現（「〜てみる」）。

2 박민서 씨를 소개하겠습니다.

02 新しくできた友達を紹介します。

이름: 박민서
나이: 22살
학년: 한국대학교 3학년
전공: 한국 역사
취미: 축구, 등산
키: 183cm
성격: 밝고 사교적

오늘은 제 친구 박민서 씨를 소개하겠습니다.

박 · 민 · 서.

성은 박이고 이름은 민서입니다. 올해 한국 나이로 22살, 대학교 3학년입니다. 군대는 아직. 전공은 한국 역사, 취미는 축구와 등산입니다. 키는 183cm, 그리고 잘생겼지요? (ⓐ)은 밝고 사교적. 아주 재미있고 농담도 잘합니다.

민서 씨는 부산 출신입니다. 부산에서 태어났습니다. (ⓑ) 사투리가 엄청 심합니다. 가족은 부모님, 누나, 여동생 두 명, 그리고 강아지 '빵'이. 가족들은 모두 부산에 살고 있습니다.

민서 씨는 3년 전에 서울에 왔습니다. 지금 학교 근처에서 혼자 (ⓒ).

사귀는 사람요? 몰라요.

실은요, 민서 씨와는 오늘 처음 만났어요.

↳ 하나 씨, 벌써 친구를 사귀었어요?

文法・表現リスト

- □ 소개하겠습니다 → 005
- □ 성은 박이고 / 밝고 / 재미있고 → 007
- □ 잘생겼지요? → 083
- □ 살고 있습니다 → 011
- □ 3년 전에 → 016
- □ 사귀는 사람은 → 020
- □ 몰라요 → 087
- □ 사람요 / 실은요 → 077

1 読む前 反対の意味を表す単語を右から選んで、その番号を書きなさい。

1 혼자(서)	(　　)	① 같이	1 一人で	① 一緒に
2 아직	(　　)	② 벌써	2 まだ	② すでに
3 밝다	(　　)	③ 어둡다	3 明るい	③ 暗い
4 사귀다	(　　)	④ 못하다	4 付き合う	④ 下手だ・できない
5 잘하다	(　　)	⑤ 헤어지다	5 上手だ	⑤ 別れる

2 読む前 [보기] から＿＿に入ることばを選んで、適当な形に変えて入れなさい。

[보기] 역사　사투리　심하다　태어나다　농담(하다)

1 저는 20XX년 대구에서 ＿＿＿＿＿.　私は20XX年大邱で生まれました。
저는 시골에서 ＿＿＿＿＿.　私は田舎で生まれました。

2 우리 할머니는 ＿＿＿＿＿가 아주 심하세요.　私の祖母は訛りがとてもひどいです。
고향 친구랑은 ＿＿＿＿＿로 이야기해요.　実家の友達とは方言で話します。

3 감기에 걸렸어요. 기침이 ＿＿＿＿＿.　風邪をひいています。咳がひどいです。
바람이 ＿＿＿＿＿ 불어요.　風がひどく吹いています。

4 미나 씨는 ＿＿＿＿＿을 아주 잘해요.　ミナさんは冗談がとてもうまいです。
사나 씨는 가끔 ＿＿＿＿＿이 너무 심해요.　サナさんは時々冗談がひどすぎます。

3 内容確認

1 ⓐに入る適切なものを一つ選びなさい。
① 성격　② 전공　③ 외모　④ 연락처

2 ⓑに入る適切な接続詞を一つ選びなさい。
① 그리고　② 그래서　③ 하지만　④ 그런데

3 ⓒに入る表現として適切でないものを一つ選びなさい。
① 살아요　② 삽니다　③ 살고 있습니다　④ 살아 있습니다

＊「-고 있다」は動作の持続、「-아/어 있다」は、動作の結果を表す。

3 나의 하루

03 ハナちゃんの日課です。

아르바이트생 모집

3개월 이상 가능한 분
요일: 월요일~금요일
시간: 13:00~21:00
시간 당 9,000원
관심 있으신 분, 연락 바랍니다.

저의 하루입니다.

아침 6시 반쯤에는 보통 일어납니다. 일어난 후에는 먼저 화장실에 갑니다. 그리고 아침 운동을 합니다(가끔 늦잠을 자요. 그래서 운동을 못할 때도 있어요^^;). 운동 후 세수를 합니다. 그리고 아침을 먹습니다. 아침 식사 후에는 이를 닦고 화장을 한 후 학교로 고!고! 학교까지는 걸어서 갑니다(자전거로 갈 때도 있습니다). 걸어서 10분 정도 걸립니다.

수업은 보통 9시부터 12시까지 있어요. 수업 후에는 학교 앞 아이스크림 가게에서 아르바이트를 합니다. ⓐ(힘들다) 재미있습니다.

9시쯤 집에 돌아와요. 돌아온 후에는 숙제를 ⓑ(하다) TV를 봐요. 그리고 12시쯤 자요.

친구들의 하루는 어때요?

↳ 하나 짱, 아르바이트해요? 힘들지 않아요? 어디에 있는 가게예요?

↳ 하나 짱! 혼자 살아요? 외롭지 않아요? 놀러 가고 싶어요.

↳ ↳ 시간 있을 때 놀러 오세요!

文法・表現リスト

- □ 일어난 후에는 / 운동 후 / 식사 후에는 / 화장을 한 후 / 수업 후에는 / 돌아온 후에는 → 045
- □ 못할 때도 / 갈 때도 / 시간 있을 때 → 062
- □ 이를 닦고 → 008
- □ 힘들지만 → 079
- □ 숙제를 하거나 → 001
- □ 힘들지 않아요 / 외롭지 않아요 → 082
- □ 놀러 가고 싶어요 → 010 → 065
- □ 놀러 오세요 → 065

1 読む前 (　　) の中に番号を入れて、皆さんの一日の順番を示しなさい。

(　　) 잡니다　寝ます	(　　) 일어납니다　起きます
(　　) 아침을 먹습니다　朝食を食べます	(　　) 세수를 합니다　顔を洗います
(　　) 수업을 듣습니다　授業を聞きます	(　　) 숙제를 합니다　宿題をします
(　　) 아르바이트를 합니다　バイトをします	(　　) 이를 닦습니다　歯を磨きます
(　　) 화장을 합니다　化粧をします	(　　) 학교에 갑니다　学校に行きます
(　　) 저녁을 먹습니다　夕食を食べます	(　　) 집에 돌아옵니다　家に帰ります

2 読む前 [보기] から ＿＿ に入ることばを選んで、適当な形に変えて入れなさい。

[보기]　힘들다　외롭다　비슷하다　가능(하다)

1 A：일 안 ＿＿＿＿?　仕事大変じゃないですか。
B：별로 안 힘들어요. 편해요.　あまり大変じゃないです。楽です。

2 A：언제 ＿＿＿＿고 느껴요?　いつ寂しいと感じますか。
B：혼자 있을 때? 비가 올 때?　一人でいる時？ 雨の時？

3 A：미나 씨, 한국어도 ＿＿＿＿?　ミナさん、韓国語もできますか。
B：아뇨, 한국어는 못해요.　いいえ、韓国語はできません。

4 A：동생이랑 성격이 ＿＿＿＿?　弟（妹）と性格が似ていますか。
B：얼굴은 비슷하지만 성격은 많이 달라요.　顔は似ていますが、性格はかなり違います。

3 内容確認

1 ⓐ힘들다を適切な形に直したものを一つ選びなさい。

① 힘들고　② 힘들어서　③ 힘들지만　④ 힘들면

2 ⓑ하다を直したものとして適切でないものを一つ選びなさい。

① 하거나　② 하면서　③ 하고　④ 하지만

＊「-거나（001）」:「〜たり」、「-(으)면서（069）」:「〜ながら」。

4 어떤 집에서 살고 싶어요?

04 韓国語授業の宿題「どんな家で住みたいですか」です。

친구들, 저 좀 도와주세요. 이번 주 한국어 수업 숙제예요. 앙케이트 조사... 친구들은 '어떤 집에서 살고 싶어요?'

1 어디에서 살고 싶습니까?

① 도시 ② 시골 ③ 바다 근처 ④ 섬
⑤ 산

2 어디에서 살고 싶습니까?

① 아파트 ② 단독 주택 ③ 한옥 ④ 기타

3 어떤 곳에서 살고 싶습니까?

① 교통이 편리한 곳 ② 마트나 편의점, 시장에서 가까운 곳
③ 은행, 병원, 시청 등이 가까운 곳 ④ 학교나 직장에서 가까운 곳
⑤ 조용하고 공기가 맑은 곳 ⑥ 시내나 시내에서 가까운 곳

4 어떤 집에서 살고 싶습니까?

① 방이 많은 집 ② 거실이 넓은 집
③ 창문이 많은 집 ④ 정원이나 마당이 있는 곳
⑤ 개, 고양이 등을 키울 (ⓐ) 있는 집

↳ 하나 씨, 보냈어요. 메일 확인해 보세요.
↳ ↳ 메일 확인했습니다. 고마워요.
↳ ↳ 저도요. 하나 씨, 그럼 수고하세요.

文法・表現リスト

- □ 살고 싶어요 / 살고 싶습니까 → 010
- □ 어떤 / 편리한 / 가까운 / 맑은 / 많은 / 넓은 → 042
- □ 있는 → 020
- □ 조용하고 → 007
- □ 키울 수 있는 → 064
- □ 확인해 보세요 → 033
- □ 저도요 → 077

1 読む前／ 反対の意味の単語を右から選んで、その番号を書きなさい。

1 많다	(　)	① 좁다	*1* 多い	① 狭い
2 넓다	(　)	② 멀다	*2* 広い	② 遠い
3 가깝다	(　)	③ 적다	*3* 近い	③ 少ない
4 편리하다	(　)	④ 시끄럽다	*4* 便利だ	④ うるさい
5 조용하다	(　)	⑤ 불편하다	*5* 静かだ	⑤ 不便だ

2 読む前／ [보기] から＿＿に共通に入ることばを選んで、書きなさい（基本形）。

[보기] 맑다　흐리다　더럽다　깨끗하다

물이 ＿＿＿＿　お水がきれいだ
공기가 ＿＿＿＿　空気が澄んでいる
날씨가 ＿＿＿＿　天気が晴れている

3 読む前／ 左にある単語と関係ある単語を右のものから選んで、その番号を書きなさい。

1 편의점	(　)	① 개, 고양이	*1* コンビニ	① 犬、猫
2 동물	(　)	② 소파, 그림	*2* 動物	② ソファー、絵
3 시청	(　)	③ 공무원	*3* 市役所	③ 公務員
4 거실	(　)	④ 꽃, 나무	*4* 居間	④ 花、木
5 마당	(　)	⑤ 빵, 우유	*5* 庭	⑤ パン、牛乳
6 직장	(　)	⑥ 회사, 동료	*6* 職場	⑥ 会社、同僚

4 内容確認

1 ⓐに入る適切な語を選びなさい。

① 수　② 줄　③ 곳　④ 지

＊「可能」「能力」を表す表現（「～できる・できない」）。

2 本文から「連体形*」に相当するものを探して、チェックしなさい。

＊動詞・形容詞が後ろの名詞などを修飾するときの形。品詞と時制によって形が異なる。

5 맛집 여행

05 クラスメートと「美味しい食堂」に行ってきました。

* * 메뉴 * *	
김밥	2,000
튀김	500부터
순대	3,000
라면	3,000
떡볶이	2,000

수업 후에 친구랑 학교 근처에 있는 맛집에 다녀왔어요!!

이름은 '김밥 천국'. 작고 귀여운 분식집이에요. 저랑 우리 반 친구들이 가장 좋아하는 (ⓐ)이에요.

메뉴는 김밥하고 라면, 떡볶이, 순대, 만두, 튀김 등등. 없는 (ⓑ)이 없어요. 그 중에서도 가장 인기 있는 메뉴는 김밥, 떡볶이, 순대. 친구하고 저는 김밥이랑 떡볶이를 주문했어요. 김밥과 달콤한 떡볶이 국물의 하모니!

가격도 엄청 싸요! 김밥 1인분에 2,000원, 떡볶이도 1인분에 2,000원. 여러분도 꼭 한번 가 보세요.

하나 짱의 맛집 여행 제2탄도 기대해 주세요!

↳ 저도 한번 가 보고 싶어요.

↳ ↳ 하나 씨, 저도 데리고 가 주세요!

↳ 학교 정문 앞에도 싸고 맛있는 가게가 하나 있어요. 나중에 같이 가요!

文法・表現リスト

- □ 후에 → 045
- □ 근처에 있는 / 없는 것 / 인기 있는 / 맛있는 → 020
- □ 작고 / 싸고 맛있는 → 007
- □ 귀여운 / 달콤한 / 싼 → 042
- □ 좋아하는 → 020
- □ 가 보세요 → 033
- □ 가 보고 싶어요 → 033 → 010
- □ 기대해 주세요 / 데려가 주세요 → 036

1 読む前 これまで食べたことがあるものと食べたことがないものを選びなさい。

김밥　라면　순대　만두　튀김　떡볶이

＊순대: 豚の腸詰め, 만두: 餃子, 튀김: 天ぷら

食べたことがある料理	食べたことがない料理

2 読む前 次の助数詞を覚えなさい。

커피(コーヒー) ー 한 잔

맥주(ビール) ー 세 병

밥(ご飯) ー 한 그릇

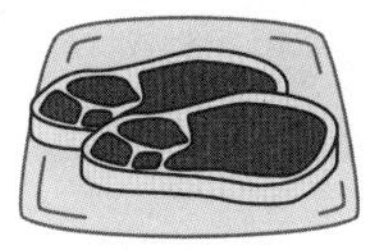

고기(肉) ー 이 인분

3 読む前 [보기] から＿＿に入ることばを選んで、適当な形に変えて入れなさい。

[보기] 국물　가격　기대(하다)　주문(하다)　인기(있다)

1 A: ＿＿＿＿이 조금 싱거워요.　汁が少し薄いです。
  B: 그럼 소금을 조금 넣으세요.　それでは塩を少し入れてください。

2 A: 커피 ＿＿＿＿할까요?　コーヒー注文しましょうか。
  B: 저는 카페라떼로 할게요.　私はカフェラテにします。

3 A: 이건 ＿＿＿＿이 얼마예요?　これは（値段が）いくらですか。
  B: 그거요? 2,000원이에요.　それですか。2,000ウォンです。

4 内容確認

1 ⓐとⓑに入る適切な語を書きなさい。

ⓐ ＿＿＿＿＿＿＿＿　ⓑ ＿＿＿＿＿＿＿＿

2 本文から用言の連体形を探してチェックしなさい。それから次の表を完成しなさい。

時制	동사（動詞）	형용사（形容詞）	−있다/없다
현재（現在）	① ＿＿＿ ＋被修飾語	② ＿＿＿ ＋被修飾語	는 ＋被修飾語

6 보고 싶은 가족

06 ハナちゃんの家族写真です。

저희 가족 사진입니다. 작년 가을 오키나와에서 찍었습니다.

뒤에 계시는 분이 저희 아버지. 공무원이십니다. 시청에 다니세요. 취미는 등산과 낚시. 주말에는 산이나 바다에 자주 가십니다. 아버지 옆에 계시는 분이 저희 엄마. 미인이시죠? 키도 크고 날씬하세요. 간호사세요. 한국 드라마 ⓐ(보다) 것을 좋아하십니다. 이분은 저희 할머니세요. 올해 85세. 집에 계실 때가 많지만 산책도 자주 하십니다. 할아버지는 안 계십니다. 2년 전에 돌아가셨습니다. 그리고 저희 언니. 작년에 결혼했어요. 제 남동생 하루. 올해 고등학교 1학년. 축구를 아주 좋아합니다. 하지만 잘 못합니다.

보고 싶은 가족… 엄마, 아빠, 할머니, 언니, 그리고 하루! お元気ですか。私は元気です～。

↳ 하나 짱 어머니, 정말 ⓑ(미인이시다). 하나 짱은 엄마를 많이 닮았네요.

↳ ↳ 그래요? 고마워요.

文法・表現リスト

□ 계시는 분	→ 020	□ 계실 때	→ 062
□ 공무원이십니다 / 다니세요 / 가십니다 / 날씬하세요 / 간호사세요	→ 071	□ 많지만	→ 079
		□ 2년 전에	→ 016
		□ 보고 싶은	→ 010
□ 미인이시죠	→ 083		→ 042
□ 키가 크고	→ 007	□ 미인이시네요 / 닮았네요	→ 019
□ 보는 것	→ 046		

1 読む前 家族・親戚の名称です。次の表を完成しなさい。

(외)할아버지 / (외)할머니 / (외)삼촌 / 조카 || 남편 / 아내 / 아들 / 딸

おじいさん／おばあさん／おじさん／めい・おい || 夫／妻／息子／娘

＊「외-」はお母さんの親族につける。

います	いません

2 読む前 左の単語の尊敬形を右から選んで、その番号を書きなさい。

1 있다 (　　)
2 먹다 (　　)
3 자다 (　　)
4 죽다 (　　)

① 드시다
② 계시다
③ 주무시다
④ 돌아가시다

1 いる
2 食べる
3 寝る
4 死ぬ

① 召し上がる
② いらっしゃる
③ お休みになる
④ 亡くなる

3 読む前 [보기] から______に入ることばを選んで、適当な形に変えて入れなさい。

[보기] 찍다　닮다　다니다　날씬하다

1 한국대에 __________. 2학년이에요.
목이 아파요. 그래서 병원에 __________.

韓国大学に通っています。2年生です。
喉が痛いです。それで病院に通っています。

2 A：아빠랑 눈이 많이 __________네요.
B：근데 성격은 엄마랑 __________.

お父さんと目がよく似ていますね。
でも性格は母と似ています。

3 A：저 조금 뚱뚱하지요?
B：아니에요. __________.

私、ちょっと太っているでしょう？
いいえ。すらっとしています。

4 内容確認

1 ⓐ보다を適切な形に直したものを一つ選びなさい。

① 보는　② 보고　③ 보러　④ 보기

2 ⓑ미인이시다を適切な形に直したものを一つ選びなさい。

① 미인이시네요　② 미인이시거든요　③ 미인이시니까요　④ 미인이시잖아요

＊経験して知ったことについて感嘆する意を表す（「〜ですね」）。

7 주말 잘 보내셨어요?

07 週末に友達と公園でテニスをしました。

주말 잘 보내셨어요? 주말에 뭐 하셨어요? 여행? 요리? 산책? 쇼핑? 데이트?

저는 학교 근처에 있는 공원에 갔어요. 새로 사귄 친구 준민 씨랑 둘이서 갔어요. 공원에 가서 테니스를 쳤어요. 준민 씨는 테니스를 아주 잘 쳤어요. 그리고 저에게 테니스 치는 법도 친절하게 가르쳐 줬어요.

테니스를 친 후에 카페에 ⓐ(가다) 커피도 마셨어요. 커피가 아주 맛있었어요.

지금 너무 피곤해요. 그래서 오늘 저녁은 집에서 쉬려고 해요. 여러분도 푹 쉬세요!

↳ 저는 집에서 아무것도 안 했어요. 하루 종일 TV만 봤어요. 아주 (ⓑ).

↳ ↳ 저는 놀이공원에 가서 여자 친구랑 데이트했어요!!

↳ ↳ ↳ 저는 오래간만에 집안일을 했어요. 청소도 하고 빨래도 하고 요리도 했어요. 나중에 우리 집에도 한번 놀러 오세요.

文法・表現リスト

- □ 보내셨어요 / 하셨어요 → 071
- □ 있는 / 치는 → 020
- □ 사귄 → 043
- □ 공원에 가서 / 카페에 가서 → 031
- □ 친절하게 → 003
- □ 가르쳐 줬어요 → 036
- □ 친 후에 → 045
- □ 쉬려고 해요 → 066
- □ 아무것도 / 아무 데도 → 023
- □ 빨래도 하고 / 청소도 하고 → 007
- □ 놀러 오세요 → 065

1 読む前 自分が先週末にしたこと、今週末する予定のことを選んで書きなさい。

여행 / 요리 / 산책 / 쇼핑 / 데이트 / 운동 / 청소 / 빨래 / 과제
(旅行／料理／散歩／買い物／デート／運動／掃除／洗濯／課題)

先週末したこと	今週末する予定のこと

2 読む前 [보기] から ______ に入ることばを選んで、適当な形に変えて入れなさい。

[보기] 치다　쉬다　심심하다　피곤(하다)

1 A：피아노 잘 __________? ピアノ上手ですか。
B：아뇨, 잘 못 쳐요. いいえ、下手です。

2 A：골프 잘 __________? ゴルフ上手ですか。
B：아뇨, 전혀 못 쳐요. いいえ、全然だめです。

3 A：주말에 뭐 했어요? 週末に何をしましたか。
B：집에만 있었어요. 아주 __________. 家にだけいました。とても退屈でした。

4 A：__________. 조금 쉴게요. 疲れました。少し休みます。
B：네, 오늘 수고하셨어요. はい、今日、お疲れ様でした。

3 内容確認

1 ⓐ가다を適切な形に直したものを一つ選びなさい。

① 가고　② 가서　③ 가지만　④ 가니까

＊前の事柄と後の事柄が順次に起こる（「～て」）。

2 ⓑに入る適切な表現を一つ選びなさい。

① 피곤했어요　② 심심했어요　③ 힘들었어요　④ 행복했어요

8 영화관에 다녀와서…

08 今日ハナちゃんは映画館に行ってきました。

오늘 뉴스!

오늘 영화관에 갔다 왔어요. 영화관에 ⓐ가서 영화를 봤어요. (길이 ⓑ막혀서 약속 시간에 조금 늦었어요^^;)

영화 제목은 '우리들의 행복한 시간'.

재미있었어요. 배우들의 연기도 좋았어요. 하지만 아주 슬픈 영화였어요. ⓑ슬퍼서 많이 울었어요. 너무 많이 ⓑ울어서 조금 부끄러웠어요.

여러분은 최근에 ⓒ(보다) 영화가 있어요? 좋은 영화가 있으면 소개해 주세요.

↳ 기회가 있으면 '극장 앞'도 보세요.

↳ ↳ 혹시 슬픈 영화예요? 전 슬픈 영화는 별로 안 좋아해요. 재미있는 액션 영화나 SF 영화가 있으면 가르쳐 주세요.

↳ 요즘 인기 있는 한국 드라마도 있으면 하나 소개해 주세요.

↳ ↳ 요즘 '미안해. 사랑해'라는 드라마가 아주 인기예요. 한지수 씨가 주인공이에요. 스토리도 좋고 배우들의 연기도 좋아요. OST도 좋아요. 마음에 들 거예요.

文法・表現リスト

- ☐ 영화관에 가서 → 031
- ☐ 길이 막혀서 / 슬퍼서 / 울어서 → 030
- ☐ 행복한 / 슬픈 / 좋은 → 042
- ☐ 본 영화 → 043
- ☐ 재미있는 / 인기 있는 → 020
- ☐ 슬퍼서 → 086
- ☐ 영화가 있으면 / 기회가 있으면 / 드라마도 있으면 → 067
- ☐ 가르쳐 주세요 / 소개해 주세요 → 036
- ☐ '사랑해' 라는 드라마 → 074
- ☐ 스토리도 좋고 → 007
- ☐ 마음에 들 거예요 → 057 → 087

1 読む前 自分が好きな映画のジャンルをすべて選びなさい。

드라마 / 액션 / 코미디 / 판타지 / 공포 / SF / 스릴러
(ドラマ/アクション/コメディ/ファンタジー/ホラー/ SF /スリラー)

2 読む前 左のものと一緒に出現する可能性が高い用言を右から選びなさい。

1 길이	(　　)	① 있다	1 道が混む
2 마음에	(　　)	② 막히다	2 気に入る
3 인기가	(　　)	③ 들다	3 人気がある

3 読む前 [보기] から____に入ることばを選んで、適当な形に変えて入れなさい。

[보기]　배우　연기　주인공　울다　슬프다　부끄럽다　행복(하다)

1 A：이 영화 ________이 누구예요?　この映画の主人公は誰ですか。
　B：김소이 씨예요.　金ソイさんです。

2 A：아침 드라마 보세요?　朝のドラマをご覧になっていますか。
　B：배우들이 ________를 못해서 안 봐요.　俳優らの演技が下手なので観ません。

3 A：하나 씨, 왜 ________?　ハナさん、どうして泣くんですか。
　B：엄마가 너무 보고 싶어서 울어요.　お母さんにとても会いたくて泣いています。

4 A：결혼 생활 어때요?　結婚生活どうですか。
　B：너무 너무 ________.　とても幸せです。

4 内容確認

1 ⓐ가서(가다) の「-아서/어서」 とⓑ막혀서(막히다), 슬퍼서(슬프다), 울어서(울다) の「-아서/어서」との違いを説明しなさい。

2 ⓒ보다を適切な形に直したものを一つ選びなさい。

① 보는　　② 본　　③ 볼　　④ 보던

＊動詞連体形の語尾：現在型 ー「-는」、過去形 ー「-(으)ㄴ」、未来形 ー「-(으)ㄹ」。

9 내 고향 삿포로

09 ハナちゃんの地元、札幌です。

오늘은 제 고향을 소개하겠습니다.

제 고향은 일본 삿포로입니다. 삿포로는 홋카이도의 중심 도시입니다.

삿포로 중심에는 오도리 공원이 있습니다. 오도리 공원에서는 매년 겨울에 눈 축제가 열립니다. 여름에는 요사코이 소란 축제, 맥주 축제가 열려서 외국에서 관광객들이 많이 옵니다. 맛있는 음식도 많이 있습니다. 특히 게, 연어, 감자, 옥수수, 그리고 라면 등이 유명합니다. 맛있고 유명한 과자 가게도 많이 있습니다. 또 삿포로의 남쪽에는 인기 있는 온천이 많이 있습니다.

겨울이 길고 춥지만, 사람들이 따뜻하고 친절한 삿포로를 저는 너무 너무 사랑합니다.

↳ 이번 방학에 스키 타러 삿포로에 갈 거예요. 맛있는 음식도 먹고 싶어요. 어디가 좋아요? 나중에 소개해 주세요.

↳ ↳ 온천은 어디가 인기가 있어요? 삿포로에서 가까워요? 어떻게 가야 해요?

↳ ↳ ↳ 삿포로 사람들만 ⓐ(알다)(관광객은 잘 모르는^^) 맛집도 가르쳐 주세요!

文法・表現リスト

- □ 축제가 열려서 → 031
- □ 맛있는 / 인기 있는 / 아는 / 잘 모르는 → 020
- □ 맛있고 / 겨울이 길고 / 따뜻하고 → 007
- □ 유명한 / 친절한 → 042
- □ 아는 → 087
- □ 겨울이 길고 → 007
- □ 춥지만 → 079
- □ 스키 타러 → 065
- □ 먹고 싶어요 → 010
- □ 소개해 주세요 / 가르쳐 주세요 → 036
- □ 가야 해요 → 037

1 読む前 皆さんの実家と関係があるものをすべて選んで、チェックしなさい。

1 도시(都会)　시골(田舎)　강(川)　바다(海)　산(山)　섬(島)

2 깨끗하다(きれいだ) / 더럽다(汚い)　조용하다(静かだ) / 시끄럽다(うるさい)

3 경치가 아름답다(景色がきれいだ)　교통이 복잡하다(交通が不便だ)

물가가 싸다 / 비싸다(物価が安い／高い)

2 読む前 反対の意味の単語を右から選んで、その番号を書きなさい。

1 길다　(　　)　① 덥다　1 長い　① 暑い

2 춥다　(　　)　② 짧다　2 寒い　② 短い

3 알다　(　　)　③ 모르다　3 知る　③ 知らない

3 読む前 何についての説明ですか。[보기] から選んで、＿＿に書きなさい。

[보기] 고향　축제　온천　맛집　관광객

1 ＿＿＿＿　生まれ育った土地

2 ＿＿＿＿　観光旅行する人

3 ＿＿＿＿　何かを記念したり祝うために行う大規模な行事

4 ＿＿＿＿　地熱で熱せられた地下水で入浴できるように作った施設

4 内容確認

1 ⓐ알다を適切な形に直したものを選びなさい。

① 알는　② 아는　③ 안　④ 알

2 ⓐ알다は、「ㄹ脱落*（087）」用言です。次の表を完成しなさい。

	해요体	합니다体	連体形現在
① 살다(住む)			사는
② 놀다(遊ぶ)		놉니다	
③ 만들다(作る)	만들어요		

＊語幹末の終声「ㄹ」で終わる用言が「ㄴ, ㅂ, ㅅ」で始まる語尾が続くと、「ㄹ」が脱落する。

10 여러분의 취미는 뭐예요?

10 ハナちゃんの趣味です。

시간이 있을 때 저는 블로그를 합니다. 사진과 함께 제가 간 곳, 먹은 것 등을 소개해요. 한국 친구들, 그리고 일본에 있는 친구들이 아주 좋아해요. 자주 댓글도 써 줍니다. 여러분들은 취미가 뭐예요?

↳ 제 취미는 향초 만들기예요. 준비물도 많지 않고 ⓐ(만들다) 방법도 어렵지 않아요. 집에서도 쉽게 할 수 있어요. 만든 양초는 집이나 사무실에서도 사용할 수 있고 친구에게 선물할 수도 있어요. 강추예요!

↳ ↳ 사람들은 보통 고양이나 개, 물고기 등을 좋아합니다. 하지만 저는 조금 다릅니다. 저는 조금 이상한 동물을 좋아합니다. 닭입니다! 저랑 같이 ⓑ(살다) 닭이에요. 이름은 '치킨'이. 아침에는 조금 시끄럽지만 가끔 알도 낳습니다.

文法・表現リスト

□ 시간이 있을 때	→ 062	□ 쉽게	→ 003
□ 간 곳 / 먹은 것 / 만든 양초는	→ 043	□ 많지 않고	→ 082
□ 일본에 있는	→ 020		→ 007
□ 만드는 방법 / 같이 사는 / 만든	→ 087	□ 어렵지 않아요	→ 082
	→ 020	□ 할 수 있어요 / 사용할 수 있고 / 선물할 수도 있어요	→ 064
□ 써 줍니다	→ 036		
□ 만들기예요	→ 014	□ 시끄럽지만	→ 079

1 読む前 自分の趣味とその頻度を選んで、チェックしなさい。

1 (趣味) 음악 감상(音楽鑑賞)　영화 관람(映画観覧)
독서(読書)　요리(料理)　여행(旅行)　낚시(釣り)　등산(登山)
2 (頻度) 늘(いつも)　자주(よく)　가끔(時々・たまに)
매일(毎日)　하루 / 한 달 / 일 년에 한 번(一日／一ヶ月／一年に一回)

2 読む前 ______に共通に入る動詞を書きなさい（基本形）。

1 모자를 ______　帽子をかぶる
2 우산을 ______　傘をさす
3 편지를 ______　手紙を書く
4 일본어를 ______　日本語を使う
5 컴퓨터를 ______　パソコンを使う

3 読む前 [보기] から______に入ることばを選んで、適当な形に変えて入れなさい。

[보기] 낳다　다르다　시끄럽다　이상(하다)

1 A：형이랑 성격이 비슷해요?　お兄さんと性格が似ていますか。
B：아뇨, 완전 ______.　いいえ、全く違います。

2 A：조용히 하세요. 너무 ______.　静かにしてください。とてもうるさいです。
B：죄송합니다. 조용히 하겠습니다.　申し訳ありません。静かにします。

3 A：이 음식 맛이 좀 ______.　この料理、味がちょっとおかしいです。
B：오래된 거예요?　（賞味期限が切れた）古い物ですか。

4 内容確認

1 ⓐ만들다を適切な形に直したものを一つ選びなさい。
① 만든　② 만들는　③ 만드는　④ 만들

2 ⓑ살다を適切な形に直したものを一つ選びなさい。
① 사는　② 산　③ 살　④ 살는

＊1 ⓐ、2 ⓑ共に「ㄹ不規則用言（087）」である。

11 재미있는 시장 구경

11 家の近くの市場に行ってきました。

오늘은 집에서 가까운 시장에 다녀왔습니다.

저는 시장 가는 (ⓐ)을 아주 좋아합니다. 시장 구경은 언제나 재미있습니다. "어서 오세요!" "거기, 학생! 치마 한 번 보고 가세요." "양말이 10,000원에 다섯 켤레!" "에이, 아저씨, 너무 비싸요. 조금만 깎아 주세요!" 물건을 파는 사람도, 물건을 사는 사람도, 구경하는 사람도 모두 즐거워 보입니다.

오랜만에 친구와 같이 시장에 갔습니다. 겨울이 오기 전에 스웨터를 하나 사고 싶었습니다. 시장에는 싸고 디자인도 예쁜 스웨터가 많이 있었습니다. 마음에 드는 스웨터를 하나 샀습니다. 아저씨가 값을 깎아 주셔서 ⓑ(싸다) 살 수 있었습니다.

↳ 하나 씨, 스웨터가 너무 잘 어울려요.

↳ 너무 예뻐요. 하나 씨 그 스웨터 얼마 주고 샀어요?

文法・表現リスト

- □ 가까운 → 085 → 042
- □ 가는 것을 → 046
- □ 보고 가세요 / 주고 샀어요 → 008
- □ 깎아 주세요 → 036
- □ 파는 사람 / 마음에 드는 → 087
- □ 사는 사람 / 구경하는 사람 → 020
- □ 싸고 디자인도 → 007
- □ 즐거워 보입니다 → 034 → 085
- □ 오기 전에 → 016
- □ 사고 싶었습니다 → 010
- □ 깎아 주셔서 → 036 → 030
- □ 싸게 → 003
- □ 살 수 있었습니다 → 064

1 読む前 最近購入したものがありますか。購入したものにチェックを入れなさい。

1 (옷) 치마(スカート) 바지(ズボン) 청바지(ジーンズ) 원피스(ワンピース)
티셔츠(ティーシャツ) 속옷(下着)
2 (신발) 구두(靴) 운동화(運動靴)
3 (액세서리) 반지(指輪) 목걸이(ネックレス) 시계(時計)
4 (기타) 모자(帽子) 양말(靴下) 안경(眼鏡) 우산(傘) 장갑(手袋)
지갑(財布) 화장품(化粧品) 향수(香水)

2 読む前 ______に共通に入る適切な動詞を書きなさい（基本形）。

값을 ______	値切る
사과를 ______	リンゴ（の皮）をむく
머리를 ______	髪の毛を切る

3 読む前 [보기] から______に入ることばを選んで、適当な形に変えて入れなさい。

[보기] 팔다 주다 즐겁다 어울리다 구경(하다)

1 A：이 모자 저한테 잘 ______? この帽子、私によく似合ってますか。
B：네, 아주 잘 어울려요. はい、とてもよく似合っています。

2 A：옷 좀 ______ 돼요? 服を見てもいいですか。
B：그럼요. 천천히 구경하세요. もちろんです。ゆっくりご覧ください。

3 A：오늘은 좀 ______? 今日は繁盛しましたか。
B：손님이 없어서 하나도 못 팔았어요. お客さんがこなくて一つも売れませんでした。

4 A：이거 뭐예요? これ何ですか。
B：친구가 생일에 ______ 선물이에요. 友達が誕生日にくれたプレゼントです。

4 内容確認

1 ⓐに入る適切な語を書きなさい。

2 ⓑ싸다を適切な形に直したものを一つ選びなさい。
① 싼 ② 싸고 ③ 싸서 ④ 싸게

12 친구들 안녕!

12 誕生日パーティーに招待します。

> **제 생일 파티에 초대합니다.**
> 사랑하는 친구들
> 제 생일 파티에 와 주세요.
> 이야기도 하고 맛있는 것도 먹고, 같이 좋은 시간 보내요. 꼭 와 주세요. 기다릴게요.
> 언제: 5월 27일(일요일) 오후 6시
> 어디서: 사랑원룸 303호

친구들, 다음 주 일요일이 준민 씨 생일이에요. 그래서 준민 씨가 친구들을 집에 초대하고 싶어 해요. 모두 시간 괜찮아요? 우리, 준민 씨 집에 가서 맛있는 음식도 먹고 밤 늦게까지 이야기도 해요. ⓐ갈 사람, 수요일까지 저한테 연락 주세요. 준민 씨 집은 다 알죠?

파티는 저녁 6시부터예요. 6시까지 오면 돼요. 그럼 연락 기다릴게요.

↳ 하나 씨! 오랜만이에요. 근데 어떡하죠? 그날 영어 시험이 있어요. 그래서 조금 (ⓑ) 거예요. 필요한 (ⓒ) 없어요? 먹을 거랑 마실 거는 제가 사 갈게요.

↳ ↳ 초대해 줘서 고마워요, 하나 씨. 그런데 저…, 남자 친구랑 같이 가도 돼요?

↳ ↳ ↳ 그럼요! 같이 와도 돼요.

文法・表現リスト

□ 초대하고 싶어 해요	→ 010	□ 기다릴게요 / 사 갈게요	→ 058
□ 집에 가서	→ 031	□ 늦을 거예요	→ 057
□ 갈 사람	→ 055	□ 필요한 거 / 먹을 거 / 마실 거	→ 046
□ 알죠?	→ 083	□ 초대해 줘서	→ 036
□ 오면 돼요	→ 068		→ 030
□ 사 갈게요	→ 031	□ 가도 돼요 / 와도 돼요	→ 028
	→ 058		

1 読む前 [보기] から ＿＿ に入ることばを選んで、適当な形に変えて入れなさい。

[보기] 기다리다　연락(하다)　초대(하다)　필요(하다)

1 A：잠시만 ＿＿＿＿ 주세요.　しばらくお待ちください。
B：네, 알겠습니다. 빨리 오세요.　はい、わかりました。早く来てください。

2 A：집에 한번 ＿＿＿＿ 주세요.　家に一度招待してください。
B：제 생일 때 초대할게요.　私の誕生日の時、招待します。

3 A：손님, ＿＿＿＿ 거 없으세요?　お客様、必要なものありませんか。
B：죄송하지만, 물 한 잔만 주세요.　すみませんが、お水、一杯ください。

2 内容確認

1 本文ⓐ갈の「-(으)ㄹ」は、動詞の連体形語尾（未来）です。次の表を完成しなさい。

동사(動詞)	현재(現在)	과거(過去)	미래(未来)
가다	가는		
먹다		먹은	

2 ⓑに入る適切な表現を一つ選びなさい。

① 바쁠　② 늦을　③ 힘들　④ 어려울

3 ⓒに入る適切なものを一つ選びなさい。

① 거　② 곳　③ 데　④ 뿐

4 下線の部分を正しく直しなさい。

① 바빠서 밥 먹는 시간도 없어요.（　　　）　忙しくてご飯食べる時間もないです。
② 냉장고에 먹는 게 하나도 없어요.（　　　）　冷蔵庫に食べ物が一つもないです。
③ 마시는 거 좀 있어요?（　　　）　飲み物ありますか。
④ 내일 바빠요. 하는 일이 많아요.（　　　）　明日忙しいです。することが多いです。

13 한국에서 택시 타기 Tip!

🔊13 韓国でタクシーに乗るTip（コツ）を教えます。

택시 자주 타세요? 주로 언제 택시를 타세요? 저는 피곤할 때나 짐이 많을 때, 비가 올 때 택시를 타요.

그런데 친구들, 한국에서 택시 ⓐ(타다) 조금 무섭지 않아요? 처음 한국에 왔을 때는 저도 한국어를 잘 못해서 택시 타는 게 무서웠어요. 하지만 지금은 무섭지 않습니다.

"안녕하세요. 아저씨", "어디 어디(ⓑ) 가 주세요.", "저 사거리에서 왼쪽(ⓑ) 가 주세요.", "저기 신호등 앞에서 세워 주십시오.", "얼마예요?", "여기 있습니다.", "감사합니다." 정도…만 알면 돼요. 친구들도 이 표현들을 잘 기억하세요. 그리고 한국에서 택시를 탈 때 이 표현들을 꼭 한번 써 보세요.

참! 택시를 탈 때는 꼭 안전벨트를 매야 돼요. 안전벨트를 매지 않으면 아주 위험해요. 특히 한국에서는요^^;

↳ 좋은 정보 감사해요.

↳ ↳ 하나 더! 한국 택시는 자동으로 문이 안 열려요. 열릴 때까지 기다리면 안 돼요. 자기가 열어야 해요.

文法・表現リスト

- □ 피곤할 때 / 많을 때 / 올 때 / 탈 때 / 열릴 때까지 → 062
- □ 택시 타기 → 014
- □ 택시 타는 게 → 046
- □ 무섭지 않아요 / 매지 않으면 → 082
- □ 매지 않으면 → 067
- □ 가 주세요 / 세워 주십시오 → 036
- □ 알면 돼요 → 068
- □ 써 보세요 → 033
- □ 매야 돼요 / 열어야 해요 → 037
- □ 기다리면 안 돼요 → 070

1 読む前 ＿＿に入る適切な言葉を［보기］から選んで、書きなさい。

［보기］ 타다　내리다　갈아타다　세우다　매다

1 ＿＿＿＿　2 ＿＿＿＿　3 ＿＿＿＿　4 ＿＿＿＿　5 ＿＿＿＿

갈아타는 곳
Transfer
換乘 乗り換え

2 読む前 ［보기］から＿＿に入ることばを選んで、適当な形に変えて入れなさい。

［보기］ 열다　무섭다　피곤(하다)　감사(하다)　기억(하다)　위험(하다)

1 A：도와주셔서 ＿＿＿＿.　助けていただき、ありがとうございます。
B：아니요, 뭘요.　いいえ、とんでもありません。

2 A：제 이름 ＿＿＿＿?　私の名前覚えてますか。
B：죄송해요. 잊어버렸어요.　すみません。忘れてしまいました。

3 A：＿＿＿＿. 좀 천천히 운전하세요.　危ないです。少しゆっくり運転してください。
B：네, 조심할게요.　はい、気をつけます。

4 A：혼자 살면 ＿＿＿＿ 않아요?　独り暮らしは怖くないですか。
B：처음에는 조금 무서웠어요.　最初は少し怖かったです。

5 A：덥네요. 창문 ＿＿＿＿ 돼요?　暑いですね。窓を開けてもいいですか。
B：네, 조금만 여세요.　はい、少しだけ開けてください。

6 A：＿＿＿＿ 죽겠어요.　疲れて死にそうです。
B：저기에 앉아서 좀 쉬세요.　あそこに座って休んでください。

3 内容確認

1 ⓐ타다を適切な形に直したものを選びなさい。

① 타서　② 타지만　③ 타는데　④ 타기가

＊前の言葉を名詞化する語尾＋形容詞「무섭다」の主語であることを示す、助詞「가」。

2 ⓑに共通に入る適切な助詞を一つ選びなさい。

① 로/으로　② 에　③ 를/을　④ 에서

＊動きの方向を表す助詞。特に方向の選択肢があるとき使う（「〜に・へ」）。

14 길 찾기

14 ジュンミンさんの家への行き方です。

친구들, 일요일 준민 씨 생일 파티 잊지 않았죠? 6시부터니까 늦지 마세요.

오는 길은 다 아시죠? 버스나 지하철을 타고 4호선 사당역까지 오세요. 그리고 사당역에서 2호선으로 갈아타고 교대역에서 내리세요. 내려서 3번 출구로 나오면 오른쪽에 우리마트가 있어요. 우리마트를 지나서 10미터쯤 내려오면 사랑원룸이 보일 거예요. 5층짜리 건물이에요. 302호예요. 엘리베이터를 타고 3층으로 올라오면 돼요. 찾기 어려우면 카톡하세요.

참! 올 때 요리 하나씩만 준비해 오세요. 고향 음식이면 더 좋아요. 저는 마실 것을 ⓐ(준비하다). 그럼 일요일에 준민 씨 집에서 봐요.

↳ 이번 주 일요일이었어요? 깜빡했어요. 연락 고마워요, 하나 씨.

↳ ↳ 미안해요. 갑자기 일이 생겨서 갈 수 없어요. 준민 씨한테는 제가 연락할게요. 친구들이랑 좋은 시간 보내세요.

文法・表現リスト

- □ 잊지 않았죠? → 082 → 083
- □ 6시부터니까 → 041
- □ 늦지 마세요 → 080
- □ 아시죠? → 083
- □ 내려서 / 지나서 → 031
- □ 나오면 / 내려오면 / 찾기 어려우면 / 음식이면 → 067
- □ 보일 거예요 → 057
- □ 올라오면 돼요 → 068
- □ 준비해 오세요 → 031
- □ 준비할게요 / 연락할게요 → 058
- □ 일이 생겨서 → 030
- □ 갈 수 없어요 → 064
- □ 찾기 어려우면 → 014

1 読む前 ＿＿に入る適切な言葉を［보기］から選んで、書きなさい。

[보기] 나가다　나오다　올라가다　올라오다　내려가다　내려오다

1 ＿＿＿＿　2 ＿＿＿＿　3 ＿＿＿＿

4 ＿＿＿＿　5 ＿＿＿＿　6 ＿＿＿＿

2 読む前 ＿＿に共通に入る語を適当な形に変えて書きなさい。

건물이 ＿＿＿＿　建物ができました。
친구가 ＿＿＿＿　友達ができました。
문제가 ＿＿＿＿　問題が生じました。
귀엽게 ＿＿＿＿　可愛いです。

3 読む前 ［보기］から＿＿に入ることばを選んで、適当な形に変えて入れなさい。

[보기] 잊다　보이다　준비(하다)　깜빡(하다)

1 A：저 사람 이름이 뭐예요?　あの人の名前は何ですか。
B：벌써 ＿＿＿＿?　もう忘れましたか。

2 A：숙제했어요?　宿題しましたか。
B：아! ＿＿＿＿. 언제까지예요?　あ、忘れてました。いつまでですか。

3 A：사진 좀 ＿＿＿＿ 주세요.　写真を見せてください。
B：네, 여기 있어요. 보세요.　はい、どうぞ。見てください。

4 内容確認 ⓐ준비하다を文脈に最もふさわしい形に直したものを選びなさい。

① 준비해요　② 준비할게요　③ 준비하잖아요　④ 준비할 거예요

＊話し手が聞き手に対してある行動をすると約束したり、知らせるとき使う（「～します」）。

15 여기는 인천 국제공항!

15 休みです。実家に帰ります。

여기는 인천 국제공항 이번 학기 수업이 모두 끝났습니다. ⓐ(방학이다) 고향에 가려고 합니다. 그래서 지난주, 이번 주는 아주 바빴습니다. 한 달 전에 예약한 표도 사고, 여행 준비도 했습니다. 너무 바빠서 선물도 사지 못했습니다. 친구들에게 인사도 못했습니다.

탑승 한 시간 전 점심도 먹고 면세점에 들러서 부모님께 ⓑ드릴 선물도 샀습니다. 3~4시간 후면 그리운 부모님을 ⓒ볼 수 있습니다.

신치토세 공항 도착! 비행기가 흔들려서 조금 무서웠지만 무사히 도착! 비행기 안에서 찍은 사진입니다. 구름이 예쁘죠? 이제 집으로 가는 버스를 타러 갑니다!

방학 때 삿포로에 오는 친구가 있으면 꼭 연락 ⓓ주십시오. 제가 잘 안내하겠습니다. 방학 잘 보내십시오!

↳ 하나 씨도 방학 잘 보내세요.

↳ 하나 짱! 조심해서 다녀오세요! 그리고 맛있는 음식도 많이 ⓔ드시고 오세요.

文法・表現リスト

- □ 방학이라서 → 076
- □ 가려고 합니다 → 066
- □ 한 달 전에 / 한 시간 전 → 016
- □ 4시간 후면 → 045
- □ 사지 못했습니다 / 못했습니다 → 081
- □ 바빠서 / 흔들려서 / 조심해서 → 030
- □ 드릴 선물 → 055
- □ 뵐 수 있습니다 → 064
- □ 무서웠지만 → 079
- □ 예쁘죠? → 083
- □ 방학 때 → 062
- □ 4시간 후면 / 있으면 → 067
- □ 안내하겠습니다 → 005

1 読む前 左の単語の謙譲語*を右から選んで、その番号を書きなさい。

1 나	(　)	① 저	1 私（わたし）	① 私（わたくし）
2 우리	(　)	② 저희	2 私達	② 私共（わたくしども）
3 주다	(　)	③ 드리다	3 あげる	③ 差し上げる
4 만나다	(　)	④ 뵙다	4 会う	④ お目にかかる
5 말하다	(　)	⑤ 말씀드리다	5 言う	⑤ 申し上げる

＊自分がへりくだる時に使う。

2 読む前 [보기] から ____ に入ることばを選んで、適当な形に変えて入れなさい。

[보기] 그립다　끝나다　들르다　예약(하다)　인사(하다)　조심(하다)

1 A : 수업 ______?　　授業、終わりましたか。
　B : 아뇨, 아직 수업 중이에요.　　いいえ、まだ授業中です。

2 A : 슬퍼 보여요.　　悲しく見えます。
　B : 부모님이 ______서요.　　両親が恋しいからです。

3 A : 여행 가요? 호텔은 ______?　　旅行行くんですか。ホテルは予約しましたか。
　B : 아뇨, 아직 못했어요.　　いいえ、まだできていません。

4 A : 길이 미끄러워요. ______.　　道が滑りやすいです。気をつけてください。
　B : 네, 조심할게요.　　はい、気をつけます。

5 A : 갈 때 잠깐 사무실에 ______.　　帰る時、ちょっと事務所に寄ってください。
　B : 왜요? 무슨 일 있어요?　　なぜですか。何かあったんですか。

3 内容確認

1 ⓐ방학이다を直したものとして適切でないものを一つ選びなさい。

① 방학이고　② 방학이어서　③ 방학이라서　④ 방학이기 때문에

＊「理由」「原因」を表す表現（「〜から・ので」）。

2 ⓑ〜ⓔの中で敬語・謙譲語の使い方が正しくないものを一つ選びなさい。

① - ⓑ 드릴　② - ⓒ 볼　③ - ⓓ 주십시오　④ - ⓔ 드시고

16 아이고!

16 面白い韓国語の表現を紹介します。

주문할 때??	
이모,언니	4.6%
저기요,여기요	72.5%
사장님	22.9%

오늘 한국어 수업 시간에 재미있는 표현을 하나 배웠어요. 일본어에서는 '아는 사람이 많은 사람'한테 "얼굴이 참 넓으시네요."라고 ⓐ(하다). 그런데 한국어에서는 "발이 참 넓으시네요."라고 해요. 얼굴과 발, 재미있지요?

알고 있는 재미있는 한국어 표현 있어요?

↳ 저는 한국어 단어 '시원하다'라는 표현이 (ⓑ) 재미있었어요. 한국 사람들(특히 아저씨들!)은 뜨거운 목욕탕에 들어갈 때도 '어~, 시원하다', 뜨거운 국물을 마실 때도 '어~, 시원하다', 화장실에서도 '어~, 시원하다'라고 해요. 어때요? 재미있죠?

↳ ↳ 저는 '아이고'. 아플 때도 '아이고', 힘들 때도 '아이고', 슬플 때도 '아이고', 반가울 때도 '아이고' ㅋㅋ.

↳ ↳ ↳ 저는 '그냥'이라는 표현을 좋아해요. "남자 친구예요?" "아뇨, 그냥 친구예요.", "지금 뭐 해요?" "그냥 있어요.", "왜 그랬어요?" "그냥요."

文法・表現リスト

- □ 아는 사람 → 087 → 020
- □ 많은 사람 / 뜨거운 → 042
- □ 넓으시네요 → 019
- □ 하잖아요 → 078
- □ 재미있지요? / 재미있죠? → 083
- □ '시원하다' 라는 / '그냥' 이라는 → 074
- □ 알고 있는 → 011
- □ 있으면 → 067
- □ 소개해 주세요 → 036
- □ 들어갈 때도 / 마실 때도 / 아플 때도 / 힘들 때도 / 슬플 때도 / 반가울 때도 → 062

1 読む前 身体名称と関連した慣用表現です。何についての説明ですか。

1 눈이 높다 ＿＿＿＿
2 발이 넓다 ＿＿＿＿
3 귀가 가렵다 ＿＿＿＿
4 입이 무겁다 ＿＿＿＿

① 非常に水準が高くて良いものばかり探し求める。
② 親しい人や知り合いが多い。
③ 口数が少なく、秘密をよく守る。
④ 人が自分の事を言っているような気がする。

＊높다(高い) / 넓다(広い) / 가렵다(かゆい) / 무겁다(重い)

2 読む前 ＿＿に共通に入る用言を書きなさい（基本形）。

노래를 ＿＿＿＿ 歌を歌う
이름을 ＿＿＿＿ 名前を呼ぶ
출석을 ＿＿＿＿ 出席をとる
배가 ＿＿＿＿ 満腹だ

3 読む前 [보기] から＿＿に入ることばを選んで、適当な形に変えて入れなさい。

[보기] 뜨겁다　반갑다　슬프다　시원하다

1 A：방이 ＿＿＿＿네요. 部屋が涼しいですね。
B：네, 더워서 에어컨을 켰어요. はい、暑いのでエアコンをつけました。

2 A：＿＿＿＿면 찬물을 좀 넣으세요. 熱かったら冷たい水を少し入れてください。
B：네, 알겠습니다. はい、わかりました。

3 A：만나서 ＿＿＿＿. お会いできて嬉しいです。
B：저도 만나서 반갑습니다. 私もお会いできて嬉しいです。

4 内容確認

1 ⓐ하다を適切な形に直したものを一つ選びなさい。
① 하니까요　② 하거든요　③ 하잖아요　④ 하네요
＊ある状況について話し手が相手に確認するように述べるという意を表す表現（「〜じゃないですか」）。

2 ⓑに入る表現として不適切なものを一つ選びなさい。
① 참　② 정말　③ 진짜　④ 꼭

17 같이 갈 사람, 손 들어 보세요!

17 いろいろなイベントを紹介します。

(20XX.8.12) <KPOP 콘서트>에 가려고 해요. 같이 갈 사람 없어요? 인기 아이돌 그룹이 많이 나오는 콘서트라서 자리가 많이 (ⓐ) 않았어요. 빨리 예매해야 되니까 관심 있는 친구들은 연락 주세요.

KPOP 콘서트

장소: 월드컵 경기장
일시: 8월27일(토) 저녁 6시~

- 공연 시작 1시간 전부터 입장할 수 있습니다.
- 공연장에 음식물을 가지고 입장할 수 없습니다.
- 주차장이 복잡합니다. 대중교통을 이용해 주십시오.

(20XX.8.12) 유학생 친구들에게 기쁜 소식 하나! 학교 정문 옆에 있는 우리마트 ⓑ(알다)? 우리마트에서 오늘부터 할인 행사를 해요!

추석 특별 할인 행사

우리마트에서는 **추석 특별 할인 행사**를 실시하고 있습니다.

♧♧ 기간: 9월 14일~9월 21일(일주일 간)
- 고기(20% 할인): 소고기, 돼지고기, 닭고기
- 양념(10% 할인): 간장, 된장, 고추장, 쌈장, 설탕, 소금, 후추, 고춧가루
- 생선(10% 할인): 고등어, 오징어, 연어, 참치 등

♧♧ 선착순 100분께는 10% 할인 쿠폰을 드립니다.

文法・表現リスト

- □ 가려고 해요 → 066
- □ 콘서트라서 → 076
- □ 남지 않았어요 → 082
- □ 예매해야 되니까 → 037 → 041
- □ 입장할 수 있습니다 → 064
- □ 이용해 주십시오 → 036
- □ 아시죠? → 083
- □ 실시하고 있습니다 → 011

1 読む前 左の単語を説明している番号を右から選び、書きなさい。

1 고기	(お肉)
① 소고기 ______	1 食用の鶏の肉
② 닭고기 ______	2 食用の牛の肉
③ 돼지고기 ______	3 食用の豚の肉
2 양념	(薬味)
④ 간장 ______	4 薬味を入れたコチュジャンや味噌
⑤ 된장 ______	5 料理の塩加減を調整するのに使う、塩味の黒い液体
⑥ 쌈장 ______	6 醤油を仕込んだあと、残ったみそ玉を発酵させて作った醤油
⑦ 고추장 ______	7 唐辛子の粉を主な材料として作った赤色の韓国固有の薬味
3 조미료	(調味料)
⑧ 설탕 ______	8 달다 / 단 맛(甘い／甘味)
⑨ 소금 ______	9 짜다 / 짠 맛(塩辛い／塩辛い味)
⑩ 후추 ______	10 맵다 / 매운 맛과 향(辛い／辛味と香り)
⑪ 고춧가루 ______	11 맵다 / 매운 맛(辛い／辛味)

2 読む前 [보기] から ______ に入ることばを選んで、適当な形に変えて入れなさい。

[보기] 자리　기간　행사　관람(하다)　입장(하다)　할인(하다)

1 A：ABC마트에서 할인 ______ 를 해요.　ABC マートで割引イベントを行います。
B：그래요? 같이 가 볼래요?　そうですか。一緒に行ってみますか。

2 A：들어갈 수 있어요?　入れますか。
B：죄송합니다. 늦어서 ______ 수 없어요.　申し訳ありません。遅れて入場できません。

3 A：여기 ______ 있어요?　ここの席、空いてますか。
B：아뇨, 앉으셔도 돼요.　いいえ、お座りになってもいいですよ。

3 内容確認

1 ⓐに入る適切なものを一つ選びなさい

① 남지　② 모자라지　③ 없지　④ 앉지

2 ⓑ알다を適切な形に直したものを一つ選びなさい。

① 알아요　② 아세요　③ 아시죠　④ 압니까

18 1주일 후면 연휴!

18 連休に済州島に旅行しようと思います。

다음 주부터 연휴예요. 그래서 제주도에 여행을 ⓐ(가다).

아~ 제주도! 넓~은 바다와 아름다운 경치~! 그리고 돌, 바람, 여자….

연휴라서 표를 일찍 예매해야 해요. 그래서 오늘 표를 예매하러 여행사에 갔다 왔어요. 제주도는 배로도 갈 수 있고 비행기로도 갈 수 있어요. 저는 가난한 유학생이기 때문에 돈이 없어요(흑흑). 그래서 배로 ⓑ(가다). 표를 예매한 후 호텔도 함께 예약했어요. 제주도에 친구가 있기 때문에 호텔은 이틀만! 그 다음 날부터는 친구 집에 묵으려고 해요. 친구랑 맛있는 음식도 먹고, 제주도 이곳저곳을 관광할 생각입니다. 벌써부터 연휴가 기다려집니다.

↳ 하나 씨, 몇 박 며칠로 가요?

↳ ↳ 3박 4일쯤 생각하고 있어요.

↳ 올 때 선물 사 오는 거 잊지 마세요^^. 농담이에요.

↳ 하나 짱. 돌, 바람, 여자는 무슨 뜻이에요?

文法・表現リスト

- □ 가려고 해요 / 묵으려고 해요 → 066
- □ 연휴라서 → 076
- □ 유학생이기 때문에 / 친구가 있기 때문에 → 015
- □ 예매해야 해요 → 037
- □ 갈 수 있어요 → 064
- □ 가기로 했어요 → 018
- □ 예매한 후 → 045
- □ 사오는 거 → 046
- □ 잊지 마세요 → 080

1 読む前 旅行の計画を立てなさい。

1 언제 갈 겁니까? いつ行くつもりですか。	연휴 / 휴가 / 방학 / 주말 / 휴일 / 평일 (連休／休暇／長期休暇／週末／休日／平日)
2 어디에 갈 겁니까? どこへ行くつもりですか。	산 / 바다 / 놀이공원 / 해외 (山／海／遊園地／海外)
3 며칠 동안 갈 겁니까? 何日間行くつもりですか。	당일 / 1박 2일 / 2박 3일 / 3박 4일 (日帰り／１泊２日／２泊３日／３泊４日)
4 어떻게 갈 겁니까? どのようにして行くつもりですか。	비행기 / 버스 / 배 / 기차 / 자동차 / 렌터카 (飛行機／バス／船／汽車／自動車／レンタカー)
5 어디에서 묵을 겁니까? どこに泊まるつもりですか。	호텔 / 친구 집 / 친척 집 (ホテル／友達の家／親戚の家)

2 読む前 [보기] から＿＿に入ることばを選んで、適当な形に変えて入れなさい。

[보기] 일찍　벌써　가난(하다)　예약(하다)　농담(이다/하다)

1 A：아직 식사 안 하셨어요?　　まだ食事されてませんか。
B：아뇨, ＿＿＿＿ 먹었어요.　　いいえ、もう食べましたよ。

2 A：내일 몇 시에 갈 거예요?　　明日何時に行きますか。
B：아침 ＿＿＿＿ 가려고 해요.　　朝早く行こうと思います。

3 A：방 ＿＿＿＿?　　部屋、予約しましたか。
B：아뇨, 빈방이 없어서 못했어요.　　いいえ、空室がなくてできませんでした。

4 A：저 다음 주 결혼해요.　　私来週結婚します。
B：네? ＿＿＿＿ 이시죠?　　はい？ 冗談ですよね。

3 内容確認

1 ⓐ가다を適切な形に直したものを一つ選びなさい。

① 갈게요　② 가겠어요　③ 가려고 해요　④ 가기로 해요

2 ⓑ가다を適切な形に直したものを一つ選びなさい。

① 갈게요　② 가겠어요　③ 가려고 했어요　④ 가기로 했어요

＊前の言葉の表す行動をすることを決心したり約束するとき使う（「～することにする」）。

19 여기는 제주도!

19 友達と済州島に旅行に来ています。

친구 / 연인과 함께하는 제주도 여행

제주도의 아름다운 경치, 맛있는 음식을 싼 가격에 만나 보세요.

1인: 230,000원(2박3일)

비행기, 호텔, 관광버스, 아침 식사 2회 포함

주말 출발은 50,000원을 더 내셔야 합니다.

일본 친구들, 안녕! 저, 지금 제주도에 있어요. 반 친구들이랑 놀러 왔어요. 제주도는 한국의 남쪽에 있는 섬이에요. 관광지로 유명한 곳이에요.

제주도에 도착한 첫날은 민속 박물관하고 식물원을 구경했어요. 그리고 오늘 아침에는 한라산에 갔다 왔어요. 유채꽃이 예쁘게 피어 있는 한라산과 맑고 푸른 남해 바다. 경치가 정말 아름다웠어요. 하지만 너무 힘들었어요. 땀도 많이 흘리고 물도 많이 마셨어요.

저녁은 제주도의 명물 흑돼지고기와 고기국수를 먹었어요. 참 맛있었어요. 그리고 2차! 호텔 방에서 치킨을 먹고 맥주를 ⓐ(마시다) 친구들과 밤 늦게까지 이야기했어요.

벌써 새벽 2시네요. 조금 피곤하네요. 술도 조금 취했어요. 그래서 내일은 (ⓑ) 안 가려고 해요. 늦게까지 푹 자려고 해요.

↳ 다음에는 저도 좀 데리고 가 주세요.

↳ 갔다 오면 제주도에서 찍은 사진 꼭 보여 주세요!

文法・表現リスト

□ 피어 있는	→ 035	□ 2시네요 / 피곤하네요	→ 019
□ 맥주를 마시면서	→ 069	□ 아무 데도	→ 023

□ 가려고 해요 / 자려고 해요 → 066　　□ 데리고 가 주세요 / 보여 주세요 → 036

1 読む前 左のものと一緒に使用する単語を右から選んで、その番号を書きなさい。

1	관광지로	(　)	① 내다	1 観光地として有名だ
2	땀을	(　)	② 쉬다	2 汗を流す
3	술에	(　)	③ 취하다	3 酔っぱらう
4	푹	(　)	④ 흘리다	4 ぐっすり休む
5	돈을	(　)	⑤ 유명하다	5 お金を払う

2 読む前 [보기] から＿＿に入ることばを選んで、適当な形に変えて入れなさい。

[보기]　피다　푸르다　출발(하다)　포함(하다)　도착(하다)　구경(하다)

1 A：벌써 봄이네요.　もう春ですね。
B：네, 꽃이 예쁘게 ＿＿＿＿.　はい、花がきれいに咲いています。

2 A：몇 시에 ＿＿＿＿?　何時に到着しましたか。
B：2시에 ＿＿＿＿해서 지금 도착했어요.　2 時に出発して今到着しました。

3 A：야구 ＿＿＿＿러 가요.　野球見に行きましょう。
B：네, 좋아요.　はい、いいですよ。

4 A：1박 2일에 얼마예요?　1 泊 2 日でいくらですか。
B：식사 ＿＿＿＿서 20만원이에요.　食事込みで 20 万ウォンです。

5 A：하늘이 참 ＿＿＿＿네요.　空がとても青いですね。
B：네, 구름 하나 없네요.　はい、雲ひとつないですね。

3 内容確認

1 ⓐ마시다を適切な形に直したものを一つ選びなさい。

① 마시고　② 마셔서　③ 마시는데　④ 마시면서

＊二つ以上の動作や状態が共に起こるとき使う（「～ながら」）。

2 ⓑに入る、適切なものを一つ選びなさい。

① 아무것도　② 아무 데도　③ 아무 데나　④ 아무 데서도

20 오래간만이에요.

20 風邪をひいて苦労しました。

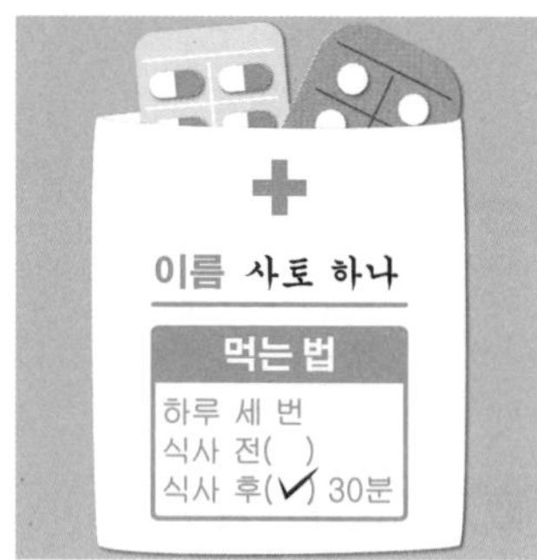

이름 사토 하나
먹는 법
하루 세 번
식사 전( )
식사 후(✓) 30분

친구들, 오랜만이에요.

며칠 동안 감기에 걸려서 고생했어요. 기침도 나고 열도 나고…. 목도 ⓐ붓고 콧물도 많이 났어요. 두통도 심했어요. 밤에 잠도 잘 자지 못했어요. 이틀 동안 몸무게가 2킬로그램(ⓑ) 빠졌어요. (덕분에 조금 날씬해졌어요.ㅋㅋ) 그래서 병원에 갔어요. 병원에서 엑스레이도 찍고 피 검사도 했어요. 너무 무섭고 걱정을 많이 했어요. 다행히 의사 선생님께서 "독감이군요. 요즘 독감이 유행이에요. 주사 맞고 집에 가서 쉬면 좋아질 거예요."라고 했어요.

집에 돌아와서 약을 먹은 후 푹 쉬었어요. 친구들, 친구들도 감기 조심하세요.

↳ 하나 씨, 감기 다 ⓒ나았어요? 어휴, 고생 많았어요. 다음에 만나면 제가 맛있는 거 사 줄게요.

↳ 저도 지난주 감기 때문에 고생했어요. 친구들, 모두 건강 조심하세요.

↳ 좀 좋아졌어요? 너무 무리하지 마세요.

文法・表現リスト

- □ 며칠 동안 / 이틀 동안 → 021
- □ 자지 못했어요 → 081
- □ 2킬로그램이나 → 072
- □ 날씬해졌어요 / 좋아졌어요 → 039
- □ 무리하지 마세요 → 080
- □ 독감이군요 → 013
- □ 좋아질 거예요 → 057
- □ 사 줄게요 → 058
- □ 나았어요? → 089
- □ 감기 때문에 → 024

1 読む前 左のものと一緒に使用する単語を右から選びなさい。

1 감기에 ( )	① 나다	*1* 風邪をひく
2 열이 ( )	② 붓다	*2* 熱が出る
3 목이 ( )	③ 먹다	*3* 喉が腫れる
4 기침이 ( )	④ 맞다	*4* 咳がひどい
5 약을 ( )	⑤ 낫다	*5* 薬を飲む
6 주사를 ( )	⑥ 걸리다	*6* 注射を打つ
7 병이 ( )	⑦ 심하다	*7* 病気が治る

2 読む前 [보기] から______に入ることばを選んで、適当な形に変えて入れなさい。

[보기] 고생(하다) 검사(하다) 조심(하다) 무리(하다) 다행(이다)

1 A：여행 잘 다녀왔어요? 旅行どうでしたか。
B：추워서 엄청 ______. 寒くてとても大変でした。

2 A：길이 미끄러워요. ______. 道が滑りやすいです。気をつけてください。
B：네, 고마워요. はい、ありがとうございます。

3 A：너무 ______지 마세요. あまり無理しないでください。
B：네, 천천히 할게요. はい、ゆっくりやります。

3 内容確認

1 ⓑに入る適切な表現を一つ選びなさい。

① 이나 ② 밖에 ③ 같이 ④ 처럼

＊数量が予想を超えたり、かなり大きかったり多かったりすることを強調する助詞（「〜も」）。

2 ⓐ붓다, ⓒ낫다は「ㅅ不規則活用＊（089）」用言です。次の表を完成しなさい。

	−았/었어요（過去形）	합니다体	−아서/어서（理由）
붓다(腫れる)	부었어요	붓습니다	
낫다(治る)			나아서

＊語幹の音節末の終声がㅅである一部の用言の後に母音で始まる語尾が続くと、終声ㅅが脱落する。

21 내 친구 영민이

21 親友、ヨンミンを紹介します。

제 친구 영민이에요. 한국에 유학 와서 처음 만난 친구, 그리고 지금은 가장 친한 친구예요.

단발 머리에 모자를 쓰고 청바지에 흰색 티셔츠를 입은 사람이 영민이에요. 귀엽게 생겼죠? 똑똑하고 성격도 좋아서 친구들한테 인기가 많아요. 저랑은 동갑이에요. 그래서 마음이 잘 맞아요. 같이 있으면 늘 즐거워요. 물론 싸울 때도 있어요. 삐쳐서 서로 말도 안 하고 연락도 안 할 때도 있어요. 하지만 기쁠 때나 슬플 때 항상 같이 있어 주는 고마운 친구예요.

지금 영민이는 한국에 없어요. 일본 유학 (ⓐ)이에요.

갑자기 영민이가 보고 싶네요. 오늘은 영민이한테 전화(ⓑ) 해 볼까 해요.

↳ 하나 씨, 영민이 잘 있죠? 저도 보고 싶네요. 영민이 연락처 좀 가르쳐 주세요.

↳ 하나야, 어제 전화 고마웠어. 방학하면 한국에 들어갈 거니까 꼭 보자.

文法・表現リスト

- □ 귀엽게 → 003
- □ 생겼죠? / 잘 있죠? → 083
- □ 있어 주는 / 가르쳐 주세요 → 036
- □ 전화라도 → 075
- □ 들어갈 거니까 → 041
- □ 해 볼까 해요 → 033 → 061
- □ 보고 싶네요 → 019
- □ 반말（ため口） → 1-2

1 読む前 左のものと一緒に使用する単語を右から選びなさい。

1 옷을 / 바지를	(　　)	① 입다 / 벗다	*1* 服を・ズボンを着る／脱ぐ
2 모자를 / 안경을	(　　)	② 쓰다 / 벗다	*2* 帽子を・眼鏡をかぶる・かける／脱ぐ
3 양말을 / 구두를	(　　)	③ 신다 / 벗다	*3* 靴下を・靴を履く／脱ぐ

2 読む前 皆さんの親友に当てはまる表現にチェックを入れなさい。

외모(外見)	성격(性格)	기타(その他)
예쁘게 / 귀엽게 생겼어요.	좋아요 / 나빠요.	똑똑해요.
可愛く見えます。	いいです／悪いです。	賢いです。
잘생겼어요.	친절해요.	동갑이에요.
ハンサムです。	親切です。	同い年です。
못생겼어요.	밝아요 / 어두워요.	마음이 잘 맞아요.
不細工です。	明るいです／暗いです。	気が合います。

3 読む前 [보기] から＿＿に入ることばを選んで、適当な形に変えて入れなさい。

[보기]　친하다　　삐치다　　기쁘다　　싸우다

1 A：어제 그 사람 남자 친구예요?　　昨日のその人、彼氏ですか。
　B：아뇨, ＿＿＿＿＿ 후배예요.　　いいえ、親しい後輩です。

2 A：어제 남편이랑 왜 ＿＿＿＿＿?　　昨日夫とどうして喧嘩したんですか。
　B：매일 술만 마셔서요.　　毎日お酒ばかり飲んでいたからです。

3 A：다시 만나서 정말 ＿＿＿＿＿.　　また会えて本当に嬉しいです。
　B：저도요.　　私もです。

4 内容確認

1 ⓐに入る適切な単語を書きなさい。

2 ⓑに入る適切な表現を一つ選びなさい。

① 라도　　② 라서　　③ 라고　　④ 라는

＊最善ではないが、選択肢の中ではそれなりに良いという意を表す助詞（「〜でも」）。

22 운이 나쁜 하루

22 とても運が悪い一日でした。

친구들, 제 이야기 좀 들어 보세요.

오늘은 아침부터 비가 내렸어요. 오전에 시내에서 친구랑 중요한 약속이 있어서 조금 일찍 집을 나갔어요. 그런데 약속 장소에 가다가 스마트폰을 집에 두고 왔다는 것을 알았어요. 그래서 다시 집에 돌아왔어요. 물론 약속 시간에도 늦었어요.

친구랑 헤어진 후 점심을 먹었어요. 스타벅스에 가서 커피도 마셨어요. 그런데! 이번에는 지갑이…. 점심을 먹은 식당에도 가 보고 여기저기를 찾아 봤지만… (ⓐ). 지갑도 지갑이지만 지갑 안의 학생증, 교통 카드, 신용 카드, 그리고 가족 사진…까지 모두 잃어버렸어요.

(ⓑ) 기분으로 집에 들어왔어요. 그런데 이번에는... 아! 우산!

오늘은 정말 정말 운이 나쁜 하루였어요.

↳ 하나 씨, 힘내세요!

↳ 우산이랑 지갑 아직 못 찾으셨어요? 죄송해서 어떡해요? 저 때문에…

↳ ↳ 지갑이랑 우산 찾았어요! 걱정해 주셔서 고마워요.

↳ ↳ ↳ ⓒ정말 다행이네요.

文法・表現リスト

- □ 장소에 가다가 → 022
- □ 두고 왔다 → 008
- □ 두고 왔다는 것을 → 046
- □ 아무 데도 → 023
- □ 못 찾으셨어요 → 081
- □ 저 때문에 → 024
- □ 다행이네요 → 019

1 読む前 [보기] から ___ に入る適切な動詞を選んで、書きなさい。

[보기] 잃어버리다　잊어버리다

1 돈 / 지갑 / 스마트폰 / 우산 / 길을 ____________
お金／財布／スマホ／傘／道を失う・忘れる・なくす
2 약속 / 비밀번호 / 친구 이름 / 단어 / 제목을 ____________
約束／暗証番号／友達の名前／単語／タイトルを忘れる

2 読む前 [보기] から ___ に入ることばを選んで、適当な形に変えて入れなさい。

[보기] 찾다　두다　내리다　다행(이다)

1 A : 뭐 해요?　何をやっていますか。
B : 지갑을 ________고 있어요.　財布を探しています。
(잠시 후)　(少し後)
A : 지갑 ________?　財布見つけましたか。
B : 네, 가방 안에 있었어요.　はい、カバンの中にありました。

2 A : 어디에 가세요?　どこへ行かれますか。
B : 돈을 ________으러 은행에 가요.　お金をおろしに銀行に行きます。

3 A : 공연이 잘 끝나서 ________.　公演が無事に終わって良かったです。
B : 네, 걱정을 많이 했는데….　はい、すごく心配したんですけど……

3 内容確認

1 ⓐに入る、適切なものを一つ選びなさい。
① 아무도 없었어요　② 아무것도 없었어요　③ 아무 데도 없었어요

2 ⓑに入る、適切なものを一つ選びなさい。
① 기쁜　② 행복한　③ 우울한　④ 즐거운

3 ⓒ정말 다행이네요を日本語に直しなさい。

23 하나 짱! 질문이 하나 있어요.

23 「なんでも聞いてみてください」コーナーです。

한국어, 한국 문화, 유학 생활, 고민 등 <무엇이든 물어보세요>.

하나 짱! 질문이 하나 있어요. 한국 친구 생일에 초대를 받았어요. 한국 사람 생일에 초대를 받은 것은 처음이에요. 그래서 조금 걱정이에요. 어떤 선물이 좋아요? 참, 한국 친구는 남자예요. 나이는 20살이고 올해 대학교 2학년이에요. 사실은 제가 조금 좋아하는 사람이에요.

↳ 궁금이 씨, 너무 걱정하지 마세요. 나라가 ⓐ달라도 문화가 달라도 생각하는 것은 (ⓑ)고 생각해요. 선물도 마찬가지라고 생각해요. 선물은 그 사람이 좋아하는 것이나 필요한 것이 좋아요. 친구가 뭘 좋아해요? 친구에게 필요한 것이 뭐예요? 모르세요? 음…, 그럼 친구에게 직접 물어보는 것은 어때요? 필요한 것을 물어본 후 그것을 선물하는 것도 좋은 방법이라고 생각해요.

↳ ↳ 하나 짱, 고마워요. 도움이 많이 됐어요.

↳ ↳ ↳ 아뇨, 뭘요~. 궁금한 것이 있으면 언제든지 연락 주세요~!

文法・表現リスト

- □ 걱정하지 마세요 → 080
- □ 나라가 달라도 / 문화가 달라도 → 028 → 088
- □ 비슷하다고 / 마찬가지라고 / 방법이라고 → 074
- □ 무엇이든 / 언제든지 → 073
- □ 받은 것 / 물어보는 것 / 선물하는 것 / 필요한 것 / 선물하는 게 → 046

1 読む前 ＿＿に入る適切なことばを［보기］から選んで、書きなさい。

［보기］ 주다 / 하다　받다

1 ① 내가 친구한테 선물을 ＿＿＿＿＿＿　私が友達にプレゼントをあげました。
② 친구가 나한테 선물을 ＿＿＿＿＿＿　友達が私にプレゼントをくれました。
③ 친구한테서 선물을 ＿＿＿＿＿＿　友達からプレゼントをもらいました。

2 ① 내가 친구를 생일에 초대＿＿＿＿＿＿　私が友達を誕生日に招待しました。
② 친구가 나를 생일에 초대＿＿＿＿＿＿　友達が私を誕生日に招待しました。
③ 친구 생일에 초대를 ＿＿＿＿＿＿　友達の誕生日に招待をされました。

2 読む前 ［보기］から＿＿に入ることばを選んで、適当な形に変えて入れなさい。

［보기］ 물어보다　고민(하다)　생각(하다)　궁금(하다)　걱정(하다)　마찬가지(이다)

1 A：무슨 ＿＿＿＿고 있었어요?　何考えていたんですか。
B：아무 생각도 안 했어요.　何も考えていませんでした。

2 A：많이 힘드시죠?　大変でしょう？
B：괜찮아요. 너무 ＿＿＿＿지 마세요.　大丈夫です。あまり心配しないでください。

3 A：4학년이라서 ＿＿＿＿이 많죠?　4年生なので悩みが多いでしょう？
B：네, 취직 문제로 고민이 많아요.　はい、就職で悩んでいます。

3 内容確認

1 ⓐ달라도は「르不規則活用*（088）」用言です。次の表を完成しなさい。

	해요体	합니다体	−은/는（連体形）
모르다(知らない)	몰라요		
다르다(違う・異なる)		다릅니다	
부르다(呼ぶ・歌う)			부르는

*語幹の音節末の終声르である一部の用言の後に母音 −아/어で始まる語尾が続くと、르가ㄹ라/ㄹ러に変わる。

2 ⓑに入る適切な語を一つ選びなさい。

① 같다　② 닮다　③ 다르다　④ 비슷하다

24 첫사랑?

🔊24 ハナちゃんの初恋（？）を紹介します。

첫사랑! 부끄~

첫사랑은 고등학교 1학년 때였어요. 상대는 요리 동아리 선배…. 나이는 저보다 두 살 위. 하얀 앞치마를 하고 요리하는 모습을 보고, '우와~, 멋있다!'라고 생각했어요. 그래요, 첫눈에 반했어요. 착하고 키도 크고, 춤도 잘 추고 노래도 잘 부르고, 게다가 운동까지 잘했어요. 그래서 동아리 후배들한테도 인기가 많았어요. 저는 (ⓐ) 말도 못하고 보고만 있었어요. 그리고 선배는 졸업….

5년 후, 대박! 길에서 우연히 그 선배를 만났어요! '운명'의 만남(?). 양복이 참 잘 어울렸어요. "오랜만이야. 잘 지내?" 가슴이 두근두근했어요.

지금 그 선배는 텔레비전 앞에서 코를 골면서 자고 있어요. 지금은 운동도 안 하고 요리도 안 해요. 살도 많이 쪘어요. 제가 좋아한 그 선배 맞아요? 그때의 그 멋진 선배는 어디로 갔을까요?

↳ 하나 씨, 설마? 결혼…했어요?

↳ ↳ 아~뇨, 실은 우리 엄마, 아빠 이야기예요.

↳ ↳ ↳ 어휴~, 깜짝 ⓑ(놀라다).

文法・表現リスト

- □ 멋있다라고 생각했어요 → 074
- □ 말도 못하고 → 081
- □ 코를 골면서 → 069
- □ 반말（ため口） → 1-2
- □ 어디로 갔을까요? → 060
- □ 놀랐잖아요 → 078

1 読む前 左のものと一緒に使用する単語を右から選びなさい。

1 첫눈에	(　　)	① 찌다	1 一目惚れする
2 가슴이	(　　)	② 골다	2 胸がドキドキする
3 코를	(　　)	③ 반하다	3 いびきをかく
4 살이	(　　)	④ 놀라다	4 太る
5 깜짝	(　　)	⑤ 두근두근하다	5 びっくりする

2 読む前 [보기] から______に入ることばを選んで、適当な形に変えて入れなさい。

[보기] 선배　모습　운명　부끄럽다　어울리다　졸업(하다)

1 A：언니, 저희 학과 ______예요.　姉、私達の学科の先輩です。
B：그래요? 만나서 반갑습니다.　そうですか。お会いできて嬉しいです。

2 A：제가 우는 ______ 처음 보시죠?　私が泣く姿は初めてご覧になりますよね？
B：아뇨, 자주 봐요.　いいえ、よく観ます。

3 A：이 색깔 저한테 잘 ______?　この色私によく似合いますか。
B：네, 잘 어울려요.　はい、よく似合いますよ。

4 A：학교 ______면 뭐 할 거예요?　学校卒業したら何をしますか。
B：취직하려고 해요.　就職しようと思います。

5 A：왜 거짓말을 했어요?　なぜ嘘をついたのですか。
B：저도 제 자신이 ______.　私も自分自身が恥ずかしいです。

3 内容確認

1 ⓐに入る適切な表現を一つ選びなさい。
① 슬퍼서　② 우울해서　③ 외로워서　④ 부끄러워서

2 ⓑ놀라다を適切な形に直したものを一つ選びなさい。
① 놀랄게요　② 놀랐거든요　③ 놀랐잖아요　④ 놀랐기 때문이에요
＊ある状況について話し手が相手に確認、または知らせるとき使う（「～じゃないですか」）。

25 비슷하지만 다른…

25 似てるようで異なる韓国文化を紹介します。

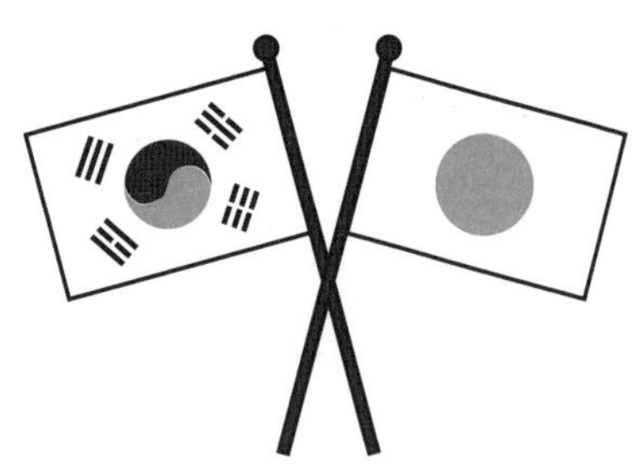

친구한테서 들은 이야기인데요. 한국에서는 사귀는 사람끼리는 신발이나 손수건, 노란 장미를 선물하지 않아요. 왜일까요?

그건 이 선물들이 모두 이별을 뜻하기 때문인데요. 예를 들어, 신발은 연인이 신고 도망갈 수 있어요. 손수건은 (헤어진 후) 눈물을 닦을 때 사용해요. 그리고 노란 장미는 꽃말의 의미가 '질투하다, 사랑이 식다'기 때문이에요.

한국이랑 일본, 비슷해 보이지만 다른 것, 또 어떤 게 있을까요?

↳ 그래요? 몰랐어요. 재미있네요.

↳ 한국에서는 이름을 빨간색으로 쓰면 안 돼요. 그리고 집들이 선물로 칼이나 가위를 선물하면 안 돼요. 또 있어요. 시험 보는 날에 미역국을 먹으면 안 돼요.

↳ 어떤 블로그에서 ⓐ(읽다). 〈韓国人男性が韓国人女性に言われて胸が張り裂ける言葉の数々〉: "나 뚱뚱해 보여?", "연락하지 마.", "됐어!", "너 변했어.", "나 사랑해?", "뭐 먹을까?", "넌 남자가 왜 그래?", "지금 무슨 생각해?"
일본 친구들은 어떻게 생각해요?

文法・表現リスト

- □ 이야기인데요 / 읽었는데요 → 053
- □ 왜일까요? / 있을까요 → 060
- □ 뜻하기 때문인데요 / '식다' 기 때문입니다 → 015
- □ 비슷해 보이지만 / 뚱뚱해 보여 → 034
- □ 반말（ため口） → 1-2
- □ 재미있네요 → 019
- □ 쓰면 안 돼요 / 먹으면 안 돼요 / 선물하면 안 돼요 → 070
- □ 연락하지 마 → 080
- □ 뭐 먹을까 → 059
- □ 다른 것 / 어떤 게 → 046

1 読む前 韓国のタブーです。なんでだと思いますか。

(연인끼리) 신발 / 손수건 / 노란 장미를 선물하지 않아요.
　(恋人同士) 履物／ハンカチ／黄色いバラをプレゼントしません。
(시험 전) 미역국을 먹지 않아요.
　(試験前) わかめスープを食べません。
(이름을 쓸 때) 빨간색으로 쓰지 않아요.
　(名前を書くとき) 赤色で書きません。
(집들이 선물로) 칼이나 가위를 선물하면 안 돼요.
　(引越し祝いで) 刀やはさみをプレゼントしてはいけません。

2 読む前 [보기] から＿＿に入ることばを選んで、適当な形に変えて入れなさい。

[보기]　식다　　변하다　　이별(하다)　　질투(하다)　　도망(가다)

1　A：국이 ＿＿＿＿＿죠?　　スープが冷めたでしょう。
　B：아뇨, 아직 따뜻하네요.　　いいえ、まだ温かいですね。

2　A：이거 먹어도 돼요?　　これ、食べてもいいですか。
　B：안 돼요. 오래돼서 맛이 ＿＿＿＿＿.　　だめですよ。長い時間が経って味が変わりました。

3　A：아까 그 남자 누구예요?　　さっきの男の人、誰ですか。
　B：혹시 ＿＿＿＿＿? 선배예요.　　もしかして嫉妬しているんですか。先輩です。

4　A：어제 일 안 하고 어디로 ＿＿＿＿＿?　　昨日仕事しないでどこに逃げたんですか。
　B：죄송합니다, 사장님.　　申し訳ありません、社長。

3 内容確認

1　ⓐ읽다を適切な形に直したものを一つ選びなさい。
　① 읽었잖아요　　② 읽었는데요　　③ 읽었으니까요　　④ 읽었기 때문이에요
　＊ある状況について伝えながら聞き手の反応を期待するという意を表す表現（「〜ですが・ますが」）。

2　恋人同士、次のものをプレゼントしない理由を韓国語で書きなさい。
　① 신발 : ＿＿＿＿＿＿＿＿＿＿＿＿＿＿＿＿＿＿＿＿
　② 손수건 : ＿＿＿＿＿＿＿＿＿＿＿＿＿＿＿＿＿＿＿
　③ 노란 장미 : ＿＿＿＿＿＿＿＿＿＿＿＿＿＿＿＿＿＿

26 다 같이 가요!

🔊 26 いろいろなイベント情報を紹介します。

이벤트 정보! 시간 있는 친구들, 관심 있는 친구들, 우리 같이 가요!

(20XX.8.12) 다음 달 수원에서 〈세계 음식 문화 축제〉가 열려요. 한식, 중식, 일식 등 세계 여러 나라의 음식을 맛볼 수 있어요. 또 〈떡 만들기 코너〉에서는 한국의 여러 가지 떡을 직접 만들어 볼 수도 있어요. 기간은 9월 22일부터 26일까지. 참가비는 무료입니다. 스쿨버스로 갈 친구들은 이번 주까지 신청하면 돼요(취소는 출발 3일 전까지).

↳ 학교 버스로 ⓐ(가고 싶다) 어디로 신청하면 돼요?

꽃길 걷기
일시: 20XX. 4. 28(토) 09:30 ~
출발 장소: 주차장
행사: 꽃길 걷기 / 축하 공연 /
꽃목걸이 만들기
참가비: 1만 5천원
참가 신청: 전화 또는 홈페이지 댓글

(20XX.3.24) 제 10회 〈강화 꽃길 걷기〉 행사가 다음 달 28일부터 열립니다. 우리 같이 꽃길을 걸으면서 아름다운 추억을 만들어 봅시다. 꽃목걸이 만들기, 인기 가수 공연 등도 ⓑ(있다) 꼭 같이 가요. 자세한 내용은 포스터를 참고하십시오.

↳ 저요, 저요!

↳ 날씨도 따뜻한데 다 같이 갑시다!

文法・表現リスト

- □ 맛볼 수 있어요 → 064
- □ 만들어 볼 수도 있어요 → 064
  → 033
- □ 신청하면 돼요 → 068
- □ 걸으면서 → 069
- □ 만들어 봐요 / 만들어 봅시다 → 033
- □ 있으니까 → 041
- □ 가고 싶은데 / 따뜻한데 → 050

1 読む前 参加してみたいイベントがありますか。

1 세계 음식 문화 축제	世界食文化フェスティバル
2 꽃길 걷기	花の道ウォーキング
3 박물관과 함께하는 추석 문화 행사	博物館と共に過ごすチュソク文化行事
4 빛으로 꾸는 꿈「서울 빛 축제」	光で見る夢「ソウル光のフェスティバル」
5 전통 악기 체험 교실	伝統楽器の体験教室

2 読む前 [보기] から ＿＿ に入ることばを選んで、適当な形に変えて入れなさい。

[보기] 자세하다　참고(하다)　신청(하다)　참가(하다)　취소(하다)

1 A：하나 씨랑 약속 ＿＿＿＿.　ハナさんとの約束キャンセルしました。
B：그럼 저랑 쇼핑이나 가요.　そうなら私とショッピングでも行きましょう。

2 A：수강 ＿＿＿＿?　受講申請しましたか。
B：네, 어제 학교에 가서 했어요.　はい、昨日学校に行ってしました。

3 A：한국도 올림픽에 ＿＿＿＿?　韓国もオリンピックに参加しますか。
B：물론이죠.　もちろんですよ。

4 A：어제 어떻게 됐어요?　昨日どうなりましたか。
B：＿＿＿＿ 이야기는 만나서 말씀드릴게요.　詳しい話は、会ってお話しますね。

5 A：거기까지 어떻게 가요?　そこまでどうやって行くんですか。
B：구글맵을 ＿＿＿＿.　Google マップをご覧ください。

3 内容確認

1 ⓐ가고 싶다を適切な形に直したものを一つ選びなさい。

① 가고 싶고　② 가고 싶어서　③ 가고 싶은데　④ 가고 싶으니까

＊何かを言うための前置きとして、それと関連した状況を前もって述べるとき使う語尾（「～が」）。

2 ⓑ있다を適切な形に直したものを一つ選びなさい。

① 있고　② 있지만　③ 있어서　④ 있으니까

27 아빠, 쫌!

27 ハナちゃんが新年の計画を立てました。

1위 국내외 여행(24.3%)
2위 외국어 학습(24.2%)
3위 다이어트(21.9%)
4위 자격증 취득(21.6%)
5위 독서(21.3%)
6위 운동(17.4%)
7위 저축/재테크(14.7%)

1월 1일. 새해가 밝았습니다. 친구들, 새해 복 많이 받으세요!

친구들은 새해 계획 세우셨어요? 새해에는 뭐 하고 싶으세요? 저는 한 학기 정도 휴학을 ⓐ(하다) 해요. 아르바이트를 해서 돈을 좀 모으려고요. 그 돈으로 한국의 이곳저곳을 여행해 보고 싶어요. 한국을 좀 더 깊게 이해하고 싶어서요. 하지만 아직은 (ⓑ)이에요. 우리 엄마가 아시면 큰일 나니까요(^^;).

↳ 여행도 가고 싶고, 살도 빼고 싶고, 책도 많이 읽고 싶고, 외국어도 배우고 싶고… ㅋ 하고 싶은 건 많은데… ㅋ 늘 지키지 못하는 게 문제예요^^;

↳ 하나야, 비밀 지켜 줄게(^^). 아빠의 올해 계획은! 살이 찌면 안 되니까 올해는 운동을 열심히 하려고 해(ㅎㅎ). 건강에도 더 신경을 쓸 거야. 술도 줄이고 담배도 끊을 거야!

↳ ↳ 거짓말!

아빠, 고마워요. 엄마한테는 비밀로 해 주세요. 나중에 제가 말씀드릴게요.

文法・表現リスト

- □ 할까 해요 → 061
- □ 모으려고요 → 066
- □ 싶어서요 → 077
- □ 큰일 나니까요 / 안 되니까 → 041
- □ 많은데 → 051
- □ 지키지 못하는 게 → 081
- □ 싶은 건 / 못하는 게 → 046
- □ 지켜 줄게 / 말씀드릴게요 → 058
- □ 열심히 하려고 해 → 066
- □ 반말（ため口） → 1-2

1 読む前 今年、何をしようと思いますか。「-(으)ㄹ까 해요」を用いて答えなさい。

1 살을 빼다 ______ やせる
2 술을 줄이다 ______ お酒を減らす
3 돈을 모으다 ______ お金を貯める
4 여행을 가다 ______ 旅行に行く
5 담배를 끊다 ______ タバコを止める
6 외국어를 배우다 ______ 外国語を習う
7 책을 열심히 읽다 ______ 本を熱心に読む

2 読む前 左のものと一緒に使用する用言を右から選びなさい。

1 살이	(　　)	① 찌다	1 太る
2 신경을	(　　)	② 쓰다	2 気を遣う
3 계획을	(　　)	③ 지키다	3 計画を立てる
4 비밀을	(　　)	④ 세우다	4 秘密を守る

3 読む前 [보기] から______に入ることばを選んで、適当な形に変えて入れなさい。

[보기] 휴학(하다)　거짓말(하다)　말씀(드리다)

1 A：솔직히 말해!　正直に言って！
　B：저 ______ 안 했어요. 정말이에요.　私、嘘ついてません。本当です。

2 A：자, 말씀해 보세요.　さあ、話してみてください。
　B：네, 그럼 ______.　はい、では申し上げます。

4 内容確認

1 ⓐ하다を適切な形に直したものを一つ選びなさい。

① 하러　② 할까　③ 하는데　④ 하면서

＊確実に決めてはないが前の言葉の表す行動をする意図があるという意を表す（「〜しようかと」）。

2 ⓑに入る適切な表現を本文から探して、書きなさい。

28 젓가락으로? 숟가락으로? 놓고? 들고?

28 韓国の食文化を紹介します。

비슷하면서도 다른 한국 문화. 오늘은 한국인의 식사 문화를 소개하려고 합니다.

한국에서는 식사를 할 때 숟가락과 젓가락을 모두 사용합니다. 숟가락은 밥과 국(탕, 찌개)을 먹을 때 사용하고 젓가락은 반찬, 특히 국물이 없는 반찬을 먹을 때 사용합니다.

이때 밥과 국은 먹는 사람 바로 앞의 가운데에 놓습니다. 밥은 왼쪽, 국은 그 오른쪽에 놓습니다. 숟가락과 젓가락은 국의 오른쪽에 1자로 해서 놓습니다. 찌개처럼 (ⓐ) 먹는 반찬은 식탁 가운데에 놓습니다.

한 가지 더! 한국에서는 밥그릇과 국그릇을 손에 들고 먹으면 안 돼요. 식탁 위에 놓고 먹어야 해요.

↳ 늘 궁금했었는데요. 숟가락은 받침이 ㄷ(디귿)인데 젓가락은 받침이 왜 ㅅ(시옷)이에요?

↳ 하나 짱, 오랜만이에요. 저 미나예요. 질문이 있어서요. 여기에 질문해도 돼요? 저 이사했어요. 그래서 집들이를 하려고 해요. 뭘 준비해야 돼요? 집들이가 처음이라서 걱정이 많아요. 꼭 좀 가르쳐 주세요. 나중에 전화할게요.

文法・表現リスト

- □ 소개하려고 합니다 / 집들이를 하려고 해요 → 066
- □ 먹으면 안 돼요 → 070
- □ 먹어야 해요 / 준비해야 돼요 → 037
- □ 궁금했었는데요 → 053
- □ 질문이 있어서요 → 077
- □ 질문해도 돼요 → 029
- □ 처음이라서 → 076
- □ 전화할게요 → 058
- □ ㄷ인데 → 050

1 読む前 食べたことがあるものにチェックしなさい。

1 (국) 미역국 / 떡국
(スープ) わかめスープ／トックク（ぞうに）

2 (탕) 삼계탕 / 감자탕 / 갈비탕 / 매운탕
(スープ) 参鶏湯／カムジャタン／カルビタン／メウンタン

3 (찌개) 김치찌개 / 된장찌개 / 순두부찌개 / 부대찌개
(チゲ) キムチチゲ／味噌鍋／スンドゥブチゲ／プデチゲ

4 (반찬) 김치 / 나물 / 구이 / 튀김
(おかず) キムチ／ナムル／焼き物／天ぷら

2 読む前 何についての説明ですか。[보기] から選んで、____ に書きなさい。

[보기] 국　국물　반찬　그릇　식탁　젓가락　숟가락

1 ________ 食べ物を盛る道具
2 ________ 食事のとき、ご飯に添えて食べる副菜
3 ________ 食べ物などを挟み取るのに用いる細長い道具
4 ________ 汁物や鍋物などの料理で具を除くと残るスープ
5 ________ 飯や汁物などをすくって食べるときに使う道具
6 ________ 食べ物を並べておいて、座って食べるときに使うテーブル
7 ________ 肉・魚・野菜などの材料に水をたくさん入れて煮込んだ料理

3 内容確認

1 テキストの内容に従って韓国の食膳を並べなさい。

2 ⓐに入る適切な表現を書きなさい。

29 냉면 네 그릇…, 생선님…, 안녕히 죽으세요…

29 韓国語ができなくて生じた失敗です。

실수
失敗・ミス・過ち

친구들, 한국어를 배울 때 발음이나 문법, 단어 때문에 ⓐ(실수하다) 없어요? 저는 발음 때문에 자주 실수를 해요. 지난주에 친구 네 명이서 식당에 가서 주문을 했어요. "아주머니, 네 명요." …

… 아주머니께서… 냉면 네 그릇을 가져오셨어요!

↳ 재미있네요. 저는 발음 실수는 아닌데요. 수업 시간에 선생님을 "생선님"이라고 불렀어요.

↳ 저도 실수한 적 있어요. 2개월 전쯤에 몸이 안 좋아서 병원에 갔어요. 의사 선생님이 제 이름을 보고, "일본에서 오셨어요?"라고 물었어요. 그래서 "네"라고 했어요. 의사 선생님이 다시 "오늘은 어떻게 오셨어요?"라고 했어요. 저는 너무 긴장해서 "ⓑ지하철로 왔어요."라고 대답했어요.

↳ 밤늦게 한국 친구랑 술을 마시고 있는데 선배한테서 전화가 왔어요. 이야기가 다 끝나고 전화를 끊을 때 선배한테 "안녕히 죽으세요."라고 했어요. (웃음)

文法・表現リスト

- □ 단어 때문에 / 발음 때문에 → 024
- □ 실수한 적 없어요 / 실수한 적 있어요 → 054
- □ 아닌데요 → 053
- □ 재미있네요 → 019
- □ '생선님' 이라고 / '오셨어요?' 라고 / → 074
  '죽으세요' 라고 → 011
- □ 마시고 있는데 → 050

1 読む前 韓国語の学習の際、何が一番難しいですか。チェックしなさい。

1 단어 / 문법 / 발음
単語／文法／発音
2 듣기 / 말하기 / 읽기 / 쓰기
リスニング／スピーキング／リーディング／ライティング

2 読む前 ＿＿に共通に入る適切な動詞を書きなさい（基本形)。

1 줄을 ＿＿＿＿	紐を切る
2 담배를 ＿＿＿＿	タバコを止める
3 전화를 ＿＿＿＿	電話を切る
4 관계를 ＿＿＿＿	関係を切る・絶つ

3 読む前 [보기] から＿＿に入ることばを選んで、適当な形に変えて入れなさい。

[보기] 묻다　죽다　끝나다　가져오다　실수(하다)　긴장(하다)

1 A：내일까지 서류 꼭 ＿＿＿＿.　明日までに書類を必ず持って来てください。
B：네, 잊지 않고 가지고 오겠습니다.　はい、忘れずに持ってきます。

2 A：너무 긴장돼요.　とても緊張します。
B：＿＿＿＿지 마세요. 잘될 거예요.　緊張しないでください。うまくいくでしょう。

3 A：하나 씨, 무슨 일 있어요?　ハナさん、どうかしましたか。
B：어제 술에 취해서 ＿＿＿＿.　昨日酒に酔って失敗しました。

4 A：수업 다 ＿＿＿＿?　授業は全部終わりましたか。
B：아직 하나 남았어요.　まだ一つ残っています。

4 内容確認

1 ⓐ실수하다を適切な形に直したものを一つ選びなさい。
① 실수하기　② 실수하는데　③ 실수한 적　④ 실수한 지
＊前の言葉の表す動作が行われたことも、そういう状態になったこともある（「～たことがある」)。

2 ⓑ "지하철로 왔어요." を適切な答えになるように直しなさい。

30 이제 봄이네요.

30 韓国の春、夏、秋、冬です。

이제 봄이네요. 햇볕도 따뜻하고 꽃들도 하나 둘 피기 시작했어요. 오늘은 한국의 계절과 날씨를 소개할게요.

한국에도 일본처럼 봄, 여름, 가을, 겨울 사계절이 있어요. 봄은 보통 3월에서 5월까지. 따뜻하지만 바람이 많이 불어요. 특히 요즘에는 황사가 심해요. 그래서 외출할 때는 꼭 마스크를 써야 해요.

여름은 6월부터 8월까지. 6월에서 7월 사이, 습하고 비가 자주 와요. '장마'라고 해요. 8월과 9월에는 태풍이 오기도 합니다.

가을은 9월부터 11월까지. 날씨가 조금씩 쌀쌀해지기 시작합니다. 하늘이 맑고 단풍이 무척 아름답습니다.

겨울은 12월부터 2월까지. 눈이 오고 춥습니다. 기온이 영하로 내려가는 날도 많습니다.

↳ 한국 겨울은 건조해서 일본보다 더 춥게 느껴지는 것 같아요.

↳ 한국은 벌써 봄이에요? 여기 삿포로는 아직 겨울이에요. 빨리 눈이 녹고 따뜻한 봄이 왔으면 좋겠어요.

↳ 오늘은 미세 먼지가 심하네요. 외출할 때 마스크 잊지 마세요.

文法・表現リスト

- □ 봄이네요 / 심하네요 → 019
- □ 소개할게요 → 058
- □ '장마' 라고 → 074
- □ 쌀쌀해지기 / 느껴지는 → 039
- □ 써야 해요 → 037
- □ 오기도 합니다 → 017
- □ 왔으면 좋겠어요 → 040
- □ 느껴지는 것 같아요 → 047
- □ 잊지 마세요 → 080

1 読む前 今の季節と天気に当てはまる言葉にチェックを入れなさい。

1 봄 / 여름 / 가을 / 겨울
春／夏／秋／冬

2 황사 / 태풍 / 단풍 / 미세 먼지
黄砂／台風／紅葉／ PM2.5(細かいほこり)

3 맑다 / 흐리다 / 비가 오다 / 눈이 오다 / 바람이 불다
晴れる／曇る／雨が降る／雪が降る／風が吹く

4 덥다 / 춥다 / 습하다 / 따뜻하다 / 시원하다 / 쌀쌀하다 / 건조하다
暑い／寒い／湿っぽい／暖かい／涼しい／肌寒い／乾燥する

2 読む前 [보기] から ＿＿ に入ることばを選んで、適当な形に変えて入れなさい。

[보기] 녹다　습하다　건조(하다)

1 A : 봄이 왔네요.　春が来ましたね。
B : 네, 눈도 거의 다 ＿＿＿＿.　はい、雪もほとんど溶けました。

2 A : 실내가 너무 ＿＿＿＿ 네요.　室内がとてもじめじめしていますね。
B : 창문 열까요?　窓、開けましょうか。

3 内容確認 本文を読んで、次の表を完成しなさい。

	いつからいつまで	特徴
봄	3월부터 5월까지	따뜻하지만 바람이 많이 불어요. 황사가 심해요.
여름		
가을		
겨울		

31 외로워도 슬퍼도

31 寂しさ、悲しみを克服する方法です。

대학생들은 어떻게 스트레스를 풀까요?

- 영화, 공연을 보러 갑니다—31%
- 친구들을 만나서 수다를 떱니다—18%
- 맛있는 것을 먹으러 갑니다—22%
- 쇼핑을 합니다—5%
- 드라이브를 합니다—14%
- 기타—10%

조사 대상: 대학생 500명(남자 250명, 여자 250명)

가족이 옆에 있어도, 사랑하는 사람이 함께 있어도 외로울 때가 있잖아요. 그럴 때 친구들은 어떻게 해요?

저는 한국에 사는 일본 친구들을 만나요. 만나서 고향 음식을 먹으면서 일본말로 수다를 떨어요. 그러면 외로움도 슬픔도 모두 사라져요. 날씨가 좋은 날에는 밖에 나가서 산책을 하기도 해요. 맑은 공기를 ⓐ(마시다) 머리가 맑아지는 것을 느껴요. 기분도 상쾌해지고요. 대청소를 할 때도 있어요. 깨끗하게 정리된 방을 보면 제 마음도 깨끗하게 정리가 돼요.

↳ 외로울 때, 특히 고향 생각이 날 때마다 저는 남산에 올라가서 밤경치를 구경해요. 그러면 마음도 가벼워지고 기분도 좋아집니다.

↳ 스트레스가 쌓이면 영화를 봅니다. 따뜻한 방에 누워서 좋아하는 영화를 보고 있으면 스트레스가 많이 풀려요.

↳ 외로울 때나 슬플 때, 화가 나거나 짜증이 날 때 등등. 저는 그냥 자요. 아무 생각 없이요. 푹 자고 나면 힘이 나요.

文法・表現リスト

- □ 외로워도 / 슬퍼도 / 옆에 있어도 → 028
- □ 있잖아요 → 078
- □ 먹으면서 → 069
- □ 산책을 하기도 해요 → 017
- □ 날 때마다 → 025
- □ 좋아지고요 / 상쾌해지고요 → 012
- □ 깨끗해져요 / 가벼워지고 / 좋아집니다 → 039
- □ 마시고 나면 / 자고 나면 → 009

1 読む前 最近の自分の気分・感情を表す表現にチェックを入れなさい。

1 외롭다 / 슬프다 / 신나다 / 상쾌하다 / 기분이 좋다
寂しい／悲しい／ウキウキする／爽快だ／気分がいい

2 부끄럽다 / 심심하다 / 화가 나다 / 짜증이 나다
恥ずかしい／つまらない・退屈だ／腹が立つ／イライラする

2 読む前 左のものと一緒に使用する用言を右から選びなさい。

1 수다를	(　　)	① 나다	*1* おしゃべりする
2 생각이	(　　)	② 나다	*2* 思い出される
3 힘이	(　　)	③ 떨다	*3* 力が出る

3 読む前 [보기] から ______ に入ることばを選んで、適当な形に変えて入れなさい。

[보기]　쌓이다　　사라지다　　정리(하다/되다)

1 A：밖에 눈 많이 와요?　　外は雪がたくさん降っていますか。
B：네, 벌써 많이 ______.　　はい、もうたくさん積もっています。

2 A：친구가 연락도 없이 갑자기 ______.　　友達が連絡もなく突然いなくなりました。
B：왜요? 무슨 일 있었어요?　　なぜですか。何かあったんですか。

3 A：방이 깨끗하네요.　　部屋がきれいですね。
B：오시기 전에 조금 ______.　　いらっしゃる前に少し整理しました。

4 内容確認

1 ⓐ마시다を適切な形に直したものを一つ選びなさい。
① 마시고 나서　　② 마시고 나면　　③ 마시고 나니까　　④ 마시고 났는데
＊ある行動をやり終えたことが条件になる（「～すると」）。

2 本文を読んで、寂しい時ハナさんがやることをすべて選びなさい。
① 친구들을 만나요.　　友達に会います。
② 산책을 해요.　　散歩をします。
③ 대청소를 해요.　　大掃除をします。
④ 아무 생각 없이 자요.　　何も考えず寝ます。

32 건강이 최고!

32 健康のためにしていることです。

건강한 식습관

1 신선한 채소, 과일, 생선 많이 먹기
2 덜 짜게, 덜 달게, 덜 기름지게 먹기
3 물 많이 마시기
4 과식 안 하기
5 아침 식사 꼭 하기
6 술 적게 마시기…

최근 건강에 관심이 있는 사람이 많아진 것 같아요. 여러분은 건강을 위해 특별히 하는 게 있어요?

저는 요즘 가까운 거리는 걸어 다녀요. 걷기는 운동할 시간이 없는 저 같은 사람들에게 참 ⓐ(좋다). 점심 식사 후 잠깐 산책하기, 엘리베이터 타지 않고 계단 이용하기 등등. 편한 신발만 있으면 할 수 있으니까 돈도 들지 않아요.

↳ 저는 아침밥을 꼭 먹어요. 잠도 7시간 이상은 꼭 자고요.

↳ 저는 날마다 30분 정도 가벼운 운동을 해요.

↳ 저는 음악을 들으면서 식사를 해요. 즐거운 음악을 들으면 기분도 좋아지고 소화도 잘 되거든요.

↳ 저는 밥을 천천히, 오래오래, 꼭꼭 씹어 먹어요. 천천히 꼭꼭 씹어 먹으면 금방 배가 부르고 소화도 잘 돼요. 여러분들도 천천히, 오래오래 씹어 드세요.

↳ 저는 ⓑ별거 없어요. 그냥 잘 자고 잘 먹고 많이 웃으려고 노력해요.

文法・表現リスト

- □ 많아진 것 같아요 / 좋은 것 같아요 → 047
- □ 할 수 있으니까 → 064 → 041
- □ 자고요 → 012
- □ 음악을 들으면서 → 069
- □ 기분도 좋아지고 → 039
- □ 잘 되거든요 → 002
- □ 날마다 → 025
- □ 웃으려고 → 066
- □ 먹기 / 마시기 / 하기 → 014

1 読む前／ 皆さんの食習慣はどうですか。気にしていることにチェックを入れなさい。

1	밥을 잘 씹어 먹습니다.	ご飯をよく噛んで食べます。
2	싱겁게 먹습니다.	塩分を抑えて食べます。
3	물을 자주, 많이 마십니다.	水をよく、たくさん飲みます。
4	아침밥은 반드시 먹습니다.	朝食は必ず食べます。
5	고기보다 생선, 야채를 좋아합니다.	肉より魚、野菜が好きです。
6	음식을 천천히 잘 씹어 먹습니다.	食べ物をゆっくりよく噛んで食べます。
7	짠 음식이나 매운 음식은 안 먹습니다.	塩辛いものや辛いものは食べません。

2 読む前／ [보기] から ＿＿ に入ることばを選んで、入れなさい。

[보기] 꼭꼭　잠깐　오래　금방　천천히

1 A：속이 안 좋아요.　気持ち悪いです。
　B：밥 ＿＿＿＿ 씹어 드세요.　ご飯、しっかり噛んで召し上がってください。

2 A：하나 씨 아직 안 왔어요?　ハナさん、まだ来てないんですか。
　B：＿＿＿＿ 올 거예요. 조금만 기다리세요.　すぐ来るはずです。少しだけお待ちください。

3 A：왜 이렇게 ＿＿＿＿ 걸려요?　なんでこんなに長くかかりますか。
　B：잠시만 기다리세요. 거의 다 했어요.　少々お待ちください。ほとんど終わりました。

4 A：바쁘지 않으면 ＿＿＿＿ 들어오세요.　忙しくなければちょっと入ってください。
　B：그럼 잠깐 실례하겠습니다.　それではちょっと失礼します。

5 A：지금 가야 돼요?　今行かなければなりませんか。
　B：시간이 있으니까 ＿＿＿＿ 구경하세요.　時間がありますから、ゆっくりご覧ください。

3 内容確認／

1 ⓐ좋다を適切な形に直したものを選びなさい。

① 좋아요　② 좋을게요　③ 좋은데요　④ 좋은 것 같아요

＊推測・何かに対して意見を言う時、相手に丁寧な態度を見せたい時に使用する（「～そうだ・みたいだ」)。

2 ⓑ별거 없어요を日本語に直しなさい。

33 함께 사는 즐거움, 혼자 사는 자유로움

33 **部屋を探しています。**

친구들, 좀 도와주세요! 지금 방을 구하고 있어요. 이사하려고요. 지금 살고 있는 기숙사가 값도 싸고 편하지만 밖에서도 한번 살아 보고 싶어서요. 어떤 집이 좋을까요?

함께 사는 즐거움	하숙의 전설, 하숙의 꿈	혼자 사는 자유로움
셰어하우스 가끔은 따로 가끔은 같이 밤엔 무섭고 낮엔 외로운 분들 **월세 46만원부터** **보증금 100만원부터** 에어컨/냉장고/ 세탁기/전자레인지/청소기/ 밥솥/세제/화장지/ 쓰레기봉투 무료 Tel 02-1234-5678	**신촌 하숙** 엄마 같은 주인 아줌마 2인분 같은 1인분 식사 세탁소 같은 빨래 **우리 아들 잘생겼다** 하숙비 40만원~ 02-333-1722	**하나 원룸** 학교 정문에서 걸어서 5분 거리 전세 / 월세 가능 ***-풀옵션-*** 에어컨/냉장고/가스레인지/ 세탁기/TV/침대/ 전자레인지/옷장/책장/ 책꽂이/인터넷 무료 **주차 가능** ☎ 02-757-4658

↳ 저는 셰어하우스를 추천합니다. 한국 친구들이나 외국 친구들을 많이 만날 수 있을 거예요. 한국 문화나 한국어를 이해하는 데 도움이 될 거라고 생각해요.

↳ 하나 씨는 지금까지 늘 '같이' 살았잖아요. 그러니까 이번에는 원룸에서 '혼자' 살아 보는 것도 나쁘지 않을 것 같아요.

文法・表現リスト

- ☐ 이사하려고요 → 077
- ☐ 좋을까요? → 060
- ☐ 이해하는 데 → 052
- ☐ 만날 수 있을 거예요 → 057
- ☐ 살았잖아요 → 078
- ☐ 나쁘지 않을 것 같아요 → 047

1 読む前 一人暮らしを考えています。必ず必要だと思うものを選びなさい。

1 가전제품(家電製品)

TV / 밥솥 / 에어컨 / 냉장고 / 세탁기 / 청소기 / 가스레인지 / 전자레인지

TV ／炊飯器／エアコン／冷蔵庫／洗濯機／掃除機／ガスコンロ／電子レンジ

2 가구(家具)

침대 / 옷장 / 신발장 / 책장 / 책꽂이

ベッド／クローゼット／靴箱／本箱／本棚

3 기타(その他)

세제 / 화장지 / 인터넷 / 쓰레기 봉투

洗剤／トイレットペーパー／インターネット／ゴミ袋

2 読む前 [보기] から ______ に入ることばを選んで、適当な形に変えて入れなさい。

[보기] 편하다　빨래(하다)　이사(하다)　주차(하다)　추천(하다)

1 A：학교 근처로 ______.　学校の近くに引越しました。

B：그래요? 집들이는 언제 할 거예요?　そうですか。引越し祝いはいつしますか。

2 A：시험 끝났죠?　試験終わったでしょう？

B：네, 그래서 마음이 ______.　はい、だから気持ちが楽です。

3 A：여기에 ______ 돼요?　ここに駐車してもいいですか。

B：여긴 안 돼요. 주차장에 주차하세요.　ここはダメです。駐車場に駐車してください。

3 内容確認 本文を読んで、3人に合う物件を探して、書きなさい。

1 월세보다는 전세가 좋아요.
학교에서 가깝고 고양이랑 함께 살 수 있는 곳을 찾고 있어요. ______

2 저는 요리를 못해요. 빨래도 하기 싫어요.
혼자 있는 것보다는 다른 사람들과 같이 있는 걸 좋아해요. ______

3 저는 요리하는 것을 아주 좋아해요.
가능하면 다양한 사람들을 만나고 싶어요. ______

34 하나 씨에게

34 ミンソさんがハナちゃんのブログに投稿したメッセージです。

하나 씨에게

하나 씨, 안녕하세요. 저 민서예요. 그동안 잘 지냈어요? 요즘 많이 바쁘죠? 준민 씨 생일 때 하나 씨 얼굴 볼 수 있어서 엄청 기뻤어요. 그리고 하나 씨의 한국어 실력이 많이 늘어서 깜짝 놀랐어요. 블로그도 재미있게 읽고 있어요.

그런데 저, 하나 씨, (ⓐ)이 하나 있어요. 지난번 영민 씨 생일 때 찍은 사진 있죠? 시간 있을 때 저한테 좀 (ⓑ)? 반 블로그에 올렸으면 해서요. 생일 파티에 못 온 친구들도 볼 수 있고, 좋은 추억거리도 될 거 같아요.

그럼 하나 씨, 부탁할게요.

건강하세요. 또 연락할게요. 안녕!

민서 씀

↳ 민서 씨, 저도 민서 씨 볼 수 있어서 무척 기뻤어요. 사진은 민서 씨 이메일로 보냈어요. 확인해 보세요. 그럼 나중에 또 봐요~!

↳ ↳ 저한테도 사진이 몇 장 있는데 ⓒ(보내 드리다)?

文法・表現リスト

□ 바쁘죠? / 사진 있죠?	→ 083	□ 못 온 친구들	→ 081
□ 볼 수 있어서 / 볼 수 있고	→ 064	□ 될 거 같아요	→ 047
□ 보내 줄래요?	→ 063	□ 몇 장 있는데	→ 050
□ 올렸으면 해서요	→ 040	□ 보내 드릴까요?	→ 032
	→ 077	□ 부탁할게요 / 연락할게요	→ 058

1 読む前 メールの受信トレイで見かける表現です。友達にメールを書きなさい。

보내는 사람: ________________ 差出人
받는 사람: ________________ 宛先
제목: ________________ 件名
첨부 파일: ________________ 添付ファイル

2 読む前 [보기] から ＿＿ に入ることばを選んで、入れなさい。

[보기] 또　엄청　깜짝　무척　그동안　나중에

1 A：＿＿＿＿ 먹어요? 밥 먹었잖아요.　また食べるんですか。ご飯食べたじゃないですか。
B：배가 너무 고파서요.　とてもお腹が空いているからです。

2 A：한국에서 가장 높은 빌딩이에요.　韓国で一番高いビルです。
B：우와, ＿＿＿＿ 높네요.　わぁ、すごく高いですね。

3 A：＿＿＿＿ 어떻게 지내셨어요?　この間どう過ごしていましたか。
B：덕분에 잘 지냈어요.　おかげで元気に過ごしています。

4 A：많이 바쁘셨어요?　とてもお忙しかったですか。
B：네, ＿＿＿＿ 바빴어요.　はい、とても忙しかったです。

5 A：사장님 지금 안 계시는데요.　社長は今いませんが。
B：그럼 ＿＿＿＿ 다시 올게요.　それでは後でまた来ます。

3 内容確認

1 ⓐに入る適切な表現を本文から探して、書きなさい。

2 ⓑに入る適切な表現をすべて選びなさい。

尊敬の程度が低い ←――――→ 尊敬の程度が高い
보내 줘. → 보내 줘요. → 보내 주세요. → 보내 주실래요? → 보내 주시겠어요?

3 ⓒ보내 드리다を適切な形に直したものを一つ選びなさい。

① 보내 드릴게요　② 보내 드릴까요　③ 보내 드릴래요　④ 보내 드리겠습니다

＊聞き手に意見を問うか提案するとき使う表現（「～ましょうか」）。

35 Q & A 무엇이든지 물어보세요.

35 「なんでも聞いてみてください」コーナーです。

한국어, 한국 문화, 유학 생활, 고민 등 〈무엇이든 물어보세요〉.

[1] 한국어를 잘하고 싶어요. 하지만 한국어가 빨리 늘지 않아요. 어떻게 하면 한국어를 잘할 수 있을까요?

↳ 한국어를 배우는 방법은 사람마다 (ⓐ)고 생각해요. 저는 자기가 좋아하는 것을 하면서 배우는 것이 좋다고 생각해요. 노래를 좋아하는 사람은 노래를 배우면서, 드라마를 좋아하는 사람은 드라마를 보면서 배우면 훨씬 재미있게 한국어를 배울 수 있어요.

[2] 한국에 유학을 가려고 해요. 무엇을 준비해야 ⓑ(되다) 좀 가르쳐 주세요.

↳ 유학을 오기 전에 유학 계획을 세우는 것이 중요하다고 생각해요. 어디에서, 무엇을 공부할지. 그리고 한국의 날씨나 음식, 역사, 문화 등을 미리 조금 공부한 후에 오면 더 좋을 것 같아요.

[3] 안녕하세요, 하나 씨. 제 이름은 다나카예요. 반가워요. 하나 씨 블로그를 매일 읽고 있어요. 저, 실은 고민이 하나 있어요. 하나 씨는 한국 친구가 많죠? 저는 아직 한국 친구가 없어요. 밥도 혼자 먹을 때가 많아요. 하나 씨, 어떻게 하면 친구들을 많이 사귈 수 있어요?

文法・表現リスト

- □ 무엇이든 / 무엇이든지 → 073
- □ 잘할 수 있을까요? → 064 → 060
- □ 다르다고 / 좋다고 / 중요하다고 → 074
- □ 하면서 / 배우면서 / 보면서 → 069
- □ 사람마다 → 025
- □ 가려고 해요 → 066
- □ 준비해야 되는지 → 048 → 037
- □ 공부할지 → 048
- □ 좋을 것 같아요 → 047

1 読む前 最近何について悩んでいますか。チェックしなさい。

(　　) 돈	お金	(　　) 외모	外見
(　　) 친구	友達	(　　) 공부(성적)	勉強（成績）
(　　) 가족	家族	(　　) 취업(미래)	就職（未来）
(　　) 건강	健康	(　　) 연애(결혼)	恋愛（結婚）

2 読む前 1と2の______に共通に入る適切な助詞を書きなさい。

1 나라__________ 문화가 달라요.　　国ごとに文化が異なります。
날__________ 한국 드라마를 봐요.　　毎日韓国ドラマを見ます。
웃을 때__________ 하얀 이가 보여요.　　笑うたびに白い歯が見えます。

2 지하철이 5분__________ 옵니다.　　地下鉄が５分ごとに来ます。
올림픽은 4년__________ 열립니다.　　オリンピックは４年ごとに開かれます。

3 読む前 [보기] から______に入ることばを選んで、入れなさい。

[보기] 미리　　훨씬

1 A：도착 전에 __________ 전화 주세요.　　到着前に予めお電話ください。
B：네, 출발할 때 전화드릴게요.　　はい、出発する時にお電話いたします。

2 A：두 사람 중 누가 더 예뻐요?　　２人のうちどちらがもっときれいですか。
B：물론 제가 __________ 더 예쁘죠.　　もちろん私がはるかにきれいですよ。

4 内容確認

1 ⓐに入る適切な表現を一つ選びなさい。
① 같다　　② 닮다　　③ 다르다　　④ 비슷하다

2 ⓑ되다を適切な形に直したものを一つ選びなさい。
① 되면　　② 돼서　　③ 되는지　　④ 되면서
＊次にくる事柄に関する漠然とした理由や判断の意を表す語尾（「〜か・〜かどうか」）。

36 왜 한국어를 배워요?

🔊 36 皆さんはどうして韓国語を学ぼうと思ったのですか。

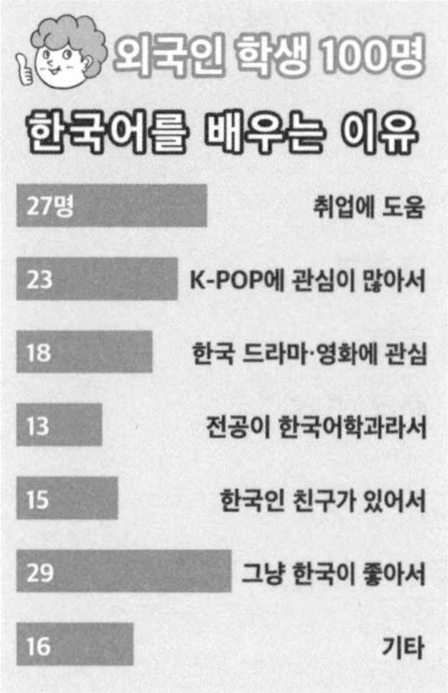

외국인 학생 100명
한국어를 배우는 이유

인원	이유
27명	취업에 도움
23	K-POP에 관심이 많아서
18	한국 드라마·영화에 관심
13	전공이 한국어학과라서
15	한국인 친구가 있어서
29	그냥 한국이 좋아서
16	기타

옛날부터 궁금했어요. 친구들은 왜 한국어를 배우는지….

저는요, 나중에 영화를 만들고 싶어요. 고등학교 때 〈극한 직업〉이라는 한국 영화를 봤어요. 너무 재미있었어요. 지금까지도 대사가 기억이 나요. "지금까지 이런 맛은 없었다. 이것은 갈비인가, 통닭인가? 네, 수원 갈비 통닭입니다." 이 영화를 보고 한국 영화를 ⓐ(좋아하다). 그때부터 한국 영화를 많이 보게 되었고요.

슬플 때나 외로울 때 저는 영화를 봐요. 영화를 보면 힘이 나거든요. 나중에 저도 다른 사람에게 희망을 주는 영화를 만들고 싶어요.

그래서 왔어요, 한국에. 한국어를 배운 후 대학원에 진학해서 본격적으로 영화 공부를 할 생각이에요.

↳ 고등학교를 졸업할 때 부모님이랑 싸웠어요. 제가 한국에서 아이돌이 되고 싶어했거든요. 하지만 부모님은 "대학은 꼭 가야 해. 아이돌로 성공하기는 너무 어려워. 나중에 후회할 거야."라고 하셨어요. 반대가 너무 심해서 집을 나와서 지금은 한국에서 혼자 생활하고 있어요. 한국어 공부가 어렵고 유학 생활도 힘들지만 하고 싶은 것을 할 수 있어서 (ⓑ).

文法・表現リスト

- □ 배우는지 → 048
- □ 극한 직업이라는 → 074
- □ 갈비인가 / 통닭인가 → 049
- □ 좋아하게 되었어요 / 보게 되었고요 → 004
- □ 보게 되었고요 → 012
- □ 했거든요 / 나거든요 → 002
- □ 가야 해 → 037
- □ 반말（ため口） → 1-2

1 読む前 韓国語学習の目的をすべて選びなさい。

(　　) 그냥	ただ
(　　) 전공이 한국어라서	専攻が韓国語なので
(　　) 학점을 따기 위해서	単位を取るために
(　　) 그냥 한국이 좋아서	ただ韓国が好きで
(　　) 한국 친구를 사귀려고	韓国の友達と付き合おうと思って
(　　) 한국에서 일하고 싶어서	韓国で働きたくて
(　　) 취직에 도움이 되기 때문에	就職に役に立つから
(　　) 한국의 대학, 대학원에 가기 위해서	韓国の大学、大学院に行くために
(　　) K-POP이나 드라마, 영화에 관심이 많아서	K-POPやドラマ、映画に関心があって

2 読む前 [보기] から＿＿に入ることばを選んで、入れなさい。

[보기] 반대(하다)　　후회(하다)　　진학(하다)　　성공(하다)

1 A : 부모님이 유학 허락하셨어요?　　両親が留学許可しましたか。
B : 아뇨, 처음에는 ＿＿＿＿＿가 심하셨어요.　　いいえ、最初は反対がひどかったんです。

2 A : 경기에 졌는데 기분이 어떠세요?　　試合で負けたんですが、気分はどうですか。
B : 최선을 다했기 때문에 ＿＿＿＿＿는 없습니다.　　最善を尽くしたので後悔はありません。

3 A : 다이어트에 ＿＿＿＿＿ 비결이 있습니까?　　ダイエットに成功した秘訣がありますか。
B : 적게 먹고 운동을 열심히 했어요.　　少しだけ食べて運動を一生懸命しました。

4 A : 졸업하면 어떻게 하실 거예요?　　卒業したらどうしますか。
B : 대학원에 ＿＿＿＿＿할까 해요.　　大学院に進学しようかと思っています。

3 内容確認

1 ⓐ좋아하다を適切な形に直したものを一つ選びなさい。

① 좋아해졌어요　② 좋아하는데요　③ 좋아하잖아요　④ 좋아하게 됐어요

＊前の言葉の表す状態や状況になるという意を表す表現（「〜になる・ようになる」）。

2 ⓑに入る適切な表現を一つ選びなさい。

① 행복해요　② 후회해요　③ 수고해요　④ 걱정해요

37 잊지 못할 추억

37 アイドルの握手会に行ってきました。

한국에 온 지 1년. 드디어 제가 좋아하는 아이돌의 팬 사인회에 다녀왔어요! 어릴 때부터 수퍼시니어를 좋아했어요. 그래서 한국에 오면 꼭 한번 가 봐야겠다고 생각했거든요. 사인회를 하는 날, 중요한 약속이 있었지만 이번이 아니면 기회가 없을 것 같았어요. 그래서 약속도 취소하고 앨범도 35장(ⓐ) 샀어요.

제가 좋아하는 멤버는 규현이에요. 사인회에 가기 전에 규현에게 줄 선물도 사고 손편지도 썼어요.

드디어 팬 사인회 날! 내 눈 앞에 규현이가! 손도 떨리고 가슴도 두근두근. 규현이가 웃으면서 나한테 말도 걸어 주고 사인도 해 주고, 이름 옆에 작고 예쁜 하트도 그려 줬어요. 악수도 두 번(ⓐ) 했어요. 같이 사진도 찍었어요. 하지만 너무 긴장해서 아무 말도 못했어요. 저 정말 바보 같죠?

사진을 볼 때마다 그날 기억이 날 것 같아요. 저에게는 영원히 잊지 못할 추억이에요.

↳ ㅋㅋ 저도 그런 경험 있었어요. 부끄러워서 아무 말도 못했어요. 나중에 엄청 (ⓑ).

↳ 하나 씨, 부러워요. 정말 좋았겠어요!

文法・表現リスト

- □ 한국에 온 지 → 044
- □ 가 봐야겠다고 → 038
- □ 생각했거든요 → 002
- □ 없을 것 같았어요 / 기억이 날 것 같아요 → 047
- □ 아무 말도 → 023
- □ 35장이나 → 072
- □ 잊지 못할 → 081
- □ 볼 때마다 → 025
- □ 좋았겠어요 → 006
- □ 웃으면서 → 069

1 読む前 [보기] から＿＿に入ることばを選んで、適当な形に変えて入れなさい。

[보기] 푹　딱　깜짝　깜빡(하다)　두근두근(하다)

1 ＿＿＿＿ 놀랐어요.　びっくりしました。
2 옷 사이즈가 ＿＿＿＿ 맞아요.　服のサイズがぴったりです。
3 가슴이 ＿＿＿＿.　胸がドキドキしました。
4 오늘은 집에서 ＿＿＿＿ 쉬세요.　今日は家でゆっくり休んでください。
5 바빠서 생일을 ＿＿＿＿.　忙しくて誕生日をうっかり忘れました。

2 読む前 [보기] から＿＿に入ることばを選んで、適当な形に変えて入れなさい。

[보기] 드디어　영원히　잊다　부럽다　떨리다

1 A：미나 씨, 그렇게 추워요?　ミナさん、そんなに寒いですか。
B：너무 추워서 팔다리까지 ＿＿＿＿.　寒すぎて手足まで震えます。

2 A：소이 씨는 얼굴도 예쁘고, 공부도 잘하고.　ソイさんは顔もきれいだし、勉強もできるし。
B：게다가 착하고. 정말 ＿＿＿＿.　しかも礼儀正しいし。本当にうらやましいです。

3 A：잘 가요, 하나 씨.　さようなら、ハナさん。
B：＿＿＿＿ 잊지 않을게요, 준민 씨.　永遠に忘れません、ジュンミンさん。

4 A：수업 다 끝났어요?　授業は全部終わりましたか。
B：네, ＿＿＿＿ 방학이에요.　はい、やっと長期休みです。

3 内容確認

1 ⓐに共通に入る適切な表現を一つ選びなさい。
① 이나　② 밖에　③ 마다　④ 처럼
＊数量が予想を超えたり、多かったりすることを強調する助詞（「〜も」）。

2 ⓑに入る適切な表現を一つ選びなさい。
① 후회했어요　② 감사했어요　③ 걱정했어요　④ 기억했어요

38 빨간 도깨비, 파란 도깨비, 노란 도깨비

38 韓国の昔話、「赤鬼、青鬼、黄鬼」です。

윤구병 작

재화: 손옥현・김창구

송이가 할머니 댁에 가고 있었어요.
그런데 길에서 무서운 도깨비를 만났어요.
빨간 도깨비였어요.
송이는 깜짝 놀랐어요.

빨간 도깨비가 송이에게 말했어요.
"나처럼 빨간 거 세 가지만 말해 봐. 그럼 보내 줄게."
송이는 빨간 것을 생각했어요.
"사과, 소방차, 고추!"
송이가 대답했어요.
"틀렸어! 고추는 초록색이야."

"펑!"
갑자기 파란 도깨비가 나타났어요.
파란 도깨비가 빨간 도깨비한테 말했어요.
"바보야! 고추가 익으면 빨갛게 되는 거 몰라?"
파란 도깨비가 송이에게 말했어요.
"너, 나처럼 파란 거 세 가지만 말해 봐. 그럼 보내 줄게."
송이는 파란 것을 생각했어요.
"하늘, 바다, 내 칫솔!"

"펑!!"

갑자기 노란 도깨비가 나타났어요.

"너, 칫솔이 정말 파란색이야? 그걸 우리가 어떻게 알아?!

좋아. 그럼 내가 다시 문제를 낼게.

나처럼 노란 거 세 가지만 말해 봐. 그럼 할머니 댁에 보내 줄게."

… …

"병아리, 바나나, 나비"

송이가 대답했어요.

노란 도깨비는 기분이 아주 좋았어요.

송이가 정답을 말했기 때문이에요.

너무 기뻐서 옆에 있는 빨간 도깨비를 안았어요.

'어?'

아니, 이게 어떻게 된 일이에요?

노란 도깨비하고 빨간 도깨비가 주황색 도깨비가 되었어요.

'응?'

이번에는 파란 도깨비를 안았어요.

'어?'

이번에는 노란 도깨비와 파란 도깨비가 초록색 도깨비가 되었어요.

기분이 좋아진 빨간 도깨비와 파란 도깨비도 서로를 안아 보았어요.

'어?!'

두 도깨비가 보라색 도깨비가 되었어요.

이번에는 세 도깨비가 서로 안아 보았어요.

어떻게 되었을까요?

모두 검은색 도깨비가 되었어요!

송이는 너무 놀라서 할머니 댁으로 도망쳤어요.

【参考文献及び参考ウェブサイト】

국립국어원 한국어교수학습센터

https://kcenter.korean.go.kr/（2021 年 12 月 4 日閲覧）

국립국어원 한국어-일본어 학습 사전

https://krdict.korean.go.kr/jpn/mainAction?nation=jpn（2021 年 12 月 4 日閲覧）

대학내일 20대 연구소「기분 전환을 위한 20대의 #홧김 소비」

https://www.20slab.org/archives/22316（2021 年 12 月 4 日閲覧）

에펨코리아「식당에서 종업원을 부를 때 가장 많이 쓰는 호칭」

https://www.fmkorea.com/1268019753（2021 年 12 月 4 日閲覧）

조선일보「새해 계획표에만 존재한 이 말, 여행과 외국어 공부」

https://www.chosun.com/economy/industry-company/2020/12/01/WMXBMAAXVZDQREHCWXNQ7I7Z5Q/（2021 年 12 月 4 日閲覧）

조선일보「세계인이 뽑은 아름다운 한국어」

https://www.chosun.com/site/data/html_dir/2019/10/09/2019100900301.html（2021 年 12 月 4 日閲覧）

중앙일보「젊어진 수요일: 여섯 나라 젊은이, 한글날 맞이 '비정상 회담'」

https://news.joins.com/article/16050190（2021 年 12 月 4 日閲覧）

韓国語辞書 Kpedia

https://www.kpedia.jp/（2021 年 12 月 4 日閲覧）

Daon「韓国人男性が韓国人女性に言われて胸が引き裂かれる言葉の数々」

https://daon.media/authors/HO7L8（2021 年 12 月 4 日閲覧）

EMBRAIN트렌드모니터「올해의 신년 계획은?」

https://www.trendmonitor.co.kr/tmweb/trend/allTrend/detail.do?bIdx=1412&code=&trendType=CKOREA&prevMonth=¤tPage=1（2021 年 12 月 4 日閲覧）

KBS NEWS「영화 데이터 분석③. 성공한 한국영화의 공통점은 바로 이것」

https://news.kbs.co.kr/news/view.do?ncd=3229528（2021 年 12 月 4 日閲覧）

Mixi「中日韓交流：中日韓交流コミュの外国語おもしろ、恥ずかし失敗談求む！」

https://mixi.jp/view_bbs.pl?comm_id=262145&id=2261867（2021 年 12 月 4 日閲覧）

付　　録

日本語訳と解答
単　語　集

日本語訳と解答

「読む前」の「空欄補充型練習問題」のうち、動詞・形容詞の解答は、
①句読点がない場合は、その「基本形」を、
②句読点がある場合は、「해요体」や「한다体」といった活用形を用いて作成しました。

1 ブログたくさん愛してください。

ハナのプロフィール
20XX 年 5 月札幌で生まれました。
20XX 年 4 月 XX 大学韓国文学科入学
20XX 年 3 月韓国 XX 大学留学中

こんにちは、皆さん！ お会いできて嬉しいです。〈ハナちゃんの韓国留学ブログ〉の佐藤ハナです。

日本の札幌から来ました。専攻は韓国文学で、2 年生です。

今年の 2 月に韓国に来ました。韓国は初めてです。韓国のアイドルとドラマが大好きです。それで韓国にぜひ一度来てみたかったんです。

韓国には 1 年くらいいるつもりです。韓国で韓国語も一生懸命ⓐ（勉強し）、友達もたくさん作りたいです。旅行もたくさんⓑ（行って）みたいです。

これから一生懸命頑張ります。私のブログたくさん愛してください！

それでは皆さん、よろしくお願いします。

↳ハナさん、私もお会いできて嬉しいです。
↳はじめまして。私の名前は朴スビンです。私もよろしくお願いします！

2 1 처음　2 꼭 / 꼭　3 많이 / 잘

3 1 ①（○）　②（×）　③（○）　④（×）　⑤（×）　⑥（○）　⑦（×）　⑧（×）
2 ①　3 ①

2 朴・ミンソさんを紹介します。

名前：朴・ミソン
年齢：22 歳
学年：韓国大学 3 年生
専攻：韓国歴史
趣味：サッカー、登山
身長：183cm
性格：明るくて社交的

今日は私の友達朴・ミンソさんを紹介します。

朴・ミンソ。

姓は朴で名前はミンソです。今年韓国の年（数え年）で 22 歳、大学 3 年生です。軍隊はまだ。専攻は韓国の歴史、趣味はサッカーと登山です。背丈は 183cm、そしてハンサムでしょ？ ⓐ（性格）は明るくて社交的。とても面白くて冗談も上手です。

ミンソさんは釜山出身です。釜山で生まれました。ⓑ（だから）方言がとてもひどいです。家族はご両親とお姉さん、妹 2 人、そして子犬のパンちゃん。家族はみんな釜山に住んでいます。

ミンソさんは 3 年前にソウルに来ました。今、学校の近くで一人ⓒ（暮らししています）。

付き合っている人ですか。知りません。

実はですね、ミンソさんとは今日初めて会いました。

↳ハナさん、もう友達を作りましたか。

1 1－① 2－② 3－③ 4－⑤ 5－④

2 1 태어났습니다 / 태어났습니다 2 사투리 / 사투리 3 심해요 / 심하게 4 농담 / 농담

3 1 ① 2 ② 3 ④

3 私の一日

アルバイト生募集
3が月以上可能な方
曜日：月曜日～金曜日
時間：13:00～21:00
1時間当たり9,000ウォン
関心ある方、ご連絡お願い致します。

私の一日です。

朝6時半ごろにはたいてい起きます。起きた後には、まずトイレに行きます。そして、朝の運動をします（たまに朝寝坊をします。なので運動が出来ない時もあります ^^;)。運動の後、顔を洗います。そして朝ご飯を食べます。朝食後には歯を磨いて化粧をした後、学校へゴー！ ゴー！ 学校までは歩いて行きます（自転車で行く時もあります）。歩いて10分ぐらいかかります。

授業はたいてい9時から12時まであります。授業の後には学校の前のアイスクリーム店でアルバイトをします。ⓐ（大変ですが）面白いです。

9時ごろ家に帰ります。帰ってきた後は宿題をⓑ（したり）テレビを見ます。そして12時ごろ寝ます。

みんなの一日はどうですか。

↳ハナちゃん、アルバイトしてるんですか。大変じゃないですか。どこにある店ですか。

↳ハナちゃん！ 一人暮らしですか。寂しくないですか。遊びに行きたいです。

↳↳時間がある時、遊びに来てください！

2 1 힘들어요 2 외롭다 3 가능해요 4 비슷해요

3 1 ③ 2 ④

4 どんな家で暮らしたいですか？

みんな、私を手伝ってください。今週の韓国語の授業の宿題です。アンケート調査… みんなは「どんな家で暮らしたいですか？」

1 どこで暮らしたいですか？
① 都市 ② 田舎 ③ 海の近く ④ 島 ⑤ 山

2 どこで暮らしたいですか？
① アパート ② 一戸建て ③ 伝統的な家屋 ④ その他

3 どんな所で暮らしたいですか？
① 交通が便利な場所 ② マートやコンビニ、市場から近い場所
③ 銀行、病院、市役所などが近い場所 ④ 学校や職場から近い場所
⑤ 静かで空気が澄んでいるところ ⑥ 市街地や市街地から近いところ

4 どんな家で暮らしたいですか？
① 部屋の多い家 ② リビングが広い家 ③ 窓の多い家 ④ 庭園や庭がある場所
⑤ 犬、猫などをⓐ（飼える）家

↳ハナさん、送りましたよ。メール確認してみてください。

↳↳メール確認しました。ありがとうございます。

↳↳私もです。ハナさん、じゃお疲れ様です。

1 1－③　2－①　3－②　4－⑤　5－④

2 맑다

3 1－⑤　2－①　3－③　4－②　5－④　6－⑥

4 1 ①　2 어떤, 편리한, 가까운, 맑은, 많은, 넓은, 있는

5 美味しい食堂探訪

授業の後、友達と学校の近くにある美味しい店に行ってきました!!

名前は「海苔巻き天国」。小さくてかわいい軽食店です。私と私のクラスの友達が一番好きなⓐ（所）です。

メニューは海苔巻きとラーメン、トッポギ、スンデ、餃子、てんぷら等々。ないⓑ（もの）がないです。その中でも最も人気のあるメニューは海苔巻き、トッポキ、スンデ。友達と私は海苔巻きとトッポキを注文しました。海苔巻きと甘いトッポキのたれのハーモニー！

価格もすごく安いです！ 海苔巻き 1 人前 2,000 ウォン、トッポギも 1 人前 2,500 ウォン。皆さんもぜひ一度行ってみてください。

ハナちゃんの美味しい食堂探訪第 2 弾も期待してください！

↳私も一度行ってみたいです。

↳↳ハナさん、私も連れて行ってください！

↳学校の正門前にも価格が安くて美味しい店が一つあります。今度一緒に行きましょう！

3 1 국물　2 주문　3 가격

4 1 ⓐ 곳　ⓑ 것　2 ① 는　② (으)ㄴ

6 会いたい家族

私の家族の写真です。去年の秋、沖縄で撮りました。

後ろにいらっしゃる方が私の父。公務員です。市役所に勤めています。趣味は山登りと釣り。週末には山や海によく行かれます。父の隣にいらっしゃる方が、私の母。美人でしょう？ 背も高くてすらっとしています。看護師です。韓国のドラマⓐ（見る）のが好きです。こちらは私の祖母です。今年 85 歳。家にいらっしゃる時が多いですが、散歩もよくされます。祖父はいません。2 年前に亡くなりました。そして、私の姉。去年結婚しました。私の弟ハル。今年高校 1 年生。サッカーが大好きです。でも、上手くありません。

会いたい家族…。お母さん、お父さん、祖母、姉、そしてハル！ お元気ですか。私は元気です～。

↳ハナちゃんのお母さん、本当にⓑ（美人ですね）。ハナちゃんは、お母さんによく似ていますね。

↳↳そうですか。ありがとうございます。

2 1－②　2－①　3－③　4－④

3 1 다녀요 / 다녀요　2 닮았 / 닮았어요　3 날씬해요(날씬하세요)

4 1 ①　2 ①

7 週末、楽しく過ごされましたか。

週末、楽しく過ごされましたか。週末に何されましたか。旅行？ 料理？ 散歩？ ショッピング？ デート？

私は学校の近くにある公園に行きました。新しくできた友達のジュンミンさんと２人で行きました。公園に行ってテニスをしました。ジュンミンさんはテニスがとても上手でした。そして私にテニスのやり方も親切に教えてくれました。

テニスをした後、カフェにⓐ（行って）コーヒーも飲みました。コーヒーがとても美味しかったです。

今とても疲れています。だから今日の夕方は家で休もうと思います。皆さんもゆっくり休んでください！

↳ 私は家で何もしませんでした。一日中テレビだけ見ました。とてもⓑ（退屈でした)。

↳↳ 私は遊園地に行って彼女とデートしました !!

↳↳↳ 私は久しぶりに家事をしました。掃除もして洗濯もして料理もしました。今度我が家にも一度遊びに来てください。

2 1 쳐요(치세요)　2 쳐요(치세요)　3 심심했어요　4 피곤해요

3 1 ②　2 ②

8 映画館に行ってきて…

今日のニュース！

今日、映画館に行ってきました。映画館にⓐ行って映画を見ました。(道がⓑ混んでいて約束時間に少し遅れました ^^;)。

映画のタイトルは「私たちの幸せな時間」。

面白かったです。俳優らの演技も良かったです。でも、とても悲しい映画でした。ⓑ悲しくてたくさん泣きました。あまりにもⓑ泣きすぎて、少し恥ずかしかったです。

皆さんは最近ⓒ（観た）映画がありますか。良い映画があれば紹介してください。

↳ 機会があれば「劇場前」も見てください。

↳↳ もしかして悲しい映画ですか。私は悲しい映画はあまり好きではありません。面白いアクション映画や SF 映画があれば教えてください。

↳ このごろ人気がある韓国ドラマもあれば一つ紹介してください。

↳↳ 最近「ごめん。愛してる」というドラマがとても人気です。ハン・ジスさんが主人公です。ストーリーもいいし、俳優らの演技もいいです。OST（ドラマの挿入曲）もいいです。気に入ると思います。

2 1－②　2－③　3－①

3 1 주인공　2 연기　3 울어요　4 행복해요

4 1 ⓐ「가서」の「–아서/어서」は、前の事柄と後の事柄が順次に起こるという意を表す；ⓑ「막혀서, 슬퍼서, 울어서」の「–아서/어서」は理由や根拠の意を表す。

2 ②

9 私の実家、札幌

今日は私の実家を紹介します。

私の実家は日本の札幌です。札幌は北海道の中心都市です。

札幌の中心には大通公園があります。大通公園では毎年冬に雪祭りが開かれます。夏にはよさこいソーラン祭り、ビール祭りが開かれ、外国から観光客がたくさん来ます。美味しい食べ物もたくさんあります。特にカニ、サケ、ジャガイモ、トウモロコシ、ラーメンなどが有名です。美味しくて有名な菓子店もたくさんあります。また札幌の南には人気の温泉がたくさんあります。

冬が長くて寒いですが、（地元の）人が温かくて親切な札幌を私はとてもとても愛しています。

↳今度の休みにスキーしに札幌に行くつもりです。美味しいものも食べたいです。どこがいいですか。今度、紹介してください。

↳↳温泉はどこが有名ですか。札幌から近いですか。どうやって行けばいいですか。

↳↳↳札幌の人だけがⓐ（知っている）（観光客はよく知らない）美味しいお店も紹介してください！

2 1－② 2－① 3－③

3 1 고향 2 관광객 3 축제 4 온천

4 1 ②

2

	해요体	합니다体	連体形現在
① 살다(住む)	살아요	삽니다	사는
② 놀다(遊ぶ)	놀아요	놉니다	노는
③ 만들다(作る)	만들어요	만듭니다	만드는

10 皆さんの趣味は何ですか。

時間がある時、私はブログをします。写真と一緒に私が行った場所、食べたものなどを紹介します。韓国の友達、そして日本にいる友達が大好きです。よくコメントも書いてくれます。皆さんの趣味は何ですか。

↳私の趣味はアロマキャンドル作りです。準備する物も多くなく、ⓐ（作る）方法も難しくありません。家でも簡単にできます。作ったキャンドルは家やオフィスでも使うことができ、友達にプレゼントすることもできます。とてもおすすめです！

↳↳多くの人はたいてい猫や犬、魚などが好きです。しかし、私は少し違います。私はちょっと変わった動物が好きです。鶏です！ 私と一緒にⓑ（暮らす）鶏です。名前はチキンちゃん。朝はちょっとうるさいですが、たまに卵も産みます。

2 쓰다

3 1 달라요(다릅니다) 2 시끄러워요 3 이상해요

4 1 ③ 2 ①

11 おもしろい市場見物

今日は家から近い市場に行ってきました。

私は市場に行くⓐ（の）が好きです。市場の見物はいつも面白いです。「いらっしゃいませ！」「そこの学生！ スカート一度見ていってください。」「靴下が 10,000 ウォンで 5 足！」「おい、おじさん、高すぎますよ。ちょっとだけまけて下さい！」物を売る人も、物を買う人も、見物する人も皆楽しそうです。

久しぶりに友達と一緒に市場へ行きました。冬が来る前にセーターを一つ買いたかったんです。市場には安くてデザインもかわいいセーターがたくさんありました。気に入ったセーターを一つ買いました。おじさんがまけてくれて、ⓑ（安く）買うことができました。

↳ハナさん、セーターがとてもよく似合います。

↳とてもかわいいです。ハナさん、そのセーターいくらで買いましたか。

2 깎다

3 1 어울려요　2 구경해도　3 팔았어요　4 준

4 1 것　2 ④

12 友達のみんな、こんにちは！

私の誕生日パーティーに招待します。

愛するみんな
私の誕生日パーティーに来てください。
話もして、美味しいものも食べて、一緒に楽しい時間過ごしましょう。ぜひ来てください。待っています。
いつ：5 月 27 日（日曜日）午後 6 時
どこで：サランアパート 303 号

友達のみんな、来週の日曜日がジュンミンさんの誕生日です。それでジュンミンさんがみんなを家に招待したがっています。みんな時間大丈夫ですか。私たち、ジュンミンさんの家に行って美味しい食べ物も食べて、夜遅くまで話もしましょう。ⓐ（行ける）人、水曜日までに私に連絡ください。ジュンミンさんの家は、みんな知ってるでしょ？

パーティーは夕方 6 時からです。6 時までに来ればいいです。じゃ、連絡待ってるよ。

↳ハナさん！ お久しぶりです。でも、どうしましょう？ その日英語の試験があります。だから少しⓑ（遅れる）と思います。必要なⓒ（もの）ないですか。食べ物と飲み物は私が買っていきますよ。

↳↳招待してくれてありがとう、ハナさん。ところで私、彼氏と一緒に行ってもいいですか。

↳↳↳もちろんです！ 一緒に来てもいいですよ。

1 1 기다려　2 초대해　3 필요하신(필요한)

2 1

동사(動詞)	현재(現在)	과거(過去)	미래(未来)
가다	가는	간	갈
먹다	먹는	먹은	먹을

2 ②　3 ①　4 ① 먹을　② 먹을　③ 마실　④ 할

13 韓国でタクシー乗る時のコツ

タクシーよく乗られますか。主にいつタクシーに乗られますか。私は疲れた時や荷物が多い時、雨が降っている時タクシーに乗ります。

ところでみんな、韓国でタクシーにⓐ（乗るのが）ちょっと怖くないですか。初めて韓国に来た時は私も韓国語があまり話せなくてタクシーに乗るのが怖かったです。でも、今は怖くありません。

「こんにちは、おじさん」、「どこどこⓑ（に）行ってください」、「あの交差点で左ⓑ（に）行ってください」、「あそこの信号の前で止めてください」、「いくらですか」、「はいどうぞ」、「ありがとうございます」ぐらい知っていればいいです。みんなもこの表現をよく覚えてください。そして韓国でタクシーに乗る時この表現を必ず一度使ってみてください。

あ！ タクシーに乗る時は必ずシートベルトを締めなければなりません。シートベルトを締めないと、とても危ないです。特に韓国ではです ^^;

↳良い情報ありがとうございます。

↳もう一つ！ 韓国のタクシーはドアが自動で開かないです。開くまで待ってはいけません。自分で開けなければなりません。

1 1 타다　2 내리다　3 갈아타다　4 세우다　5 매다

2 1 감사합니다　2 기억해요(기억하세요)　3 위험해요　4 무섭지　5 열어도　6 피곤해(서)

3 1 ④　2 ①

14 道探し

みんな、日曜日のジュンミンさんの誕生日パーティー忘れてないよね？ 6時からだから遅れないでください。

来かたはご存知でしょう？ バスか地下鉄に乗って4号線のサダン駅まで来てください。そしてサダン駅で2号線に乗り換えてキョデ（教大）駅で降りてください。降りて3番出口に出ると右側にウリマートがあります。ウリマートを通り過ぎて10メートルぐらい下ってくると、サランワンルームが見えます。5階建てです。302号室です。エレベーターに乗って3階に上がってくればいいです。探しにくかったら、カカオトークで連絡してください。

あ！ 来る時に料理一つだけ準備して来てください。故郷の食べ物なら、もっといいです。私は飲み物をⓐ（用意します）。では日曜日にジュンミンさんの家で会いましょう。

↳今週の日曜日でしたか。うっかりしました。連絡ありがとうございます、ハナさん。

↳↳ごめんなさい。急に用事ができて行けません。ジュンミンさんには僕が連絡します。みんなと良い時間を過ごしてください。

＊カカオトーク：韓国企業カカオが開発、提供するスマートフォン、タブレット端末用の無料通話・メッセンジャーアプリケーションである。

1 1 올라가다　2 올라오다　3 내려가다　4 내려오다　5 나가다　6 나오다

2 생겼습니다. / 생겼어요.

3 1 잊었어요　2 깜빡했어요　3 보여

4 ②

15 ここは仁川国際空港！

ここは仁川国際空港　今学期の授業が全て終わりました。ⓐ（長期休暇なので）実家に帰ろうと思います。それで先週、今週はとても忙しかったんです。一ヶ月前に予約したチケットも買って、旅行の準備もしました。忙しすぎてプレゼントも買えませんでした。友達にあいさつもできませんでした。

搭乗時間の１時間前　お昼も食べて、免税店に寄って両親にⓑ差し上げるお土産も買いました。３〜４時

怖かったけど無事に到着！ 飛行機の中で撮った写真です。雲が

乗りに行きます！

、是非連絡ⓓください。私が案内します。長期休暇、楽しく過ご

ください。

ゃい！ そして美味しい食べ物もたくさんⓔ召し上がって来てく

④　5−⑤

약했어요　4 조심하세요　5 들르세요

日の韓国語の授業時間に面白い表現を一つ学びました。日本語で

知り合いがたくさんいる人」に「顔がとても広いですね。」とⓐ

じゃないですか）。しかし韓国語では「足がとても広いですね。」

ます。顔と足、面白いでしょ？

ている面白い韓国語表現ありますか。

韓国語の単語「涼しい」という表現がⓑ（とても）面白かった

）は熱い風呂に入る時も「お〜、涼しい」、熱いスープを飲む

涼しい」といいます。どうですか。面白いでしょ？

、きつい時も「アイゴー」、悲しい時も「アイゴー」、嬉しい時

ボーイフレンドですか。」「いいえ、ただの友達です。」「今何し

どうしてそうしたんですか。」「ただ何となくです。」

요(반갑습니다)

テーマで読む韓国語［初級上〜中級編］　初版１刷正誤表

下記のページに訂正がございます。
お詫び申し上げます。

P90　13　1　①타다 ②내리다 ③갈아타다 ④세우다 ⑤매다　誤

↓

正

①세우다 ②타다 ③갈아타다 ④내리다 ⑤매다

17 一緒に行く人、手を挙げてみてください！

(20XX.8.12)〈KPOP コンサート〉に行こうと思います。一緒に行く人いませんか。人気アイドルグループがたくさん出るコンサートなので、席があまりⓐ（残っていません）。早く予約して買わないといけないので、興味のある方は連絡ください。

KPOP コンサート

場所：ワールドカップ競技場　　日時：8 月 27 日（土）夕方 6 時～
・公演 1 時間前から入場できます。
・コンサート会場に飲食物を持ち込んで入場できません。
・駐車場が混雑します。公共交通機関を利用してください。

(20XX.8.12) 留学生のみんなに嬉しい知らせ一つ！ 学校の正門の隣にあるウリマート、ⓐ（ご存知でしょ)？ ウリマートで今日から割引イベントをします！

ウリマートでは秋夕の特別割引イベントを実施しています。

♧♧期間：9 月 14 日～9 月 21 日（一週間）
・肉（20%割引)：牛肉、豚肉、鶏肉
・調味料（10%オフ)：醤油、味噌、コチュジャン、サムジャン、砂糖、塩、コショウ、唐辛子粉
・魚（10%オフ)：さば、いか、サケ、マグロ等
♧♧先着 100 名様には 10%の割引クーポンを差し上げます。

1
1 ①－2　②－1　③－3
2 ④－5　⑤－6　⑥－4　⑦－7
3 ⑧－8　⑨－9　⑩－10　⑪－11

2 1 행사　2 입장할(입장하실)　3 자리　4 기간

3 1 ①　2 ③

18 1週間、経てば、連休！

来週から連休です。それで済州島へ旅行にⓐ（行こうと思っています)。あ～済州島！ 広い海と美しい景色～！ そして石、風、女。

連休なのでチケットを早めに予約して購入しなければなりません。それで今日、チケットを調べに旅行会社に行って来ました。済州島は船でも行くことができるし、飛行機でも行くことができます。私は貧しい留学生なのでお金がありません（泣泣)。それで船でⓑ（行くことにしました)。チケットを購入した後、ホテルも一緒に予約しました。済州島に友達がいるのでホテルは二日だけ！ 翌日からは友達の家に泊まろうと思います。友達と美味しい食べ物も食べて、済州島のあちこちを観光するつもりです。今から連休が待たれます。

↳ハナさん、何泊何日で行きますか。
↳↳ 3 泊 4 日ぐらい考えています。
↳帰って来る時、お土産を買ってくるのを忘れないでください ^^。冗談ですよ。
↳ハナちゃん、石、風、女はどういう意味ですか。

2 1 벌써　2 일찍　3 예약했어요(예약하셨어요)　4 농담

3 1 ③　2 ④

19 ここは済州島！

友達／恋人と一緒にする済州島旅行
済州島の美しい景色、美味しい食べ物に、安い価格で出会ってください。
1人：230,000ウォン（2泊3日）
飛行機、ホテル、観光バス、朝食2回の料金込み
週末出発の場合は50,000ウォンを追加して払わなければなりません。

日本のみんな、こんにちは！ 私、今、済州島にいます。クラスの友達と遊びに来ました。済州島は韓国の南にある島です。観光地で有名な所です。

済州島に到着した初日は民俗博物館と植物園を見物しました。そして今朝は漢拏山（ハルラサン）に行ってきました。菜の花がきれいに咲いている漢拏山と青い南海（ナメ）の海。景色が本当に美しかったです。しかし、とても大変でした。汗もたくさん流して水もたくさん飲みました。

夕食は済州島の名物の黒豚肉と肉入り麺を食べました。とても美味しかったです。そして2次会！ ホテルの部屋でチキンを食べて、ビールをⓐ（飲みながら）友達と夜遅くまで話しました。

もう夜中の2時ですね。少し疲れていますね。お酒に少し酔いました。それで明日はⓑ（どこにも）行かないようにします。昼までぐっすり寝ようと思います。

↳次は私も連れて行ってください。

↳帰ってきたら済州島で撮った写真必ず見せてください！

1 1－⑤　2－④　3－③　4－②　5－①

2 1 피었어요　2 도착했어요 / 출발　3 구경하　4 포함해　5 푸르

3 1 ④　2 ②

20 お久しぶりです。

みんな、お久しぶりです。

何日間か風邪をひいて苦労しました。咳も出て熱も出て…。喉もⓐ腫れて鼻水もたくさん出ました。頭痛もひどかったです。夜よく寝られませんでした。二日間で体重が2キロⓑ（も）落ちました。（おかげで少しスリムになりました。笑笑）それで病院に行きました。病院でレントゲンも撮って血液検査もしました。とても怖くて、とても心配しました。幸いにもお医者さんが『インフルエンザですね。最近インフルエンザが流行っています。注射を打って、家に帰って休めば良くなるでしょう。』と言いました。

家に帰って薬を飲んでからゆっくり休みました。みんな、みんなも風邪気をつけてください。

↳ハナさん、風邪はもうⓒ治りましたか。あらあら、ご苦労でしたね。次、会った時、美味しいもの、おごってあげます。

↳私も先週風邪のせいで苦労しました。みんな、みんなも健康、気をつけてください。

↳少しよくなりましたか。あまり無理しないでください。

1 1－⑥　2－①　3－②　4－⑦　5－③　6－④　7－⑤

2 1 고생했어요　2 조심하세요(조심해요)　3 무리하

3 1 ①

2

	−았/었어요（過去形）	합니다体	−아서/어서（理由）
붓다(腫れる)	부었어요	붓습니다	부어서
낫다(治る)	나았어요	낫습니다	나아서

21 私の友達ヨンミン

私の友達ヨンミンです。韓国に留学に来て初めて会った友達、そして今は一番親しい友達です。

ショートヘアに帽子をかぶり、ジーンズに白いＴシャツを着た人がヨンミンです。可愛いでしょ？ 賢く、性格も良いので友達にとても人気があります。私とは同い年です。それで気がよく合います。一緒にいるといつも楽しいです。もちろん、けんかする時もあります。すねてお互いに何も言わずに連絡もしない時もあります。でも嬉しい時や悲しい時いつも一緒にいてくれる、ありがたい友達です。

今ヨンミンは韓国にいません。日本留学ⓐ（中）です。

急にヨンミンに会いたくなりましたね。今日はヨンミンに電話ⓑ（でも）してみようかと思います。

↳ハナさん、ヨンミン元気でしょ？ 私も会いたいですね。ヨンミンの連絡先を教えてください。

↳ハナ、昨日電話ありがとう。長期休暇になったら、韓国に帰るつもりだから、是非会おう。

1 1－① 2－② 3－③

3 1 친한 2 싸웠어요(싸우셨어요) 3 기뻐요(기쁩니다)

4 1 중 2 ①

22 運の悪い一日

みんな、私の話を聞いてください。

今日は朝から雨が降りました。午前、街で友達と重要な約束があって少し早く家を出ました。ところが約束の場所に行く途中でスマートフォンを家に置いてきたことに気づきました。それでまた家へ帰りました。もちろん約束の時間にも遅れました。

友達と別れた後、昼食を食べました。スターバックスに行ってコーヒーも飲みました。ところが！ 今度は財布が…。昼ごはんを食べた食堂にも行ってみて、あちこちを探してみたけど…ⓐ（どこにもありませんでした）。財布も財布ですが、財布の中の学生証、交通カード、クレジットカード、そして家族写真…まで全て失くしてしまいました。

ⓑ（憂鬱な）気分で家に帰ってきました。ところが今度は…あ！ 傘！

今日は本当に、本当に運の悪い一日でした。

↳ハナさん、頑張ってください！

↳傘と財布はまだ見つかりませんか。申し訳ありません、どうしよう。私のせいで…

↳↳財布と傘、見つけました！ 心配してくれてありがとうございます。

↳↳↳ⓒ本当によかったですね。

1 1 잃어버리다 2 잊어버리다

2 1 찾 2 찾았어요 3 찾 4 다행이에요

3 1 ③ 2 ③ 3 本当に良かったですね。

23 ハナちゃん！ 質問が一つあります。

韓国語、韓国文化、留学生活、悩みなど〈何でも尋ねてみてください〉。

ハナちゃん！ 質問が一つあります。韓国の友達の誕生日に招待をされました。韓国人の誕生日に招待をされたのは初めてです。それで少し心配です。どんなプレゼントがいいですか。あ、韓国人の友達は男です。年齢は 20 才で、今年大学 2 年生です。実は私が少し気になっている人です。

↳心配さん、あまり心配しないでください。国がⓐ違っても、文化が違っても、考え方はⓑ（似てる）と思います。プレゼントも同じだと思います。プレゼントはその人が好きなものや必要なものが良いです。友達は何が好きですか。友達に必要なものは何ですか。ご存知ないですか。うーん…、それでは、友達に直接尋ねてみるのはどうですか。必要なものを尋ねてみた後、それをプレゼントするのもいい方法だと思います。

↳↳ハナちゃん、ありがとうございます。とても助かりました。

↳↳↳いいえ、どういたしまして。知りたいことがあればいつでも連絡ください～！

1 1 ① 주었습니다(줬습니다)　② 줬습니다　③ 받았습니다
2 ① 했습니다　② 했습니다　③ 받았습니다

2 1 생각하　2 걱정하　3 고민

3 1

	해요体	합니다体	−은/는（連体形）
모르다(知らない)	몰라요	모릅니다	모르는
다르다(違う・異なる)	달라요	다릅니다	다른
부르다(呼ぶ・歌う)	불러요	부릅니다	부르는

2 ④

24 初恋？

初恋！ 恥ずかしい～

初恋は高校 1 年生の時でした。相手は料理クラブの先輩…。年は私より 2 つ上。白いエプロンをして料理する姿を見て、「うわぁ、かっこいい！」と思いました。そうです、一目惚れしました。礼儀正しく背も高くてダンスも上手で歌も上手で、それにスポーツまで上手でした。それでクラブの後輩にも人気がとてもありました。私はⓐ（恥ずかしくて）話すこともできず、見てばかりいました。そして先輩は卒業…。

5年後、すごい！ 道で偶然にその先輩に会いました！ ‘運命’の出会い（？）。スーツが本当によく似合っていました。「久しぶり。元気？」胸がドキドキしました。

今その先輩はテレビの前でいびきをかきながら寝ています。今は運動もせず、料理もしていません。とても太りました。私が好きだったその先輩、合ってますか。あの時のあのかっこいい先輩はどこへ行ったのでしょうか。

↳ハナさん、まさか。結婚…しましたか。

↳↳いいえ、実は私のお母さん、お父さんの話です。

↳↳↳あらあら、ⓑ（びっくりしたじゃないですか）。

1 1－③　2－⑤　3－②　4－①　5－④

2 1 선배　2 모습　3 어울려요(어울립니까)　4 졸업하　5 부끄러워요(부끄럽습니다)

3 1 ④　2 ③

25 似ているけど、違う…

友達から聞いた話ですが。韓国では付き合っている人同士は靴やハンカチ、黄色いバラをプレゼントしません。なぜでしょうか。

それはこれらの贈り物がすべて別れを意味するからなんですが。例えば、靴は恋人が履いて逃げることができます。ハンカチは（別れた後）涙を拭く時に使います。そして黄色いバラは、花言葉の意味が「嫉妬する、愛が冷める」だからです。

韓国と日本、似ているように見えますが、違うこと、他にどんなものがあるでしょうか。

↳そうなんですか。知りませんでした。面白いですね。

↳韓国では名前を赤で書いてはいけません。そして、引越し祝いで刀やはさみをプレゼントしてはいけません。まだあります。試験の日に、わかめスープを食べたらダメです。

↳あるブログでⓐ（読みましたが)。〈韓国人男性が韓国人女性に言われて胸が張り裂ける言葉の数々〉:「私、太って見える？」、「連絡しないで。」、「もういい！」、「あなた変わったよ。」、「私、愛してる？」、「何食べようか。」、「あなたは男なのに、なんでそうなの？」、「今、何考えてる？」。
日本のみんなはどう思いますか？

2 1 식었　2 변했어요　3 질투해요(질투하세요)　4 도망갔어요

3 1 ②
2 ① 연인이 신고 도망갈 수 있기 때문이에요.
② 헤어진 후 눈물을 닦을 때 사용하기 때문이에요.
③ 꽃말의 의미가 '질투하다, 사랑이 식다' 이기 때문이에요.

26 みんなで一緒に行きましょう！

イベント情報！ 時間あるみんな、関心のあるみんな、私たち一緒に行きましょう！
(20XX.8.12) 来月水原で〈世界食文化フェスティバル〉が開催されます。韓国料理、中華料理、日本料理など世界各国の料理を味わうことができます。また、〈餅作りコーナー〉では韓国の様々な餅を自分で作ってみることもできます。期間は 9 月 22 日から 26 日まで。参加費は無料です。スクールバスで行く人は今週までに申し込めばいいです（キャンセルは出発 3 日前まで)。

↳スクールバスでⓐ（行きたいのですが)、どこに申し込めばいいですか？

↳↳学科事務室に申し込めばいいです。

花の道ウォーキング
日時：20XX. 4. 28（土）09:30 ～
出発場所：駐車場
イベント：花の道ウォーキング／祝賀公演／花のネックレス作り
参加費：15,000 ウォン
参加申し込み：電話またはホームページのコメント欄

(20XX.3.24) 第 10 回〈カンファ花の道ウォーキング〉イベントが来月 28 日から開かれます。私たち一緒に花の道を歩きながら、美しい思い出をつくりましょう。花のネックレス作り、人気歌手の公演なども ⓑ（あるので)、ぜひ一緒に行きましょう。詳しい内容はポスターをご覧ください。

↳私です、私です！

↳天気も暖かいからみんな一緒に行きましょう！

2 1 취소했어요　2 신청했어요　3 참가해요　4 자세한　5 참고하세요

3 1 ③　2 ④

27 お父さん、ちょっと！

1位　国内外旅行（24.3%）
2位　外国語の学習（24.2%）
3位　ダイエット（21.8%）
4位　資格証の勉強（21.6%）
5位　読書（21.3%）
6位　運動（17.4%）
7位　貯金／財テク（12.7%）

1月1日。新年が明けました。みんな、明けましておめでとうございます！

みんなは新年の計画を立てましたか。新年は何がしたいですか。私は一学期ほど休学をⓐ（しようかと）思います。アルバイトをしてお金を少し貯めようと思います。そのお金で韓国のあちこちを旅行してみたいです。韓国をもっと深く理解したいからです。でも、まだⓑ（秘密）です。うちのお母さんが知ったら、大変なことになりますからね（^^;)。

↳旅行も行きたいし、ダイエットもしたいし、本もたくさん読みたいし、外国語も学びたいし…（笑）やりたいことはたくさんあるけど…（笑）いつも守られないのが問題です ^^;

↳ハナ、秘密守ってあげる（^^)。お父さんの今年の計画は！ 太ったらいけないので、今年は運動を頑張りたいと思う（笑笑)。健康にもより気を使うつもり。お酒も減らしてタバコも止めるつもり。

↳↳うそ！ お父さん、ありがとうございます。ママには内緒にしてください。今度私からお話しします。

1 1 살을 뺄까 해요　2 술을 줄일까 해요　3 돈을 모을까 해요　4 여행을 갈까 해요
5 담배를 끊을까 해요　6 외국어를 배울까 해요　7 책을 열심히 읽을까 해요

2 1－①　2－②　3－④　4－③

3 1 거짓말　2 말씀드리겠습니다(말씀드릴게요)

4 1 ②　2 비밀

28 箸で？ スプーンで？ 置いて？ 持って？

似ていながらも違う韓国文化。今日は韓国人の食文化を紹介しようと思います。

韓国では食事をする時にスプーンと箸を両方使います。スプーンはご飯と汁物（スープ、チゲ）を食べる時使い、箸はおかず、特に汁気のないおかずを食べる時に使います。

この時、ご飯とスープは食べる人のすぐ前の真ん中に置きます。ご飯は左側、スープはその右側に置きます。スプーンと箸はスープの右に縦並びにして置きます。チゲのようにⓐ（一緒に）食べるおかずは食卓の真ん中に置きます。

もう一つ！ 韓国では、お茶碗と汁の器を手で持ち上げて食べてはいけません。食卓の上に置いて食べなければなりません。

↳いつも気になっていましたが。スプーンはパッチムが「ㄷ（ティグッ)」ですが、箸はパッチムがなぜ「ㅅ（シオット)」ですか。

↳ハナちゃん、お久しぶりです。私ミナです。質問があるんですが。ここに質問してもいいですか。私、引越ししました。それで、引越し祝いをしようと思っています。何を準備すればいいんですか。引越し祝いが初めてなのでとても心配です。ぜひ教えてください。今度電話します。

2 1 그릇　2 반찬　3 젓가락　4 국물　5 숟가락　6 식탁　7 국

3 1 省略　2 같이(함께)

29 冷麺４杯…、お魚さま、安らかに死んでください…

みんな、韓国語を学ぶ時、発音や文法、単語のために⓪（ミスしたこと）ありませんか。私は発音のせいでよくミスをします。先週友達４人で食堂に行き、注文をしました。「おばさん、４人です。」…

…おばさんが…冷麺４杯を持って来ました！

↳おもしろいですね。私は発音ミスではないですが。授業時間に先生を「お魚さま」と呼びました。

↳私もミスしたことがあります。２ヶ月ほど前に体の具合が悪くて病院に行きました。お医者さんが私の名前を見て「日本から来たんですか。」と尋ねました。それで「はい」と言いました。お医者さんがもう一度「今日はどうして来ましたか。」と言いました。私は緊張しすぎて「地下鉄で来ました。」と答えました。

↳夜遅く韓国人の友達とお酒を飲んでいたら先輩から電話が来ました。話がみんな終わって電話を切る時、先輩に「安らかに死んでください。」と言いました。（笑）

2 끊다

3 1 가져오세요　2 긴장하　3 실수했어요　4 끝났어요

4 1 ③　2 몸이 안 좋아서 왔어요.

30 もう春ですね。

もう春ですね。日ざしも暖かくて、花も次々に咲き始めました。今日は韓国の季節と天気を紹介します。

韓国にも日本のように春、夏、秋、冬の四季があります。春はたいてい３月から５月まで。暖かいですが、風が強く吹きます。特に最近は黄砂がひどいです。それで外出する時は必ずマスクをしなければなりません。

夏は６月から８月まで。６月から７月の間、湿っぽくて雨がよく降ります。「梅雨」と言います。８月と９月には台風が来ることもあります。

秋は９月から 11 月まで。天気が少しずつ肌寒くなり始めます。空が澄んで紅葉がとても美しいです。

冬は 12 月から２月まで。雪が降って寒いです。気温が零下に下がる日も多いです。

↳韓国の冬は乾燥して日本よりもっと寒く感じられるようです。

↳韓国はもう春ですか。ここ札幌はまだ冬です。早く雪が解けて暖かい春が来てほしいです。

↳今日は PM2.5 がひどいですね。外出する時、マスク忘れないでください。

2 1 녹았어요　2 습하

3

	いつからいつまで	特徴
봄	3월부터 5월까지	따뜻하지만 바람이 많이 불어요. 황사가 심해요.
여름	6월부터 8월까지	습하고 비가 자주 와요(장마). 태풍이 오기도 해요.
가을	9월부터 11월까지	날씨가 조금씩 쌀쌀해져요. 맑고 단풍이 아름다워요.

겨울	12월부터 2월까지	눈이 오고 추워요. 기온이 영하로 내려갈 때도 있어요.

31 寂しくても悲しくても

大学生はどうやってストレスを解消するでしょうか。
・映画、公演を観に行く— 31%
・美味しいものを食べに行く— 22%
・ドライブをする— 14%
・友達に会って、おしゃべりをする— 18%
・買い物をする— 5%
・その他— 10%
調査対象：大学生 500 名（男 250 名、女 250 名）

家族がそばにいても、愛する人が一緒にいても寂しい時があるじゃないですか。そういう時、みんなはどうしていますか。

私は韓国に住んでる日本人の友達に会います。会って故郷の食べ物を食べながら日本語でおしゃべりをします。そうすると、寂しさも悲しみもすべて消えます。天気が良い日には外に出て散歩をしたりもします。澄んだ空気をⓐ（吸うと）頭がすっきりするのを感じます。気分も爽やかになりますしね。大掃除をする時もあります。きれいに整理された部屋を見れば私の心もきれいに整理されます。

↳寂しい時、特に実家が思い出されるたびに私は南山に登って夜景を眺めます。そうすると、心も軽くなって気分も良くなります。

↳ストレスがたまったら映画を見ます。暖かい部屋で横になって好きな映画を見ていると多くのストレスが解消されます。

↳寂しい時や悲しい時、腹が立つ時やイライラする時などなど。私はただ寝ます。何も考えずにです。ぐっすり寝ると力が出ます。

2 1－③　2－①, ②　3－①, ②

3 1 쌓였어요　2 사라졌어요　3 정리했어요

4 1 ②　2 ①, ②, ③

32 健康が最高！

健康な食習慣

1 新鮮な野菜、果物、魚をたくさん食べること
2 しょっぱくなく、甘くなく、油っぽくなく食べること
3 水たくさん飲むこと
4 過食しないこと
5 朝食必ずとること
6 お酒少なく飲むこと…

最近健康に関心のある人が多くなったようです。皆さんは健康のために特別にすることがありますか。

私は最近近い距離は歩いて通います。ウォーキングは、運動する時間のない、私のような人たちに本当にⓐ（いいようです）。昼食後の少しの散歩、エレベーターに乗らずに階段利用する等々。履き心地のよい靴さえあればできるのでお金もかかりません。

↳私は朝ご飯を必ず食べます。睡眠も 7 時間以上は必ず取ります。

↳私は毎日 30 分程度軽い運動をします。

↳私は音楽を聞きながら食事をします。楽しい音楽を聞けば、気分もよくなり、消化もよくなりますから。

↳私はご飯をゆっくり、長く、しっかり噛んで食べます。ゆっくりしっかり噛んで食べると、すぐお腹がいっぱいになり、消化もよくなります。皆さんもゆっくり、長く

噛んで食べてください。
↳私はⓑ大したこと、してません。ただよく寝て、よく食べて、たくさん笑おうと努力しています。

2 1 꼭꼭　2 금방　3 오래　4 잠깐　5 천천히

3 1 ①　2 大したこと、していません。

33 一緒に暮らす楽しみ、一人で暮らす自由

みんな、手伝ってください！ 今部屋を探しています。引越ししようと思って。今住んでいる寮が値段も安くて楽ですが、外でも一度暮らしてみたいからです。どんな家がいいでしょうか。

一緒に暮らす楽しみ	下宿の伝説、下宿の夢	一人で暮らす自由
シェアハウス たまには別に、たまには一緒に 夜は怖くて 昼は寂しい方々 **家賃 46 万ウォンから** **保証金 100 万ウォンから** エアコン／冷蔵庫／ 洗濯機／電子レンジ／掃除機／ 炊飯器／洗剤／ トイレットペーパー／ ゴミ袋無料 Tel 02-1234-5678	**新村 下宿** お母さんのような 管理人のおばさん 二人前はありそうな一人前の食事 クリーニング屋のような洗濯 **うちの息子、ハンサムだ** 下宿代 40 万ウォン～ 02-333-1722	**ハナ ワンルーム** 学校の正門から歩いて 5 分の距離 一括払い／家賃も可能 ***ー完全完備ー*** エアコン／冷蔵庫／ ガスコンロ／洗濯機／ TV ／ ベッド／電子レンジ／ クローゼット／本箱／本棚／ インターネット無料 **駐車可能** ☎ 02-757-4658

↳私はシェアハウスをお勧めします。韓国人の友達や外国人の友達にたくさん会えるでしょう。韓国文化や韓国語を理解するのに役立つだろうと思います。
↳ハナさんは今までいつも「一緒に」住んでたじゃないですか。だから今度はワンルームで「一人で」住んでみるのも悪くないと思います。

2 1 이사했어요　2 편해요　3 주차해도

3 1 원룸　2 하숙　3 셰어하우스

34 ハナさんへ

ハナさんへ
ハナさん、こんにちは。私ミンソです。この間お元気でしたか。最近、とても忙しいでしょう？ ジュンミンさんの誕生日の時、ハナさんの顔を見ることができて、とても嬉しかったです。そして、ハナさんの韓国語の実力がかなり伸びていて、とてもびっくりしました。ブログも楽しく読んでいます。
ところで、あの、ハナさん、ⓐ（お願い）が一つあります。この前ヨンミンさんの誕生日の時に撮った写真あるでしょう？ 時間がある時に私にⓑ（送ってくれますか）。クラスのブログにアップできればと思うからです。誕生日パーティーに来られなかった友達も見ることができるし、いい思い出にもなるでしょう。
ではハナさん、お願いします。
元気で。また連絡します。バイバイ！

ミンソより

↳ミンソさん、私もミンソさんに会えて、とても嬉しかったです。写真はミンソさんのメールへ送りました。ご確認ください。それじゃ、今度また会いましょう！
↳私にも写真が何枚かありますがⓒ（送って差し上げましょうか）。

2 1 또 2 엄청(무척) 3 그동안 4 무척(엄청) 5 나중에

3 1 부탁 2 보내 주실래요? / 보내 주시겠어요? 3 ②

35 Q&A 何でも尋ねてみてください。

韓国語、韓国文化、留学生活、悩みなど〈何でも尋ねてみてください〉。

1 韓国語が上手になりたいです。でも韓国語が早く上達しません。どうすれば韓国語が上手になるでしょうか。
↳韓国語を学ぶ方法は人それぞれⓐ（違う）と思います。私は、自分が好きなことをしながら学ぶのがいいと思います。歌が好きな人は歌を学びながら、ドラマが好きな人はドラマを見ながら学べばより一層楽しく韓国語を学べます。
2 韓国に留学に行こうと思います。何を準備すればⓑ（よいか）教えてください。
↳留学に来る前に留学の計画を立てるのが重要だと思います。どこで、何を勉強するか、そして韓国の天気や食べ物、歴史、文化などを事前に少し勉強してから来ればよりよいと思います。
3 こんにちは、ハナさん。私の名前は田中です。お会いできて嬉しいです。ハナさんのブログを毎日読んでいます。あの、実は悩みが一つあるんです。ハナさんは韓国人の友達が多いでしょ？ 私はまだ韓国人の友達がいません。ご飯も一人で食べる時が多いです。ハナさん、どうすれば友達をたくさん作れますか。

2 1 마다 2 마다

3 1 미리 2 훨씬

4 1 ③ 2 ③

36 なぜ韓国語を学ぶのですか

XX 大学の外国人学生 100 名に尋ねました。
「韓国語を学ぶ理由は？」
(2 つまで選択可能)
就職に役立つから… 27 名
K-POP にとても関心があるから… 23 名
韓国ドラマ、映画に関心があるから… 18 名
専攻が韓国語だから… 13 名
韓国で仕事をするため… 15 名
韓国人の友達と付き合っているから… 15 名
ただ韓国が好きだから… 29 名
その他… 16 名

昔から気になっていました。みんなはどうして韓国語を習っているのか …。

私はですね、これから映画を作りたいです。高校の時、〈極限職業〉という韓国映画を観ました。とても面白かったです。今でもセリフが思い出されます。「これまでこんな味はなかった。これはカルビなのか、鶏の丸焼きなのか。はい、水原カルビの鶏の丸焼きです。」この映画を観て韓国映画がⓐ（好きになりました）。その時から韓国映画をたくさん観るようになりましたしね。

悲しい時や寂しい時に私は映画を観ます。映画を観ると力が出ますからね。これから私も他の人に希望を与える、そんな映画を作りたいです。

それで来ました、韓国に。韓国語を学んだ後、大学院に進学して本格的に映画の勉強をするつもりです。

↳高校を卒業する時、両親とケンカしました。私が韓国でアイドルになりたがっていたからなんです。でも両親は「大学は必ず行かなければならない。アイドルとして成功することはとても難しい。後で後悔するだろう。」と言いました。反対がひどすぎて家を出て今は韓国で一人暮らしをしています。韓国語の勉強が難しくて留学生活も大変ですが、したいことができてⓑ（幸せです）。

2 1 반대 2 후회 3 성공한 4 진학

3 1 ④ 2 ①

37 忘れられない思い出

韓国に来てから1年。ついに私が好きなアイドルのファンサイン会に行ってきました！ 幼い時からスーパーシニアが好きでした。それで韓国に来たら必ず一度行ってみなければと思ったんですよ。サイン会の当日、重要な約束がありましたが、今回じゃないと機会がないと思いました。それで約束もキャンセルし、アルバムも35枚ⓐ（も）買いました。

私が好きなメンバーはキュヒョンです。サイン会に行く前にキュヒョンにあげるプレゼントも買って手書きで手紙も書きました。

ついにファンサイン会の日！ 私の目の前にキュヒョンが！ 手も震え、胸もドキドキ。キュヒョンが笑いながら、私に話しかけてもくれ、サインもしてくれて、名前の横に小さくて可愛いハートマークも描いてくれました。握手も2回ⓐ（も）しました。一緒に写真も撮りました。でも緊張しすぎて何も言えなかったです。私本当に馬鹿みたいでしょ？

写真を見るたびにその日が思い出されます。私には永遠に忘れられない思い出です。

↳（笑笑）私もそういう経験ありました。恥ずかしくて何も言えなかったです。後ですごくⓑ（後悔しました）。

↳ハナさん、羨ましいです。本当に良かったですね！

1 1 깜짝 2 딱 3 두근두근(했어요) 4 푹 5 깜빡했어요

2 1 떨려요(떨립니다) 2 부러워요(부럽습니다) 3 영원히 4 드디어

3 1 ① 2 ①

38 赤い鬼、青鬼、黄色い鬼

ソンイが祖母のお家に行っていました。
ところが道で恐ろしい鬼に会いました。
赤い鬼でした。
ソンイはびっくりしました。

赤い鬼がソンイに言いました。
「私のように赤いもの3つだけ言ってみろ。そしたら、見逃してやる。」
ソンイは赤いものを考えました。
「リンゴ、消防車、唐辛子！」
ソンイが答えました。
「違う！ 唐辛子は緑だ。」

「パン！」
突然青い鬼が現れました。
青い鬼が赤鬼に言いました。
「馬鹿！ 唐辛子が熟れれば、赤くなるの知らないのか。」
青い鬼がソンイに言いました。
「お前、私のように青いの３つだけ言ってみろ。そしたら、見逃してやる。」
ソンイは青いものを考えました。
「空、海、私の歯ブラシ！」

「パン！」
突然黄色い鬼が現れました。
「お前、歯ブラシが本当に青色か？ それを俺らがどうやって分かる?!」
わかった。じゃ、俺がまた問題を出すぞ。
私のように黄色いもの３つだけ言ってみろ。そしたら、おばあちゃんのお家に送ってやろう。」
……
「ひよこ、バナナ、蝶」
ソンイが答えました。

黄色い鬼は気分がとてもよかったです。
ソンイが正解を言ったからです。
嬉しすぎて横にいる赤い鬼を抱きしめました。
「あれ？」
いや、これはどうしたことでしょうか。
黄色い鬼と赤い鬼がオレンジ色の鬼になりました。
「うん？」
今度は青鬼を抱きしめました。
「あれ？」
今度は黄色い鬼と青い鬼が緑色の鬼になりました。

気分が良くなった赤い鬼と青い鬼もお互いを抱きしめてみました。
「あれ?!」
２匹の鬼が紫色の鬼になりました。
今度は３匹の鬼がお互いを抱きしめてみました。
どのようになったでしょうか。

すべて黒色の鬼になりました！

ソンイはとても驚いて祖母のお家に逃げました。

単語集

【凡例】

1 本書に出てきた語を単元別に提示しています。

2 黒色は本文の語彙を、青色は「読む前・内容確認」のページに出てきた言葉です。

3 原則として固有名詞は取り上げていません。また、既に学習していると思われる基本的な言葉と非常に専門的と判断した言葉の中には取り上げていないものもあります。

4 複数回出てくる語は学習のために回数に関わらず提示しています。

1 블로그 많이 사랑해 주세요.

여러분	皆さん	한번	一度
반갑다	うれしい	와 보다	来てみる
유학(하다)	留学（する）	정도	程度
블로그	ブログ	열심히	一生懸命に
문학	文学	사귀다	付き合う
학년	～年生	많이	たくさん
올해	今年	여행(하다)	旅行（する）
처음(이다)	初め（だ）	앞으로	これから
아주	とても	사랑하다	愛する
그래서	それで	잘 부탁드립니다	よろしくお願い申し上げます
꼭	ぜひ・必ず	처음 뵙겠습니다	初めまして
02 작년	去年	02 잘 먹겠습니다	いただきます
02 꼭	必ず・ぜひ	03 국적	国籍
02 식사(하다)	食事（する）	03 고향	故郷・実家・出身地
02 중	中	03 사는 곳	お住まい
02 드시다	召し上がる	03 전화번호	電話番号

2 박민서 씨를 소개하겠습니다.

소개하다	紹介する	태어나다	生まれる
성	名字	그래서	それで
군대	軍隊	사투리	方言・なまり
아직	まだ	엄청	とても
역사	歴史	심하다	ひどい
축구(하다)	サッカー（する）	부모님	ご両親
등산(하다)	山登り（する）	강아지	子犬
키	背	모두	皆・すべて
잘생기다	ハンサムだ	전에	前に

성격	性格	근처	近所
출신	出身	혼자(서)	一人（で）
밝다	明るい	사귀다	付き合う
사교적	社交的	모르다	知らない
농담(하다)	冗談（言う）	실은	実は
01 아직	まだ	02 태어나다	生まれる
01 밝다	明るい	02 사투리	方言・なまり
01 잘하다	上手だ	02 감기에 걸리다	風邪をひく
01 벌써	もう・すでに	02 심하다	ひどい
01 어둡다	暗い	02 기침(하다)	咳（する）
01 못하다	できない・下手だ	02 바람이 불다	風が吹く
01 헤어지다	別れる	02 농담(하다)	冗談（言う）
02 시골	田舎	03 외모	外見
02 고향	実家・故郷・出身地	03 연락처	連絡先
02 이야기하다	話す	03 그런데	ところで

3 나의 하루

하루	一日	걷다 ― 걸어서	歩く ― 歩いて
반	半	자전거	自転車
―쯤	頃	(시간이) 걸리다	(時間が) かかる
일어나다	起きる・立ち上がる	수업(하다)	授業（する）
먼저	先に・まず	가게	店
가끔	時々	힘들다	大変だ
늦잠을 자다	寝坊をする	돌아오다	帰ってくる
못하다	できない・下手だ	숙제(하다)	宿題（する）
때	時	자다	寝る
후	後	어떻다 ― 어때요?	どうだ ― どうですか
세수하다	顔を洗う	혼자(서)	一人（で）
식사(하다)	食事（する）	외롭다	寂しい
이를 닦다	歯を磨く	놀다	遊ぶ
화장을 하다	化粧をする		
02 일(하다)	仕事（する）	02 못하다	できない・下手だ
02 별로 안―	あまり～ない	02 성격	性格
02 편하다	楽だ・便利だ	02 얼굴	顔
02 느끼다	感じる	02 비슷하다	似ている
02 잘하다	上手だ・うまい	02 다르다 ― 달라요	違う ― 違います

4 어떤 집에서 살고 싶어요?

어떻다 ― 어떤	どうだ ― どんな	시청	市役所

돕다 － 도와주다	手伝う － 手伝ってくれる	등	等
이번 주	今週	직장	職場
수업(하다)	授業（する）	조용하다	静かだ
조사(하다)	調査（する）	공기가 맑다	空気が澄んでいる
도시	都会・都市	시내	市内
시골	田舎	거실	居間
바다	海	넓다	広い
섬	島	창문	窓
산	山	정원	庭園
단독 주택	一軒家	마당	庭
한옥	韓屋（韓国伝統の家）	개	犬
곳	所	고양이	猫
교통	交通	키우다	育つ
편리하다	便利だ	보내다	送る
편의점	コンビニ	확인하다	確認する
시장	市場	수고하다	苦労する
가깝다	近い		
01 좁다	狭い	03 동물	動物
01 멀다	遠い	03 그림	絵
01 적다	少ない	03 공무원	公務員
01 시끄럽다	うるさい	03 꽃	花
01 불편하다	不便だ	03 나무	木
02 더럽다	汚い	03 직장	職場・会社
02 흐리다	曇る	03 동료	仲間・同僚
02 깨끗하다	綺麗だ		

5 맛집 여행

후	後	주문하다	注文する
맛집	美味しいお店	달콤하다	甘い
다녀오다	行ってくる	국물	汁
천국	天国	가격	値段
분식집	軽食店	엄청	とても
곳	所	–인분	～人前
만두	餃子	꼭	必ず・ぜひ
튀김	天ぷら	기대하다	期待する
등등	等々	데리고 가다	連れて行く
것	もの・の・こと	정문	正門
중	中	나중에	後で
인기 있다	人気ある		
02 –잔	～杯	03 찌개	チゲ
02 맥주	ビール	03 싱겁다	味が薄い

02 −병	〜瓶	03 소금	塩
02 −그릇	〜杯	03 넣다	入れる
02 고기	肉	03 그거 − 그것	それ − それ

6 보고 싶은 가족

저희	私たち・私共（謙譲語）	날씬하다	スリムだ
작년	去年	올해	今年
가을	秋	−세	〜歳
(사진을) 찍다	（写真を）取る	산책(하다)	散歩（する）
뒤	後・裏	돌아가시다	亡くなる
계시다	いらっしゃる	결혼하다	結婚する
공무원	公務員	고등학교	高校
시청에 다니다	市役所に通う	학년	学年・年生
낚시(하다)	釣り（する）	닮다	似てる
분	方	그래요?	そうですか
미인	美人		
01 외할아버지	（母方の）おじいさん	02 죽다	死ぬ
01 외할머니	（母方の）おばあさん	02 주무시다	お休みになる
01 (외)삼촌	（母方の）おじさん	02 드시다	召し上がる
01 남편	夫	03 목	首・のど
01 아내	妻	03 근데 − 그런데	ところで − ところで
01 아들	息子	03 성격	性格
01 딸	娘	03 뚱뚱하다	太る
01 조카	姪・甥	03 말씀(하다)	お話（する）

7 주말 잘 보내셨어요?

(시간을) 보내다	（時間を）過ごす	쉬다	休む
요리(하다)	料理（する）	푹	ゆっくり・ぐっすり
산책(하다)	散歩（する）	아무것도 안−	何も〜ない
근처	近所	하루 종일	一日中
새로	新しく	심심하다	つまらない
사귀다	付き合う	놀이공원	遊園地
둘이서	二人で	오래간만에	久しぶりに
테니스를 치다	テニスをする	집안일(하다)	家事（する）
−는 법	〜し方	빨래(하다)	洗濯（する）
친절하다 − 친절하게	親切だ − 親切に	청소(하다)	掃除（する）
너무	とても・〜すぎる	나중에	後で
피곤하다	疲れる		
01 과제	課題	02 전혀 못−	全然〜できない

02 피아노를 치다	ピアノを弾く	02 수고하셨습니다	お疲れ様でした
02 골프를 치다	ゴルフをする		

8 영화관에 다녀와서…

다녀오다	行ってくる	부끄럽다	恥ずかしい
갔다오다	行ってくる	최근	最近
길이 막히다	道が混む	소개하다	紹介する
약속 시간	約束時間	극장	映画館・劇場
늦다	遅い・遅れる	기회	機会
인기	人気	혹시	もしかして
제목	題名	별로 안-	あまり～ない
행복하다	幸せだ	액션 영화	アクション映画
시간	時間	SF 영화	SF 映画
배우	俳優	가르치다	教える
연기(하다)	演技（する）	미안하다	すまない
슬프다 – 슬퍼서	悲しい – 悲しくて	주인공	主人公
울다	泣く	마음에 들다	気に入る
01 코미디	コメディ	02 길이 막히다	道が混む
01 판타지	ファンタジー	03 울다	泣く
01 공포	恐怖	04 결혼 생활	結婚生活
01 스릴러	スリラー		

9 내 고향 삿포로

고향	実家・故郷・出身地	옥수수	トウモロコシ
소개하다	紹介する	유명하다	有名だ
중심	中心	과자	お菓子
도시	都市・都会	남쪽	南
매년	毎年	온천	温泉
축제	祭り	길다	長い
맥주	ビール	이번	今度
열리다	開かれる	스키를 타다	スキーをする
외국	外国	나중에	後で
관광객	観光客	가깝다	近い
특히	特に	맛집	美味しい店
게	カニ	알다	知る
연어	サーモン	모르다	知らない
감자	ジャガイモ	가르치다	教える
01 도시	都市・都会	01 시끄럽다	うるさい
01 시골	田舎	01 경치	景色

01 강	川	01 아름답다	美しい
01 바다	海	01 교통	交通
01 섬	島	01 복잡하다	複雑だ・混雑だ
01 깨끗하다	綺麗だ	01 물가	物価
01 더럽다	汚い	02 짧다	短い
01 조용하다	静かだ	02 모르다	知らない

10 여러분의 취미는 뭐예요?

시간이 있다	時間がある	사용하다	使用する
함께(하다)	一緒に（する）	선물하다	プレゼントする
곳	所	강추(하다)	強くお勧め（する）
것	もの・こと・の	보통	普通
등	等	고양이	猫
소개하다	紹介する	개	犬
자주	よく	물고기	（川の）魚
댓글	コメント	다르다	違う・異なる
쓰다	書く・使う・かぶる	이상하다	変だ・不思議だ
향초	アロマキャンドル	동물	動物
만들다	作る	닭	鶏
준비물	準備物	시끄럽다	うるさい
방법	方法	가끔	時々
쉽게	簡単に	알	卵
사무실	事務室	낳다	産む
01 음악 감상(하다)	音楽鑑賞（する）	02 우산	傘
01 영화 관람(하다)	映画観覧（する）	02 편지	手紙
01 독서(하다)	読書（する）	03 성격	性格
01 낚시(하다)	釣り（する）	03 비슷하다	似ている
01 늘	いつも	03 완전(하다)	完全（だ）
01 하루	一日	03 조용하다 － 조용히	静かだ － 静かに
01 한 달	一ヶ月	03 오래되다	古い
02 모자	帽子		

11 재미있는 시장 구경

시장	市場	팔다	売る
가깝다	近い	사다	買う
다녀오다	行ってくる	즐겁다	楽しい
구경하다	見物する	보이다	見える
언제나	いつも	오랜만에	久しぶりに
어서 오세요	いらっしゃいませ	마음에 들다	気に入る

하나	一つ	값	値段
양말	靴下	어울리다	似合う
–켤레	～足	얼마	いくら
(값을) 깎다	値引きする	주다	あげる
물건	品物		
01 옷	服	01 안경	眼鏡
01 치마	スカート	01 우산	傘
01 바지	ズボン	01 장갑	手袋
01 청바지	ジーンズ	01 지갑	財布
01 속옷	下着	01 화장품	化粧品
01 신발	履物	01 향수	香水
01 구두	靴	02 값	値段
01 운동화	運動靴	02 머리	頭・髪
01 액세서리	アクセサリー	03 어울리다	似合う
01 반지	指輪	03 천천히	ゆっくり
01 목걸이	ネックレス	03 구경하다	見物する
01 시계	時計	03 손님	お客
01 모자	帽子	03 하나도	ひとつも
01 양말	靴下	03 팔다	売る

12 친구들 안녕!

다음 주	来週	그런데 – 근데	ところで – ところで
초대하다	招待する	어떡하죠?	どうしましょう
–고 싶어 하다	～したがる	그날	その日
모두	皆・すべて	시험	試験
밤	夜	늦다	遅い・遅れる
늦게까지	遅くまで	필요하다	必要だ
연락(하다)	連絡（する）	먹을 거	食べ物
다	すべて	마실 거	飲み物
알다	知る	사 가다	買っていく
기다리다	待つ	그럼요	勿論です
오랜만이다	久しぶりだ	고맙다	有難い
01 잠시만	少しだけ	01 잔	～杯
01 알겠습니다	分かりました	02 거 – 것	もの – もの
01 빨리	速く	02 곳	所
01 손님	お客	02 데	ところ
01 죄송하지만	すみませんが	02 뿐	～だけ・のみ
01 물	お水	02 냉장고	冷蔵庫

13 한국에서 택시 타기 Tip!

주로	主に	쓰다	使う・書く・かぶる
피곤하다	疲れる	꼭	必ず・ぜひ
짐	荷物	안전벨트	シートベルト
그런데	ところで・でも	매다	締める
무섭다	怖い	위험하다	危険だ
처음	初めて	특히	特に
사거리	交差点	정보	情報
왼쪽	左・左側	하나 더	もう一つ
신호등	信号	자동으로	自動で
세우다	止める	문	扉
감사하다	感謝する	열리다	開かれる
정도	程度	기다리다	待つ
표현(하다)	表現（する）	자기	自分
기억하다	覚える・記憶する	열다	開ける
01 내리다	降りる	02 무섭다	怖い
02 도와주다	手伝う	02 창문을 열다	窓を開ける
02 뭘요	とんでもない	02 조금만	少しだけ
02 죄송하다	申し訳ない	02 피곤하다	疲れる
02 잊어버리다	忘れる・忘れてしまう	02 죽다	死ぬ
02 천천히	ゆっくり	02 앉다	座る
02 운전하다	運転する	02 쉬다	休む
02 조심하다	気を付ける		

14 길 찾기

길	道	건물	建物
찾다	探す・見つかる	–호	号
잊다	忘れる	올라오다	上がってくる
늦다	遅い・遅れる	카톡하다	カカオトークで連絡する
–지 마세요	～ないでください	참	あ・そういえば
알다	知る・分かる	요리하다	料理する
–호선	～号線	–씩	～ずつ
갈아타다	乗り換える	고향	実家・故郷・出身地
내리다	降りる	마실 것	飲み物
출구	出口	준비하다	準備する
나오다	出る	깜빡하다	うっかりする
지나다	過ぎる	연락(하다)	連絡（する）
내려오다	降りてくる	갑자기	急に・突然
보이다	見える・見せる	일이 생기다	用事ができる

–층	～階
–짜리	～ほどの
01 나가다	出ていく
01 올라가다	上がっていく
01 내려가다	降りていく
02 문제	問題
02 생기다	生じる
시간을 보내다	時間を過ごす
02 귀엽게 생기다	かわいい
03 벌써	もう・すでに
03 어떡하죠?	どうしましょう
03 보이다	見える・見せる
03 빠르다 – 빨리	速く – 速く

15 여기는 인천 국제공항!

국제공항	国際空港
학기	学期
수업(하다)	授業（する）
모두	みんな・すべて
끝나다	終わる
방학(하다)	長期休み（とる）
고향	実家・故郷・出身地
예약하다	予約する
표	チケット
사다	買う
준비(하다)	準備（する）
인사하다	挨拶する
탑승(하다)	搭乗（する）
면세점	免税店
들르다	寄る
01 저희	私たち・私共
01 말씀드리다	申し上げる
02 끝나다	終わる
02 아직	まだ
02 중	中
02 슬프다	悲しい
드리다	差し上げる
뵙다	お目にかかる
그립다	懐かしい
부모님	ご両親
도착(하다)	到着（する）
흔들리다	揺れる
무섭다	怖い
무사히 – 무사하다	無事に – 無事だ
구름	雲
연락(하다)	連絡（する）
안내하다	案内する
(시간을) 보내다	（時間を）過ごす
조심하다	気を付ける
다녀오다	行ってくる
드시다	召し上がる
02 그립다	懐かしい
02 길	道
02 미끄럽다	滑りやすい
02 잠깐	ちょっと
02 사무실	オフィス

16 아이고!

표현(하다)	表現（する）
알다	知る・分かる
발이 넓다	顔が広い
발	足
단어	単語
시원하다	涼しい・すっきり
특히	特に
뜨겁다	熱い
목욕탕	お風呂
들어가다	入る
국물	汁
힘들다	しんどい・大変だ
슬프다	悲しい
반갑다	うれしい

아저씨	おじさん	그냥	なんとなく・ただ
01 가렵다	かゆい	03 켜다	つける
01 무겁다	重い	03 찬물	冷たい水
02 출석(하다)	出席（する）	03 넣다	入れる

17 같이 갈 사람, 손 들어 보세요!

손	手	행사(하다)	イベント・行事（する）
들다	あげる	특별(하다)	特別（だ）
나오다	出てくる	추석	お盆
자리	席	실시하다	実施する
남다	残る・余る	기간	期間
예매하다	予約して購入する	–간	～間
관심이 있다	関心がある	고기	肉
연락(하다)	連絡（する）	소고기	牛肉
장소	場所	돼지고기	豚肉
경기장	競技場	닭고기	鶏肉
일시	日付	양념	薬味
공연(하다)	講演（する）	간장	しょう油
시작(하다)	始まり	된장	味噌
입장하다	入場する	고추장	コチュジャン
경기장	競技場	쌈장	サムジャン
음식물	飲食物	설탕	砂糖
가지다	持つ	후추	コショウ
주차장	駐車場	고춧가루	唐辛子粉
복잡하다	複雑だ・混雑だ	소금	塩
대중교통	公共交通機関	생선	魚
이용하다	利用する	고등어	さば
유학생	留学生	오징어	イカ
기쁘다	嬉しい	연어	サーモン
소식	知らせ	참치	マグロ
정문	正門	선착순	先着順
할인(하다)	割引（する）	쿠폰	クーポン
01 조미료	調味料	02 늦다	遅い・遅れる
01 달다	甘い	02 자리	席
01 맛	味	02 앉다	座る
01 향기	香り	02 시험 기간	試験期間
02 들어가다	入る		

18 1주일 후면 연휴!

연휴	連休	예약하다	予約する
바다	海	이틀	二日
아름답다	美しい	날	日
경치	景色	묵다	泊まる
돌	石	관광하다	観光する
표	チケット	생각이다	考えだ
일찍	早く・早めに	벌써부터	今から・すでに
예매하다	予約して購入する	–박	～泊
여행사	旅行会社	며칠	何日
갔다오다	行ってくる	잊다	忘れる
가난하다	貧しい	농담(하다)	冗談（言う）
유학생	留学生	뜻(하다)	意味（する）
돈	お金		
01 휴가	休暇	01 자동차	自動車
01 휴일	休日	01 배	船
01 평일	平日	01 기차	列車
01 놀이공원	遊園地	01 친척	親戚
01 해외	海外	02 식사(하다)	食事（する）
01 당일	当日・日帰り	02 빈방	空き部屋

19 여기는 제주도!

연인	恋人	식물원	植物園
함께(하다)	一緒に（する）	구경하다	見物する
경치	景色	유채꽃	菜の花
가격	値段	피다	咲く
–인	人	맑다	澄んでる・綺麗
–박	泊	푸르다	青い
관광버스	観光バス	땀을 흘리다	汗を流す
식사(하다)	食事（する）	명물	名物
–회	～回	돼지고기	豚肉
포함(하다)	包含（する）	국수	そうめん
출발(하다)	出発（する）	2차	2 次会
더	もっと	맥주	ビール
(돈을) 내다	（お金を）払う	늦게까지	遅くまで
남쪽	南	새벽	夜明け
섬	島	피곤하다	疲れる
관광지	観光地	취하다	酔う
유명하다	有名だ	아무 데도 안–	どこにも～ない

곳	所	푹 자다	ぐっすり寝る
도착하다	到着する	데리고 가다	連れて行く
첫날	初日	다음	次
민속 박물관	民族博物館	갔다오다	行ってくる
01 땀을 흘리다	汗を流す	02 하늘	空
02 출발하다	出発する	02 구름	雲

20 오래간만이에요.

오래간만이다	久しぶりだ	피	血
오랜만이다	久しぶりだ	검사(하다)	検査（する）
며칠	何日	무섭다	怖い
동안	～間	걱정하다	心配する
감기에 걸리다	風邪をひく	다행히 · 다행이다	幸いに・幸いだ
고생하다	苦労する	독감	インフルエンザ
기침이 나다	咳が出る	주사를 맞다	注射をうける
열이 나다	熱が出る	약을 먹다	薬を飲む
목	首・喉	푹 쉬다	ぐっすり休む
붓다	腫れる	조심하다	気を付ける
콧물이 나다	鼻水が出る	다	全て・全部
두통	頭痛	낫다	治る
심하다	ひどい	건강(하다)	健康（だ）
이틀	二日	무리하다	無理する
몸무게	体重	고생(하다)	苦労（する）
빠지다	やせる・落ちる	때문에	せいで・ために
덕분에	おかげで	날씬하다	スリムだ
무리하다	無理する		
01 병	病気	02 길	道
02 다녀오다	行ってくる	02 미끄럽다	滑りやすい
02 엄청	とても	02 천천히	ゆっくり

21 내 친구 영민이

유학(하다)	留学（する）	즐겁다	楽しい
처음	初め（て）	물론	勿論
친하다	親しい	싸우다	けんかする
단발머리	短髪	삐치다	すねる・へそを曲げる
모자를 쓰다	帽子をかぶる	서로	お互い
청바지를 입다	ジーンズを履く	연락(하다)	連絡（する）
흰색	白	기쁘다	うれしい
–게 생기다	～のようである	슬프다	悲しい

똑똑하다　賢い
성격　性格
동갑　同い年
마음이 맞다　気が合う
늘　いつも
01 모자　帽子
01 안경　眼鏡
01 우산　傘
01 양말　靴下
01 입다　着る・はく
01 벗다　脱ぐ
01 쓰다　書く・使う・かぶる
항상　いつも
고맙다　ありがたい
갑자기　急に・突然
연락처　連絡先
들어가다　入る
01 신다　はく
02 외모　外見
02 못생기다　不細工だ
02 밝다　明るい
02 어둡다　暗い
03 후배　後輩
03 남편　夫

22 운이 나쁜 하루

운　運
하루　一日
이야기(하다)　話（する）
비가 내리다　雨が降る
오전　午前
중요하다　重要だ
약속(하다)　約束（する）
집을 나가다　家を出る
약속 장소　約束場所
두다　置く
다시　もう一度
물론　勿論
헤어지다　別れる
이번에는　今度は
지갑　財布
01 잊어버리다　忘れる・忘れてしまう
01 길　道
01 비밀번호　暗証番号
01 단어　単語
01 제목　題名
02 돈을 찾다　お金をおろす
찾다　探す・見つかる
학생증　学生証
교통 카드　交通カード
신용 카드　クレジットカード
잃어버리다　落とす・失う
우울하다　憂鬱だ
기분　気分
들어오다　入る
우산　傘
힘내다　頑張る
아직　まだ
어떡해요?　どうしましょう
때문에　せいで・ために
걱정하다　心配する
다행이다　幸いだ
02 공연(하다)　講演／公演（する）
02 끝나다　終わる
02 걱정하다　心配する
03 아무도 없다　誰もいない
03 아무것도 없다　何もない
03 아무 데도　どこにも

23 하나 짱! 질문이 하나 있어요.

문화　文化
고민하다　悩む
궁금하다　知りたい
나라　国

무엇이든	何でも	생각하다	考える
물어보다	聞いてみる	비슷하다	似ている
초대를 받다	招待される	마찬가지이다	同じだ
처음이다	初めてだ	직접	直接
걱정이다	心配だ	방법	方法
어떻다 ー 어떤	どうだ ー どんな	도움이 되다	役に立つ
참	あ・そういえば	언제든지	いつでも
사실은	実は	연락(하다)	連絡（する）
01 초대하다	招待する	03 부르다	呼ぶ・歌う
02 갑자기	急に・突然	03 닮다	似ている
02 고민(하다)	悩み（する）	03 비슷하다	似ている
02 취직(하다)	就職（する）	03 같다	同じだ
03 다르다	違う・異なる		

24 첫사랑?

부끄럽다	恥ずかしい	운명	運命
고등학교	高校	만남	出会い
상대	相手	양복	スーツ
동아리	サークル	어울리다	似合う
선배	先輩	오랜만이다	久しぶりだ
하얗다	白い	잘 지내다	元気だ
앞치마	エプロン	가슴	胸・こころ
모습	姿	두근두근하다	ドキドキする
첫눈에 반하다	一目ぼれする	코를 골다	いびきをかく
착하다	善良だ	살이 찌다	太る
춤을 추다	踊る	맞다	合う
노래를 부르다	歌を歌う	멋지다	カッコいい
게다가	その上・それに	설마	まさか
후배	後輩	결혼하다	結婚する
졸업(하다)	卒業（する）	실은	実は
대박	すごい・大当たり	이야기(하다)	話（する）
길	道	깜짝 놀라다	びっくりする
우연히	偶然		
02 저희	私たち・私共	02 취직하다	就職する
02 학과	学科	02 거짓말을 하다	嘘をつく
02 울다	泣く	02 자신	自信
02 색깔	色	03 슬프다	悲しい
02 색	色	03 우울하다	憂鬱だ
02 더	もっと	03 외롭다	寂しい

25 비슷하지만 다른…

사귀다	付き合う	꽃말	花言葉
–끼리	～同士	의미(하다)	意味（する）
신발	履物	질투하다	嫉妬する
손수건	ハンカチ	식다	冷める
노랗다 – 노란	黄色い – 黄色い	비슷하다	似ている
장미	バラ	어떻다 – 어떤	どうだ – どんな
선물하다	プレゼントする	빨간색	赤
모두	皆・全て	집들이(하다)	引越し祝い（する）
이별(하다)	別れ（る）	칼	刃物
뜻하다	意味する	가위	ハサミ
때문이다	ためだ・せいだ	또	また
예를 들어	例えば	시험을 보다	試験を受ける
연인	恋人	날	日
신다	履く	미역국	わかめスープ
도망가다	逃げる	뚱뚱하다	太ってる
헤어지다	別れる	연락하다	連絡する
눈물	涙	변하다	変わる
닦다	拭く・磨く	그렇다 – 그래	そうだ – そう
사용하다	使用する	어떻다 – 어떻게	どうだ – どう
02 국	汁	02 혹시	もしかして
02 아직	まだ	02 선배	先輩
02 오래되다	古い	02 사장님	社長
02 아까	さっき		

26 다 같이 가요!

정보	情報	사무실	オフィス
관심	関心	–회	～会／回
세계	世界	꽃길	花道
축제	お祭り	걷다 – 걷기	歩く – 歩き
열리다	開かれる	행사(하다)	イベント（する）
한식	韓国料理	달	月
중식	中国料理	아름답다	美しい
일식	日本料理	추억(하다)	思い出（す）
여러 나라	いろいろな国	목걸이	ネックレス
맛보다	味見する	공연(하다)	公演（する）
또	また	자세하다	詳しい・詳細だ
떡	餅	내용	内容
직접	直接	참고하다	参考する

기간	期間	다	全て・皆
참가비	参加費	일시	日付
무료	無料	장소	場所
신청하다	申し込む	주차장	駐車場
취소(하다)	キャンセル（する）	또는	また・もしくは
출발(하다)	出発（する）	댓글	コメント
학과	学科	문의(하다)	問い合わせ（る）
01 박물관	博物館	01 악기	楽器
01 함께(하다)	一緒に（する）	01 체험(하다)	体験（する）
01 빛	光	02 수강 신청(하다)	受講申請（する）
01 꿈을 꾸다	夢を見る	02 물론이다	もちろんだ
01 전통	伝統		

27 아빠, 쫌!

새해	新年	비밀	秘密
복	福	큰일 나다	大変になる
받다	もらう	살을 빼다	体重を減らす
계획을 세우다	計画を立てる	지키다	守る
학기	学期	살이 찌다	太る
휴학(하다)	休学（する）	건강(하다)	健康（だ）
돈을 모으다	お金を貯める	신경을 쓰다	気を遣う
이곳저곳	あちこち	줄이다	減らす
깊다 ― 깊게	深い ― 深く	담배를 끊다	タバコを止める
이해하다	理解する	거짓말(하다)	嘘（つく）
아직	まだ	나중에	後で
03 솔직하다 ― 솔직히	正直だ ― 正直に	03 이제	今・もう

28 젓가락으로? 숟가락으로? 놓고? 들고?

젓가락	お箸	국물	汁
숟가락	スプーン	이때	この時
놓다	置く	바로	すぐ
들다	持つ・持ち上げる	가운데	真ん中
비슷하다	似ている	식탁	食卓
다르다	違う・異なる	-가지	種類・種
식사(하다)	食事（する）	더	もっと
소개하다	紹介する	그릇	器・食器
모두	皆・すべて	궁금하다	知りたい
국	スープ	오랜만이다	久しぶりだ
탕	スープ	이사하다	引越しする

찌개	チゲ	집들이(하다)	引越し祝い（する）
반찬	おかず	처음이다	初めてだ
특히	特に	나중에	後で

29 냉면 네 그릇…, 생선님…, 안녕히 죽으세요…

그릇	食器	묻다 ー 물었어요	尋ねる ー 尋ねました
생선	魚	다시	もう一度
죽다	死ぬ	긴장하다	緊張する
발음(하다)	発音（する）	대답하다	答える
단어	単語	밤늦게	夜遅く
때문에	せいで・ために	선배	先輩
실수하다	失敗する	끝나다	終わる
주문하다	注文する	전화를 끊다	電話を切る
부르다	呼ぶ・歌う	웃음	笑い
몸이 안 좋다	具合が悪い	가져오다	持ってくる
02 줄	ひも	03 긴장되다	緊張する
02 관계(하다)	関係（する）	03 잘되다	捗る・成功する
02 가지고 오다	持ってくる	03 술에 취하다	酔う
03 서류	書類	03 아직	まだ
03 잊다	忘れる	03 남다	残る・あまる

30 이제 봄이네요.

이제	今・もう	쌀쌀하다	肌寒い
햇볕	日差し	하늘	空
꽃	花	단풍	紅葉
피다	咲く	무척	とても
시작하다	始まる	아름답다	美しい
계절	季節	기온	気温
사계절	四季	영하	零下
황사	黄砂	내려가다	降りる・下がる
심하다	ひどい	날	日
외출하다	出かける	건조하다	乾燥する
마스크를 쓰다	マスクをする	느끼다	感じる
사이	間	벌써	もう・既に
습하다	じめじめする	아직	まだ
장마	梅雨	눈이 녹다	雪が解ける
태풍	台風	미세 먼지	PM2.5
조금씩	少しずつ	잊다	忘れる
02 실내	室内	02 창문을 열다	窓を開ける

31 외로워도 슬퍼도

외롭다	寂しい	마음	心・考え
슬프다	悲しい	생각이 나다	思い出す
수다를 떨다	おしゃべりをする	올라가다	上がっていく
외로움	寂しさ	밤경치	夜景
슬픔	悲しさ	가볍다	軽い
사라지다	消える	스트레스가 쌓이다	ストレスがたまる
날	日	눕다	横になる
공기	空気	스트레스가 풀리다	ストレスが解消する
맑다	澄んだ・晴れる	화가 나다	腹が立つ
느끼다	感じる	짜증이 나다	イライラする
상쾌하다	爽快だ	그냥	ただ
대청소(하다)	大掃除（する）	푹 자다	ぐっすり寝る
정리되다	整理される	힘이 나다	元気が出る
03 벌써	もう・すでに	03 갑자기	急に・突然
03 연락(하다)	連絡（する）		

32 건강이 최고!

최고	最高	이상	以上
최근	最近	날마다	毎日
관심	関心	식사(하다)	食事（する）
특별히	特別に	즐겁다	楽しい
거리	距離	소화가 되다	消化する
걸어 다니다	歩き回る	천천히	ゆっくり
걷다 － 걷기	歩く － 歩き	오래	長く
잠깐	ちょっと・少し	씹다	噛む
산책하다	散歩する	금방	今さっき・すぐ
계단	階段	배가 부르다	お腹が一杯だ
이용하다	利用する	별거 없다	大したことない
편하다	楽だ	그냥	なんとなく・ただ
신발	履物	웃다	笑う
돈이 들다	お金がかかる	노력하다	努力する
꼭	必ず・きっと		
01 싱겁다 － 싱겁게	味が薄い － 味が薄く	02 (시간이) 걸리다	（時間が）かかる
01 생선	魚	02 거의 다	ほとんど全て
01 야채	野菜	02 들어오다	入る
01 짜다	塩辛い	02 실례하다	失礼する
02 속이 안 좋다	お腹の調子が悪い		

33 함께 사는 즐거움, 혼자 사는 자유로움

즐겁다 – 즐거움	楽しい – 楽しみ	전설	伝説
자유롭다 – 자유로움	自由だ – 自由	주인	持ち主・主人
방을 구하다	部屋を探す	아줌마	おばさん
이사하다	引越しする	–인분	～人前
편하다	楽だ	세탁소	クリーニング屋
따로	別に・別途に	빨래(하다)	洗濯（する）
무섭다	怖い	하숙비	下宿代
외롭다	寂しい	정문	正門
월세	家賃	거리	距離
보증금	保証金	침대	ベッド
냉장고	冷蔵庫	옷장	クローゼット
세탁기	洗濯機	책장	本棚
전자레인지	電子レンジ	책꽂이	本立て
청소기	掃除機	주차(하다)	駐車（する）
밥솥	炊飯器	가능(하다)	可能（だ）
세제	洗剤	추천하다	推薦する
화장지	トイレットペーパー	도움이 되다	役に立つ
쓰레기봉투	ゴミ袋	이번	今度の
무료	無料	늘	いつも
하숙(하다)	下宿（する）		
01 가전제품	家電製品	02 끝나다	終わる
01 가구	家具	02 주차장	駐車場
02 집들이(하다)	引越し祝い（する）	03 다양하다	多様だ

34 하나 씨에게

그동안	この間	반	クラス
잘 지내다	元気だ	올리다	載せる・あげる
엄청	とても	추억거리	思い出
기쁘다	うれしい	쓰다 – 씀	書く – ～より
실력	実力	보내다	送る
늘다	伸びる・増える	확인하다	確認する
깜짝 놀라다	びっくりする	나중에	後で
부탁(하다)	お願い（する）	–장	～枚
01 받다	もらう・受け取る	02 배가 고프다	お腹が空く
01 제목	題名	02 덕분에	おかげで
01 첨부(하다)	添付（する）		

35 Q & A 무엇이든지 물어보세요.

무엇이든지	何でも	계획을 세우다	計画を立てる
물어보다	聞いてみる	중요하다	重要だ
늘다	増える・伸びる	생각하다	考える
사람마다	人によって	역사	歴史
자기	自分・あなた	미리	あらかじめ・前もって
훨씬	はるかに	실은	実は
준비하다	準備する		
01 외모	外見	02 이	歯
01 성적	成績	02 열리다	開かれる
01 취업(하다)	就職（する）	03 도착(하다)	到着（する）
01 연애(하다)	恋愛（する）	03 출발하다	出発する
02 나라	国	03 물론	勿論
02 웃다	笑う	03 더	もっと
02 하얗다 ― 하얀	白い ― 白い	04 닮다	似ている

36 왜 한국어를 배워요?

옛날	昔	희망(하다)	希望（する）
궁금하다	心配だ	대학원	大学院
나중에	後で	진학하다	進学する
직업	職業	본격적으로	本格的に
대사	セリフ	싸우다	喧嘩する
기억이 나다	思い出す	성공하다	成功する
통닭	鶏の丸焼き	후회하다	後悔する
슬프다	悲しい	반대(하다)	反対（する）
외롭다	寂しい	생활하다	生活する
힘이 나다	元気が出る	행복하다	幸せだ
01 학점을 따다	単位を取る	02 지다	負ける
01 취직(하다)	就職（する）	02 최선을 다하다	最善を尽くす
01 도움이 되다	役に立つ	02 비결	秘訣
02 허락하다	許可する	04 후회하다	後悔する
02 심하다	ひどい	04 수고하다	苦労する
02 경기(하다)	試合（する）	04 걱정하다	心配する

37 잊지 못할 추억

사인회	サイン会	악수(하다)	握手（する）
중요하다	重要だ	긴장하다	緊張する

이번	今度
기회	機会
취소하다	取り消す
드디어	ついに・とうとう
날	日
떨리다	震える
가슴	胸・心
두근두근	ドキドキ
웃다	笑う
말을 걸다	声をかける
01 놀라다	驚く
01 사이즈	サイズ
01 맞다	合う
02 팔	腕
02 다리	脚
02 얼굴	顔
02 게다가	その上・それに

그날	その日
기억이 나다	思い出す
영원하다 – 영원히	永遠だ – 永遠に
잊다	忘れる
추억(하다)	思い出（す）
경험(하다)	経験（する）
부끄럽다	恥ずかしい
엄청	とても
부럽다	うらやましい
02 착하다	善良だ
02 잊다	忘れる
02 끝나다	終わる
03 감사하다	感謝する
03 걱정하다	心配する
03 기억하다	覚える

38 빨간 도깨비, 파란 도깨비, 노란 도깨비

댁	お宅
길	道
무섭다	怖い
도깨비	鬼
빨갛다 – 빨간	赤い – 赤い
깜짝 놀라다	びっくりする
–가지	種類・種
보내다	送る
생각하다	考える
소방차	消防車
고추	唐辛子
대답하다	答える
틀리다	間違う
갑자기	急に
파랗다 – 파란	青い – 青い
나타나다	現れる
바보	バカ

익다	熟す・熟する
하늘	空
칫솔	歯ブラシ
노랗다 – 노란	黄色い – 黄色い
문제를 내다	問題を出す
병아리	ひよこ
나비	蝶々
정답	正解
기쁘다	うれしい
안다	抱きしめる
일	こと
주황색	オレンジ色
이번에는	今度は
초록색	緑色
서로	お互い
보라색	紫色
도망치다	逃げる

著者・訳者紹介

金昌九（キム・チャング）

文学博士（韓国語学）
専門分野は、韓国語教育（特に、第２言語習得論、教材開発論）
単著で、「テーマで学ぶ韓国語（入門・初級編）」、共著で、「テーマで学ぶ韓国語（中級Ⅰ）」、「テーマで読む韓国語（中級編）」、「テーマで読む韓国語（中級〜中上級編）」（いずれも駿河台出版社）などがある。

崔昌玉（チェ・チャンオク）

文学博士（韓国語学）
専門分野は、言語学（特に、韓国語形態論・統語論）
共著で、「テーマで読む韓国語（中級）」（駿河台出版社）、「楽しく学ぶハングル１，２」（白帝社）などがある。

PPT 等の授業資料や、質問もしくは提案などについては以下のメールアドレス（著者）までお問い合わせください。
連絡先：cofla9@gmail.com

テーマで読む韓国語［初級上〜中級編］

2022.4.15　初版第１刷発行

発行所　株式会社　駿河台出版社
発行者　井　田　洋　二
〒101-0062　東京都千代田区神田駿河台 3-7
電話　03-3291-1676
FAX　03-3291-1675
E-mail : edit@e-surugadai.com
URL : http://www.e-surugadai.com

組版・印刷・製本　萩原印刷株式会社

ISBN978-4-411-03144-0　C1087　¥2300E

駿河台出版社
SURUGADAI SHUPPANSHA
テーマで読む
韓国語
［初級上～中級編］
WORK BOOK
金昌九・崔昌玉

テーマで読む韓国語

（初級上～中級編）

WORKBOOK

金昌九・崔昌玉

【目次】
下の番号は、文型の ID で、教材の本文の下に掲載されている番号と一致します。

1 韓国語の文体のまとめ

2 主な助詞のまとめ

3 文型・表現のまとめ

4 不規則動詞・形容詞のまとめ

1 韓国語の文体のまとめ

日本語の「です・ます」体と「だ・である」体に当たる文体の使い分けが韓国語にもあります。前者の丁寧な言い方に当たる文体を上称形といい、後者の丁寧でない言い方に当たる文体を下称形といいます。上称形には「합니다体」と「해요体」、下称形には「한다体」と「해体」という、それぞれ２通りの文体があります。

上称形	「です・ます」体に相当 丁寧：敬意体	합니다体	改まった格式のある文体
		해요体	丁寧だが柔らかい文体
下称形	「だ・である」体に相当 非丁寧：非敬意体	한다体	文章で用いる硬い文体
		해体	同等や目下の者に用いる文体

1-1 「합니다体」と「해요体」

韓国語の文章終結表現には「김하나예요. 있어요? 같이 가요. 가세요.」のような、より親しい、打ち解けた表現と、「김하나입니다. 있습니까? 같이 갑시다. 가십시오.」のような比較的形式的で、かた苦しい感じを与える表現があります。ここでは前者のような表現を「해요体」と呼び、後者のような表現を「합니다体」と呼びます。

平叙と疑問

「합니다体」と「해요体」の平叙形と疑問形は以下のとおりです。

①「합니다体」

・現在：語幹にパッチムがあるときは「−습니다/−습니까?」を、ないときは「−ㅂ니다/−ㅂ니까?」。

가다 / 갑니다. / 갑니까?

읽다 / 읽습니다. / 읽습니까?

공부하다 / 공부합니다. / 공부합니까?

・過去：하다動詞・形容詞の場合は「−했습니다/−했습니까?」、語幹の母音が「ㅏ, ㅗ」の場合は「−았습니다/−았습니까?」、その他の場合は「−었습니다/−었습니까?」。

가다 / 갔습니다. / 갔습니까?

읽다 / 읽었습니다. / 읽었습니까?

공부하다 / 공부했습니다. / 공부했습니까?

・未来：語幹にパッチムがあるときは「−을 겁니다/−을 겁니까?」を、ないときは「−ㄹ 겁니다/−ㄹ 겁니까?」。

가다 / 갈 겁니다. / 갈 겁니까?

읽다 / 읽을 겁니다. / 읽을 겁니까?

공부하다 / 공부할 겁니다. / 공부할 겁니까?

	「합니다体」のまとめ		
	（現在）-ㅂ니다/-습니다	（過去）-았/었/했습니다	（未来）-(으)ㄹ 겁니다
가다	갑니다	갔습니다	갈 겁니다
먹다	먹습니다	먹었습니다	먹을 겁니다
하다	합니다	했습니다	할 겁니다

②「해요体」

・現在：하다動詞・形容詞の場合は「-해요/-해요?」を、語幹の母音が「ㅏ, ㅗ」の場合は「-아요/-아요?」を、その他の場合は「-어요/-어요?」。

공부하다 / 공부해요. / 공부해요?

살다 / 살아요. / 살아요?

읽다 / 읽어요. / 읽어요?

・過去：하다動詞・形容詞の場合は「-했어요/-했습니까?」を、語幹の母音が「ㅏ, ㅗ」の場合は「-았어요/-았어요?」を、その他の場合は「-었어요/-었어요?」。

공부하다 / 공부했어요. / 공부했어요?

살다 / 살았어요. / 살았어요?

읽다 / 읽었어요. / 읽었어요?

・未来：語幹にパッチムがあるときは「-을 거예요/-을 거예요?」を、ないときは「-ㄹ 거예요/-ㄹ 거예요?」。

읽다 / 읽을 거예요. / 읽을 거예요?

가다 / 갈 거예요. / 갈 거예요?

공부하다 / 공부할 거예요. / 공부할 거예요?

	「해요体」のまとめ		
	（現在）-아/어/해요	（過去）-았/었/했어요	（未来）-(으)ㄹ 거예요
가다	가요	갔어요	갈 거예요
먹다	먹어요	먹었어요	먹을 거예요
하다	해요	했어요	할 거예요

勧誘と命令

「합니다体」と「해요体」の勧誘形と命令形は以下のとおりです。

①「합니다体」

語幹にパッチムがある場合は「-읍시다（勧誘）/ -으십시오（命令）」を、ない場合は「-ㅂ시다（勧誘）/ -십시오（命令）」。

가다 – 같이 갑시다.（勧誘）/ 어서 가십시오.（命令）

읽다 – 같이 읽읍시다.（勧誘）/ 어서 읽으십시오.（命令）

② 「해요体」

하다動詞・形容詞の場合は「–해요（勧誘）/ –해요·–하세요（命令）」を、語幹の母音が「ㅏ, ㅗ」の場合は「–아요（勧誘）/ –아요·–(으)세요（命令）」、その他の場合は「–어요（勧誘）/ –어요·–(으)세요（命令）」。

공부하다 – 같이 공부해요.（勧誘）/ 어서 공부해요.·어서 공부하세요.（命令）

가다 – 같이 가요.（勧誘）/ 어서 가요.·어서 가세요.（命令）

읽다 – 같이 읽어요.（勧誘）/ 어서 읽어요.·어서 읽으세요.（命令）

	「합니다体」のまとめ		「해요体」のまとめ	
	（勧誘）–(으)ㅂ시다	（命令）–(으)십시오	（勧誘）–아/어/해요	（命令）–(으)세요
가다	갑시다	가십시오	가요 / 가세요	가요 / 가세요
읽다	읽읍시다	읽으십시오	읽어요 / 읽으세요	읽어요 / 읽으세요
하다	합시다	하십시오	해요 / 하세요	해요 / 하세요

1 表を完成しなさい。

単語		平叙文	疑問文	命令文	勧誘文
① 하다	합니다体	합니다	합니까?	하십시오	합시다
	해요体	해요	해요?	해요 / 하세요	해요 / 하세요
② 보다	합니다体				
	해요体				
③ 먹다	합니다体				
	해요体				
④ 학생이다	합니다体				
	해요体				

（解答省略）

1-2 「해体」（ため口・友達ことば）

平叙と疑問

韓国語の「해体」（ため口）は、目上の人が目下の人に、もしくはお互いの関係が親密なときに使います。「해요体」から「–요」をとると簡単に作ることができます。名詞が先行する場合には、名詞の後ろにパッチムがあるときに「–아」、ないときに「–야」をつけます。疑問形の場合は「–아/–어/–해?」以外に「–니?」や「–냐?」を用いることもできます。

	해요体	ため口（平叙）	ため口（疑問）		
			−아/어?	−니?	−냐?
좋다	（現）좋아요	좋아	좋아?	좋니?	좋냐?
하다	（現）해요	해	해?	하니?	하냐?
읽다	（現）읽었어요	읽었어	읽었어?	읽었니?	읽었냐?
친구	（現）친구예요	친구야	친구야?	친구니?	친구냐?

A：오늘 바빠?　　今日忙しい？
B：응, 조금 바빠.　　うん、ちょっと忙しい。
A：어제 뭐 했어?　　昨日何した？
B：친구 만났어.　　友達に会った。
A：주말에 뭐 할 거야?　　週末に何するつもり？
B：그냥 집에 있을 거야.　　ただ（なんとなく）家にいるつもり。
A：저 사람 누구야?　　あの人、誰？
B：우리 형이야.　　うちの兄。

1 表を完成しなさい。

品詞		（時制）	ため口（平叙）	ため口（疑問）		
				−아/어?	−니?	−냐?
形容詞	① 좋다	（現）	좋아	좋아?	좋니?	좋냐?
		（過）				
	② 예쁘다	（現）				
		（過）	예뻤어			
하다	③ 좋아하다	（現）				
		（過）			좋아했니?	
		（未）	좋아할 거야			
動詞	④ 가다	（現）				
		（過）				
		（未）		갈 거야?		
	⑤ 먹다	（現）	먹어			
		（過）				
		（未）			먹었니?	
이다	⑥ 학생이다	（現）		학생이야?		
		（過）				학생이었냐?

（解答省略）

2 (　　) の言葉を適当な形に変えて文を完成しなさい。

① A：오늘 바빠?	今日、忙しい？
B：응, 조금 (바쁘다)__________.	うん、ちょっと忙しい。
② A：너 나 좋아해?	君、私のこと好き？
B：응, (좋아하다)__________.	うん、好き。
③ A：지금 (어디다)__________?	今どこ？
B：집이야.	家。
④ A：어제 뭐 (하다)__________?	昨日何してた？
B：집에 있었어.	家にいた。
⑤ A：많이 아팠어?	とても痛かった？
B：아니, 별로 안 (아프다)__________.	いや、そんなに痛くなかった。
⑥ A：내일 어디 갈 거야?	明日どこか行くつもり？
B：아니, 아무 데도 (안 가다)__________.	いいえ、どこにも行かないつもり。
⑦ A：주말에 뭐 하고 싶어?	週末に何したい？
B：집에서 (쉬고 싶다)__________.	家で休みたい。

【解答】

2 ① 바빠　② 좋아해　③ 어디야(어디니/어디냐)　④ 했어(했니/했냐)　⑤ 아팠어　⑥ 안 갈 거야
⑦ 쉬고 싶어

勧誘と命令

勧誘形と命令形のため口も、「해요体」の語尾「–아요/어요/해요」から「–요」を抜いて作ることができます。勧誘形の場合は語幹に「–자」、命令形の場合は語幹に「–아/어라」をつけて作ることもできます。

	「해요体」	ため口	
	命令／勧誘（–아/어요）	命令（–아/어, –아/어라）	勧誘（–아/어, –자）
하다	해요	해 / 해라	해 / 하자
읽다	읽어요	읽어 / 읽어라	읽어 / 읽자
가다	가요	가 / 가라	가 / 가자
가지 말다	가지 마(세)요	가지 마 / 가지 마라	가지 말자

A：내일 늦지 마.	明日、遅れないで。
B：응. 걱정하지 마.	うん。心配しないで。
A：내일 영화 보러 가자.	明日映画見に行こう。
B：그래, 가자.	うん、行こう。
A：우리 이제 만나지 말자.	私たち、これから会うのをやめよう。
B：왜 그래?	どうしたの。

1 表を完成しなさい。

	「해요体」	ため口（疑問）			
	命令／勧誘	命令（–아/어, –아/어라）		勧誘（–아/어, –자）	
① 하다	해요	해	해라	해	하자
② 먹다			먹어라		
③ 하지 말다	하지 말아요	하지 마		×	하지 말자

（解答省略）

2 （　　）の言葉を適当な形に変えて文を完成しなさい。

① A : 잘 있어. 　　さよなら。
　B : 응, 잘 (가다)＿＿＿＿＿＿＿. 　　うん、さよなら。
② A : 많이 (먹다)＿＿＿＿＿＿＿. 　　たくさん食べて。
　B : 네, 잘 먹겠습니다. 　　はい、いただきます。
③ A : 저녁에 피자 (먹다)＿＿＿＿＿＿＿. 　　夕方にピザ食べよう。
　B : 그래, 좋아. 　　うん、そうしよう。
④ A : (가지 말다)＿＿＿＿＿＿＿. 　　行かないで。
　B : 네, 안 갈게요. 　　はい、行きません。
⑤ A : (하지 말다)＿＿＿＿＿＿＿. 　　しないで。
　B : 왜? 재미있잖아. 　　何で？ 面白いじゃない。

【解答】
2 ① 가(가라)　② 먹어(먹어라)　③ 먹어(먹자)　④ 가지 마(가지 마라)　⑤ 하지 마(하지 마라)

2 主な助詞のまとめ

	対応表現	例
① 까지	まで	일본까지 비행기로 갔어요. 　日本まで飛行機で行きました。 서울에서 부산까지 다섯 시간 정도 걸려요. 　ソウルから釜山まで５時間くらいかかります。 10시까지 공부했습니다. 　10時まで勉強しました。
② 께	に	→ ⑬「에게/한테/께」参照
③ 께서 ㉓「이/가」の敬語	が	선생님께서 수업을 하세요. 　先生が授業をされています。 할아버지께서 우리 집에 오셨습니다. 　祖父が私の家にいらっしゃいました。
④ 께서는 ⑳「은/는」の敬語	は	할머니께서는 운동을 좋아하세요. 　祖母は運動がお好きです。 선생님께서는 교실에 계세요. 　先生は教室にいらっしゃいます。 아버지께서는 방에서 주무십니다. 　父は部屋でお休みになっています。
⑤ 과/와 [パッチム×] 와 [パッチム○] 과	と	아침은 빵과 우유를 먹어요. 　朝食はパンと牛乳を食べます。 친구와 같이 학교에 갔어요. 　友達と一緒に学校に行きました。 하나 씨는 작년에 한국 사람과 결혼했다. 　ハンさんは去年韓国人と結婚した。 ㉛の「(이)랑」、㉝の「하고」と同じ意味だが、「과/와」は口語と文語共に使われる一方、「(이)랑」と「하고」は口語で主に使われる傾向がある。 → ㉛「(이)랑」、㉝「하고」参照
⑥ 도	も	저도 일본 사람이에요. 　私も日本人です。 제 친구도 학생입니다. 　私の友達も学生です。 저도요. 　私もです。

⑦ 마다 → 025	毎〜 ごとに	날마다 한국 드라마를 봐요. 毎日韓国ドラマを見ています。 사람마다 생각이 달라요. 人によって考え方が違います。 지하철은 5분마다 와요. 地下鉄は５分ごとに着きます。 우리 학교는 1년마다 운동회를 해요. 私の学校は１年ごとに運動会をします。
⑧ 만	だけ のみ ばかり	주말에는 잠만 자요. 週末には寝るだけです。 하나 씨만을 사랑해요. ハナさんだけを愛しています。 저는 동생만 한 명 있어요. 私は妹だけ１人います。 매일 놀기만 해요. 毎日遊んでばかりです。
⑨ 밖에 → 026	しか	어제 세 시간밖에 못 잤어요. 昨日３時間しか寝られませんでした。 지금 500원밖에 없어요. 今 500 ウォンしかありません。 한 시간밖에 안 걸려요. １時間しかかかりません。
⑩ 보다 → 027	より	동생이 저보다 키가 더 커요. 弟が私より背がもっと高いです。 저보다 동생이 키가 더 커요. 私より弟が背がもっと高いです。 한국어, 생각보다 어려워요. 韓国語、思ったより難しいです。
⑪ 부터	から	9시부터 수업이 있습니다. ９時から授業があります。 여기부터 저기까지예요. ここからあそこまでです。 방학은 언제부터예요? 休みはいつからですか。
⑫ 에	に	9시에 학교에 가요. ９時に学校に行きます。

		집에 있어요. 　家にいます。 7시에 일어납니다. 　7時に起きます。 한 개에 500원이에요. 　1個で 500 ウォンです。 *아침마다 꽃에 물을 줍니다. 　毎朝、花に水をあげます。 ＊日本語「に」に当たる韓国語の助詞には、①人・動物には、「에게/한테/께」を、それ以外の場合（例えば、植物）には「에」が対応する場合が多い。
⑬ **에게/한테/께** ・에게: より文語的 ・한테: より口語的 ・께: 敬語	に	친구에게 전화했어요. 　友達に電話しました。 동생한테 줄 거예요. 　弟にあげるつもりです。 선생님께 편지를 썼습니다. 　先生に手紙を書きました。 *친구에게 생일 선물로 받았습니다. 　友達に誕生日プレゼントでもらいました。 ＊行動の主体や対象を表すときは、日本語の「～から」に当たる。
⑭ **에게서/한테서**	から	친구에게서 편지를 받았어요. 　友達から手紙を受け取りました。 동생한테서 전화가 왔습니다. 　妹から電話がきました。 하나 씨한테서 들었습니다. 　ハナさんから聞きました。
⑮ **에서**[1]	で	술집에서 아르바이트해요. 　飲み屋でアルバイトします。 식당에서 밥을 먹습니다. 　食堂でご飯を食べます。
⑯ **에서**[2]	から	일본에서 왔어요. 　日本から来ました。 집에서 학교까지 걸어서 가요. 　家から学校まで歩いていきます。 *여기서 가까워요. 　ここから近いです。 ＊元の語は「에서」だが、主に口語では「서」を使う場合もある。

⑰ 요 → 077	ます です ですね	제가요? 언제요? 私がですか。いつですか。 하나 씨는요? ハナさんは？ 비가 와서요. 雨が降るからです。
⑱ (으)로[1] [パッチム×] 로 [パッチム○] 으로	へ	왼쪽으로 가세요. 左側に行きなさい。 저는 학교로 갈 거예요. 私は学校に行くつもりです。
⑲ (으)로[2] [パッチム×] 로 [パッチム○] 으로	で	학교까지 지하철로 가요. 学校まで地下鉄で行きます。 한국어로 이야기하세요. 韓国語で話してください。 국은 숟가락으로 드세요. スープはスプーンで召し上がってください。
⑳ 은/는 [パッチム×] 는 [パッチム○] 은	は	저는 학생이에요. 私は学生です。 제 이름은 사토 하나입니다. 私の名前は佐藤ハナです。
㉑ 을/를 [パッチム×] 를 [パッチム○] 을	を	밥을 먹어요. ご飯を食べています。 *친구를 만납니다. 友達に会います。 *축구를 좋아합니다. サッカーが好きです。 ＊韓国語の「만나다」と「좋아하다」は他動詞で目的語を必要とする。そのため、このような動詞には目的格助詞「을/를」を使う。
㉒ 의	の	한국(의) 여름은 더워요. 韓国の夏は暑いです。 *남자(의) 이름은 김영민입니다. 男の名前は金ヨンミンです。 *영민 씨(의) 언니는 대학생입니다. ヨンミンさんのお姉さんは大学生です。 ＊日本語と同じく、名詞と名詞の間で使うが、韓国語では省略される場合が多いので注意が必要。

㉓ **이/가** [パッチム×] 가 [パッチム○] 이	が	책이 있어요. 本があります。 저기가 우리 집입니다. あそこが私の家です。
㉔ **(이)나**[1] [パッチム×] 나 [パッチム○] 이나 → 072	や	주말에는 청소나 빨래를 해요. 週末には掃除や洗濯をします。 식사 후에는 과일이나 케이크를 먹어요. 食後には果物やケーキを食べます。 산이나 바다로 여행을 가고 싶어요. 山や海に旅行に行きたいです。
㉕ **(이)나**[2] [パッチム×] 나 [パッチム○] 이나 → 072	くらい	일본까지 비행기로 얼마나 걸려요? 日本まで飛行機でどれくらいかかりますか。 하나 씨 몇 살이나 됐을까요? ハナさんいくつになったでしょうか。 한국에 온 지 얼마나 됐어요? 韓国に来てどれぐらいなりましたか。
㉖ **(이)나**[3] [パッチム×] 나 [パッチム○] 이나 → 072	でも	저녁이나 먹으러 가요. 夕食でも食べに行きましょう。 커피나 한잔합시다. コーヒーでも一杯飲みましょう。 피곤한데 잠이나 잡시다. 疲れましたので寝ましょう。
㉗ **(이)나**[4] [パッチム×] 나 [パッチム○] 이나 → 072	も	바나나를 세 개나 먹었어요. バナナを３つも食べました。 어제 열두 시간이나 잤어요. 昨日 12 時間も寝ました。 서울에서 부산까지 열 시간이나 걸렸어요. ソウルから釜山まで 10 時間もかかりました。
㉘ **이다**	だ	올해 스무 살이에요. 今年二十歳だ。 오늘은 수요일입니다. 今日は水曜日です。
㉙ **(이)든지** → 073	でも だって	저는 뭐든지 다 잘 먹어요. 私は何でもよく食べます。 언제든지 연락 주세요. いつでも連絡ください。

		저는 어디든지 괜찮아요. 　私はどこでもいいです。
㉚ (이)라고 [パッチム×] 라고 [パッチム○] 이라고 → 074	と	이건 한국어로 '책' 이라고 해요. 　これは韓国語で「本」といいます。 동생이 나에게 "형, 이게 뭐예요?" 라고 물었어요. 　弟は私に「お兄さん、これ何ですか」と聞きました。 친구들이 저를 '돼지' 라고 불렀어요. 　友達が私を「豚」と呼びました。
㉛ (이)랑 [パッチム×] 랑 [パッチム○] 이랑	と	아침에 빵이랑 우유를 먹었어요. 　朝パンと牛乳を食べました。 남자 친구랑 헤어졌어요. 　ボーイフレンドと別れました。 오늘은 저랑 같이 있어요. 　今日は私と一緒にいましょう。 ＊主に、口語で使われる。→ ⑤「과/와」、㉝「하고」参照
㉜ 처럼	ように みたいに	하나 씨랑은 친구처럼 지내요. 　ハナさんとは友達のように過ごしています。 긴장하지 말고 연습 때처럼 하세요. 　緊張せずに、練習のときのようにしてください。 가끔 새처럼 하늘을 날고 싶어요. 　時々鳥のように空を飛びたいです。
㉝ 하고	と	책하고 노트를 샀어요. 　本とノートを買いました。 저는 하나 씨하고 생각이 많이 달라요. 　私はハナさんと考えがかなり違います。 누구하고 살아요? 　誰と暮らしていますか。 ＊主に、口語で使われる。→ ⑬「(이)랑」、⑤「과/와」参照
㉞ 한테	に	→ ⑬「에게/한테/께」参照
㉟ 한테서	から	→ ⑭「에게서/한테서」参照

3 文型・表現のまとめ

001 動詞・形容詞語幹 **-거나**【〜たり・〜とか】

前と後の言葉のうち、どちらかが選択されうる事柄を羅列するときに用いる。

形態情報 ［パッチムX］보다 → 보거나　［パッチム○］먹다 → 먹거나

例 文 ・주말에는 TV를 보거나 음악을 들어요.｜週末には TV を見たり、音楽を聞きます。

・부모님께 편지를 쓰거나 전화를 해요.｜両親に手紙を書いたり、電話をします。

1 1つの文にしなさい。

① 주말에 친구를 만나다 / 영화를 봐요.　週末に友達に会う／映画を見ます。

→ ＿＿＿＿＿＿＿＿＿＿＿＿＿＿.　週末に友達に会ったり、映画を観ます。

② 외출할 때는 모자를 쓰다 / 선글라스를 낍니다.　外出する時は帽子をかぶる／サングラスをかけます。

→ ＿＿＿＿＿＿＿＿＿＿＿＿＿＿.　外出する時は帽子をかぶったり、サングラスをかけます。

③ 주말에는 청소를 하다 / 빨래를 해요.　週末には掃除をする／洗濯をします。

→ ＿＿＿＿＿＿＿＿＿＿＿＿＿＿.　週末には掃除をしたり洗濯をします。

2 (　　) の言葉を適当な形に変えて文を完成しなさい。

① A：쉬는 시간에는 보통 뭐 해요?　休み時間にはたいてい何しますか。

B：커피를 (마시다)＿＿＿＿＿ 담배를 피워요.　コーヒーを飲んだりタバコを吸います。

② A：데이트할 때는 보통 뭐 해요?　デートのときはたいてい何しますか。

B：맛집을 (가다)＿＿＿＿＿ 영화를 보러 가요.　美味しいお店に行ったり映画を観に行きます。

③ A：스트레스는 어떻게 풀어요?　ストレスはどうやって解消しますか。

B：음악을 (듣다)＿＿＿＿＿ 잠을 자요.　音楽を聞いたり寝ます。

④ A：졸릴 때는 어떻게 해요?　眠いときはどうしますか。

B：커피 (마시다)＿＿＿＿＿ 세수해요.　コーヒーを飲んだり顔を洗います。

【解答】

1 ① 주말에 친구를 만나거나 영화를 봐요.　② 외출할 때는 모자를 쓰거나 선글라스를 낍니다.

③ 주말에는 청소를 하거나 빨래를 해요.

2 ① 마시거나　② 가거나　③ 듣거나　④ 마시거나

1	외출-하다	外出する	모자를 쓰다	帽子をかぶる	(안경을) 끼다	(眼鏡を) かける
	청소-하다	掃除する	빨래-하다	洗濯する		
2	담배를 피우다	タバコを吸う	맛집	美味しい店	스트레스를 풀다	ストレスを解消する
	졸리다	眠い	세수-하다	顔を洗う		

002 動詞・形容詞語幹 **-거든요** / 名詞 **(이)-거든요**【〜んですよ・〜んですもの・〜んですから】

前の内容について話し手がそう考えた理由や原因、根拠を表すとき使う。

「形態情報」 ［パッチムX］가다 → 가거든요　［パッチムO］좋다 → 좋거든요　［名］가수 → 가수거든요
［名］학생이다 → 학생이거든요

「例　文」 A：왜 갑자기 청소를 하세요? | なぜ急に掃除をされるのですか。
B：오늘 손님이 오시거든요. | 今日、お客様がいらっしゃるんですよ。
A：늘 이 향수만 쓰시네요. | いつもこの香水ばっかり使ってるんですね。
B：네, 냄새가 정말 좋거든요. | はい、匂いが本当に良いんですよ。

1 日本語訳を参考にして、表を完成しなさい。

	理由	−거든요	意味
空港に行く	① 친구가 오다		友達が来るんですよ。
忙しい	② 내일 시험이다		明日試験なんですよ。
病院に行く	③ 다리를 다쳤다		足をけがをしたんですよ。
学校に遅れた	④ 늦잠을 잤다		寝坊をしたんですよ。
プレゼントを買った	⑤ 친구 생일이다		友達の誕生日なんですよ。

2 (　　) の言葉を適当な形に変えて文を完成しなさい。

① A：뭘 이렇게 많이 샀어요?　何をこんなにたくさん買ったのですか。
B：내일 친구들이 (놀러 오다)＿＿＿＿＿＿＿＿.　明日、友達が遊びに来るんですよ。
② A：왜 커피 안 마셔요?　なぜコーヒー飲まないのですか。
B：커피를 마시면 잠을 (못 자다)＿＿＿＿＿＿＿＿.　コーヒーを飲むと眠れないんですよ。
③ A：왜 여행 안 가세요?　なぜ旅行に行かないのですか。
B：다음 주에 (시험이 있다)＿＿＿＿＿＿＿＿.　来週試験があるんですよ。
④ A：왜 더 안 드세요?　なぜもっと召し上がらないのですか。
B：요즘 (다이어트 중이다)＿＿＿＿＿＿＿＿.　最近ダイエット中なんですよ。

【解答】
1 ① 친구가 오거든요.　② 내일 시험이거든요.　③ 다리를 다쳤거든요.　④ 늦잠을 잤거든요.
⑤ 친구 생일이거든요.
2 ① 놀러 오거든요　② 못 자거든요　③ 시험이 있거든요　④ 다이어트 중이거든요

例	갑자기	急に	향수	香水	냄새	匂い
1	시험	試験	다리를 다치다	足をけがする	늦잠을 자다	寝坊をする
2	이렇게	このように	잠을 자다	寝る	잠을 못 자다	寝られない
	드시다	召し上がる	중−이다	〜中だ	더	もっと

003 形容詞語幹 −게【〜に・〜く・〜ように】

形容詞を副詞化し、後ろの動詞の意味を明確にする。

「形態情報」 ［パッチムX］싸다 → 싸게　［パッチムO］밝다 → 밝게

「例　文」 ・밝게 웃어요. | 明るく笑います。
・싸게 샀어요. | 安く買えました。

1 正しい形にしなさい。

① (맛있다)＿＿＿＿＿＿ 드세요. 美味しく召し上がってください。
② 친구랑 (재미있다)＿＿＿＿＿＿ 놀았어요. 友達と楽しく遊びました。
③ 밤에 (늦다)＿＿＿＿＿＿ 잤어요. 夜、遅く寝ました。
④ 방을 (깨끗하다)＿＿＿＿＿＿ 청소했어요. 部屋を綺麗に掃除しました。
⑤ 하나 씨는 참 (귀엽다)＿＿＿＿＿＿ 생겼어요. ハナさんはとても可愛いですね。

2 (　　) の言葉を適当な形に変えて文を完成しなさい。

① A : (어떻다)＿＿＿＿＿＿ 지냈어요? 元気でしたか。
　B : 잘 지냈어요. 元気でしたよ。
② A : 아침 드셨어요? 朝食召し上がりましたか。
　B : (간단하다)＿＿＿＿＿＿ 먹었어요. 簡単に食べました。
③ A : 여기는 (어떻다)＿＿＿＿＿＿ 왔어요? ここはなぜ来ましたか。
　B : 친구 만나러 왔어요. 友達に会いに来ました。
④ A : 왜 늦었어요? なぜ遅れましたか。
　B : (늦다)＿＿＿＿＿＿ 일어났어요. 遅く起きました。

【解答】
1 ① 맛있게　② 재미있게　③ 늦게　④ 깨끗하게　⑤ 귀엽게
2 ① 어떻게　② 간단하게　③ 어떻게　④ 늦게

例 밝다	明るい	웃다	笑う	사다	買う		
1 청소-하다	掃除する	늦다	遅い・遅れる	깨끗하다	綺麗だ	생기다	見える
2 어떻다	どうだ	지내다	過ごす	드시다	召し上がる	간단하다	簡単だ
일어나다	起きる						

004 動詞・形容詞語幹 **-게 되다**【～ようになる・～ことになる】

①前の言葉が表す状態や状況に至ることを表す。②「되 + -어요 = 돼요, 되 + -었어요 = 됐어요」。

形態情報 [パッチムX] 하다 → 하게 되다　[パッチム〇] 알다 → 알게 되다

例 文
・손님이 없어서 문을 닫게 되었습니다. | お客様がいないので店を閉めることになりました。
・두 사람은 서로 사랑하게 되었어요. | 二人は愛し合うようになりました。

1 (　　) の言葉を適当な形に変えて文を完成しなさい。

→		それで・その結果、-게 되었어요(됐어요)
① 한국어를 잘 못했다. 韓国語が下手だった。	열심히 공부했다. 一生懸命勉強した。	한국어를 (잘하다)＿＿＿＿＿＿. 韓国語が上手になりました。
② 남자 친구가 있다. 彼氏がいる。	2년을 사귀었다. 2 年間付き合った。	(결혼하다)＿＿＿＿＿＿. 結婚することになりました。

③ 취직했다. 就職した。	하지만 회사가 너무 멀다. でも会社がとても遠い。	그래서 (이사하다)__________. それで引越しすることになりました。

2 (　　) の言葉を適当な形に変えて文を完成しなさい。

① A : 왜 갑자기 고향에 돌아가요? なんで突然、実家に帰るんですか。
　B : 급한 일이 생겨서 (돌아가다)__________. 急用があって、帰ることになりました。
② A : 왜 아르바이트를 그만뒀어요? なぜアルバイトを辞めましたか。
　B : 일이 힘들어서 (그만두다)__________. 仕事が大変で辞めることになりました。
③ A : 유학을 (가다)_____면 어디로 가고 싶어요? 留学に行くことになればどこに行きたいですか。
　B : 미국으로 가고 싶어요. アメリカに行きたいです。
④ A : 어떻게 한국어를 배우게 됐어요? どうして韓国語を学ぶことになりましたか。
　B : 한국 노래를 좋아해서 (배우다)__________. 韓国の歌が好きで、学ぶことになりました。

【解答】
1 ① 잘하게 됐어요　② 결혼하게 됐어요　③ 이사하게 됐어요
2 ① 돌아가게 됐어요　② 그만두게 됐어요　③ 가게 되　④ 배우게 됐어요

例	손님	お客	문을 닫다	ドアを閉める	서로	お互い		
1	사귀다	付き合う	취직−하다	就職する	이사−하다	引越しする		
2	갑자기	急に	급한 일	急用	생기다	生じる	그만두다	辞める

005 動詞語幹 −겠−[1]【～する・～するつもり】

①話し手の意志（疑問文では相手の意志）を表す。②話し手の「意志」を表すときは「057 −(으)ㄹ게요」と同じ意味で使う。③「−겠−」はフォーマルなニュアンスを与えるため「−어요」より「−습니다」とよく結合する。

形態情報　[パッチム×] 하다 → 하겠다　[パッチム○] 읽다 → 읽겠다

例 文　・담배를 끊겠습니다. | タバコを止めます。
　・내일부터 일찍 오겠습니다. | 明日から早く来ます。

1 日本語訳を参考にして、表を完成しなさい。

決心の内容	−겠−	意味
① 수업을 시작하다		授業を始めます。
② 올해는 꼭 다이어트를 하다		今年は必ずダイエットをします。
③ 꼭 시험에 합격하다		必ず試験に合格します。
④ 같이 가시다		一緒に行かれますか。
⑤ 서둘러서 가다		急いで行きます。

2 (　　) の言葉を適当な形に変えて文を完成しなさい。

① A : 지각하지 마세요. 遅刻しないでください。
　B : 네, 내일부터 (일찍 오다)__________. はい、明日から早く来ます。

② A: 이거 누가 할래요? これ誰がしますか。

B: (제가 하다)____________. 私がします。

③ A: 조심해서 다녀오세요. 気を付けて行ってらっしゃい。

B: 네, (다녀오다)____________. はい、行ってきます。

「参 考」 **控えめな気持ち・慣用的表現（固まり表現）**

① 처음 뵙겠습니다. はじめまして。 ② 잘 먹겠습니다. いただきます。

③ 잘 모르겠습니다. よくわかりません。 ④ 알겠습니다. 分かりました。

【解答】

1 ① 수업을 시작하겠습니다. ② 올해는 꼭 다이어트를 하겠습니다. ③ 꼭 시험에 합격하겠습니다.
④ 같이 가시겠습니까? ⑤ 서둘러서 가겠습니다.

2 ① 일찍 오겠습니다 ② 제가 하겠습니다 ③ 다녀오겠습니다

例	(담배를) 끊다	(タバコを) 止める	일찍	早く		
1	시작-하다	始まる	꼭	必ず	시험	試験
	합격-하다	合格する	서두르다	急ぐ		
2	지각-하다	遅刻する	조심-하다	気を付ける	다녀오다	行ってくる

006 動詞・形容詞語幹 **-겠[2]-**【～でしょう・～そうです】

①推量を表す。②推量・推測を表すため、1人称主語とは一緒に使われない。

「形態情報」 [パッチムX] 바쁘다 → 바쁘겠다 [パッチム○] 맵다 → 맵겠다

「例 文」 ・빨리 가요. 학교에 늦겠어요. | 早く行きましょう。学校に遅れそうです。

・흐리네요. 내일은 비가 오겠어요. | 曇っていますね。明日は雨が降りそうです。

1 日本語訳を参考にして、表を完成しなさい。

Aの状況	Bの推量	-겠어요/-겠습니다（B）	意味
昨日遅く寝た。	① 피곤하시다		お疲れでしょう。
プレゼントをもらった。	② 기분이 좋으시다		気分がいいでしょう。
仕事が増えた。	③ 바쁘시다		お忙しいでしょう。
彼氏と別れた。	④ 힘드시다		大変でしょう。
料理を作った。	⑤ 맛있다		美味しそうです。

2 (　　) の言葉を適当な形に変えて文を完成しなさい。

① A: 남자 친구랑 헤어졌어요. 彼氏と別れました。

B: 많이 (힘드시다)____________. とてもつらいでしょう。

② A: 친구한테서 프로포즈를 받았어요. 友達からプロポーズされました。

B: (기분이 좋았다)____________. 気分が良かったでしょう。

③ A: 오랜만에 친구 만났어요. 久しぶりに友達に会いました。

B: (반가웠다)____________. うれしかったでしょう。

④ A : 사람들 앞에서 넘어졌어요. 　　人たちの前でこけました。
　B : 많이 (부끄러웠다)______________. 　　とても恥ずかしかったでしょう。

【解答】
1 ① 피곤하시겠어요. ② 기분이 좋으시겠어요. ③ 바쁘시겠어요. ④ 힘드시겠어요.
⑤ 맛있겠어요.
2 ① 힘드시겠어요 ② 기분이 좋았겠어요 ③ 반가웠겠어요 ④ 부끄러웠겠어요

例	늦다	遅い・遅れる	빨리	早く・速く	흐리다	曇る
1	피곤하다	疲れる	기분이 좋다	気分がよい		
2	헤어지다	別れる	힘들다	しんどい	받다	もらう・受け取る
	오랜만에	久しぶりに	반갑다	うれしい	넘어지다	倒れる・こける
	부끄럽다	恥ずかしい				

007 動詞・形容詞語幹 **-고**[1]【〜て・〜し】

①状態・性質を対等に羅列するとき使う。②節と節を対等に羅列するときは、「N도 A/V-고 N도 A/V」の文型をよく使う。(例) 눈도 크고 입도 커요(目も大きいし口も大きいです).

形態情報 [パッチムX] 크다 → 크고 　[パッチムO] 읽다 → 읽고

例文 ・방이 싸고 예뻐요. | 部屋が安くて綺麗です。
・춥고 바람이 많이 불어요. | 寒くて風が沢山吹いています。

1 1つの文にしなさい。

① 김밥도 먹다 / 떡볶이도 먹었어요. 　海苔巻きも食べる／トッポギも食べました。
　→ ______________________. 　海苔巻きも食べてトッポギも食べました。
② 열도 나다 / 기침도 심해요. 　熱も出る／咳もひどいです。
　→ ______________________. 　熱も出て咳もひどいです。
③ 키도 크다 / 얼굴도 예뻐요. 　背も高い／顔も綺麗です。
　→ ______________________. 　背も高くて顔も綺麗です。
④ 공부도 잘하다 / 성격도 좋아요. 　勉強もできる／性格も良いです。
　→ ______________________. 　勉強もできて性格も良いです。

2 (　　)の言葉を適当な形に変えて文を完成しなさい。

① A : 방이 어때요? 　部屋はどうですか。
　B : (넓다)__________ 깨끗해요. 　広くて綺麗です。
② A : 축구 잘해요? 　サッカー上手ですか。
　B : 네, 축구도 (잘하다)__________ 야구도 잘해요. 　はい、サッカーも上手だし、野球も上手です。
③ A : 뭐 좋아해요? 　何、好きですか。
　B : 노래도 (좋아하다)__________ 춤도 좋아해요. 　歌も好きですし、ダンスも好きです。
④ A : 파티에 갈 거예요? 　パーティーに行くんですか。
　B : 네, 저도 (가다)__________ 동생도 갈 거예요. 　はい、私も行き、妹も行きます。

【解答】
1 ① 김밥도 먹고 떡볶이도 먹었어요　② 열도 나고 기침도 심해요　③ 키도 크고 얼굴도 예뻐요
④ 공부도 잘하고 성격도 좋아요
2 ① 넓고　② 잘하고　③ 좋아하고　④ 가고

例 바람	風	불다	吹く					
1 열이 나다	熱が出る	기침	咳	심하다	ひどい	얼굴 顔	성격	性格
2 넓다	広い	깨끗하다	綺麗だ	노래	歌			

008 動詞語幹 **-고**^{2} 【～て】

動作・変化が順次に起こるという意を表す（～してからする）。

形態情報 ［パッチムX］타다 → 타고　［パッチム○］읽다 → 읽고

例 文 ・손을 씻고 오세요. | 手を洗ってきてください。
・영화 보고 잘 거예요. | 映画観てから寝ます。

1 1つの文にしなさい。

① 학교까지 택시를 타다 / 갔어요.　学校までタクシーに乗る／行きました。
→ ______________________.　学校までタクシーに乗って行きました。

② 운동을 하다 / 샤워를 할 거예요.　運動をする／シャワーを浴びます。
→ ______________________.　運動をしてシャワーを浴びます。

③ 뉴스를 듣다 / 깜짝 놀랐어요.　ニュースを聞く／とてもびっくりしました。
→ ______________________.　ニュースを聞いてびっくりしました。

2 （　）の言葉を適当な形に変えて文を完成しなさい。

① A：밥 (먹다)__________ 가세요.　ご飯食べていってください。
B：네, 알겠습니다.　はい、わかりました。

② A：아직 안 자요?　まだ寝てないんですか。
B：(숙제하다)__________ 잘 거예요.　宿題して寝ます。

③ A：수업 (끝나다)__________ 놀러 가요.　授業終わって遊びに行きましょう。
B：어디 갈까요?　どこに行きましょうか。

参 考 **「-고^{2}」と「031 -아/어/해서^{2}」の違い**

①「-고^{2}」は単純に時間的な前後の順序を表すが、「-아/어/해서^{2}」は前後の内容が緊密な関連性がある。
・친구를 만나고 도서관에 갔다. → 2つの行為の間に関連性がなく、2つの行動が順次に行っていることを表す。
・친구를 만나서 도서관에 갔다. →「친구를 만났고, 그 친구와 도서관에 같이 갔다」という意味。

②「-고^{2}」は、先行節と後行節の主語が一致する必要がないが、「-아/어/해서^{2}」は前後節の主語が一致しなければならない。

【解答】
1 ① 학교까지 택시를 타고 갔어요　② 운동을 하고 샤워를 할 거예요　③ 뉴스를 듣고 깜짝 놀랐어요
2 ① 먹고　② 숙제하고　③ 끝나고

例 손	手	씻다　洗う	
1 깜짝 놀라다	びっくりする		
2 아직	まだ	수업　授業	끝나다　終わる

009 動詞語幹 -고 나다【～てしまう・～おえる】

①前の言葉の表す行動が終わったということを表す。②「-고 나서（～てから）」「-고 나면（～ると）」「-고 나니까（～たら）」の形でよく使われる。

形態情報 ［パッチム×］자다 → 자고 나다　　［パッチム○］읽다 → 읽고 나다

例　文
・영화 보고 나서 커피 마시러 가요.｜映画観てからコーヒー飲みに行きましょう。
・그 사람을 만나고 나면 생각이 달라질 거예요.｜その人に会うと考えが変わるでしょう。
・운동을 하고 나니까 목이 많이 마르다.｜運動をし終えて喉がとても乾いた。

009-1 動詞語幹 -고 (나서)【～てから】

①「ある行動を終えた後に」の意味で用いられる。②「-고 나서」の「나서」を省略した「008 -고」の形を使う場合もある。

1 「-고 (나서)」を使って、１つの文にしなさい。

① 밥을 먹다 / 이를 닦아요.　　ご飯を食べる／歯を磨きます。
　→ ＿＿＿＿＿＿＿＿.　　ご飯を食べてから歯を磨きます。
② 설명을 다 듣다 / 질문하세요.　　説明を全部聞く／質問してください。
　→ ＿＿＿＿＿＿＿＿.　　説明を全部聞いてから質問してください。
③ 한국어를 배우다 / 고향에 돌아갈 거예요.　　韓国語を学ぶ／実家に帰るつもりです。
　→ ＿＿＿＿＿＿＿＿.　　韓国語を学んでから実家に帰るつもりです。
④ 수업 끝나다 / 놀러 가요.　　授業終わる／遊びに行きましょう。
　→ ＿＿＿＿＿＿＿＿.　　授業終わってから遊びに行きましょう。

009-2 動詞語幹 -고 나면【～ると】

ある行動を終えたことが次の節の条件となることを表す。

2 「-고 나면」を使って、１つの文にしなさい。

① 밥을 먹다 / 잠이 와요.　　ご飯を食べる／眠いです。
　→ ＿＿＿＿＿＿＿＿.　　ご飯を食べると、眠いです。
② 운동을 하다 / 배가 고파요.　　運動をする／お腹が空きます。
　→ ＿＿＿＿＿＿＿＿.　　運動をすると、お腹が空きます。
③ 비가 오다 / 조금 쌀쌀해질 거예요.　　雨が降る／少し肌寒くなるでしょう。
　→ ＿＿＿＿＿＿＿＿.　　雨が降ると、少し肌寒くなるでしょう。
④ 이 약을 먹다 / 괜찮아질 거예요.　　この薬を飲む／よくなるでしょう。
　→ ＿＿＿＿＿＿＿＿.　　この薬を飲むと、よくなるでしょう。

009-3 動詞語幹 -고 나니까【~たら】

「ある行動をやり終えた結果」を表す。

3 「-고 나니까」を使って、1つの文にしなさい。

① 푹 자다 / 피곤이 많이 풀렸어요.　ぐっすり寝る／疲れがたくさんとれました。
　→ ＿＿＿＿＿＿＿＿＿＿.　ぐっすり寝たら疲れがたくさんとれました。

② 화를 내다 / 스트레스가 다 풀렸어요.　腹を立てる／スッキリしました。
　→ ＿＿＿＿＿＿＿＿＿＿.　腹を立てたら、スッキリしました。

③ 소핑을 하다 / 기분이 좋아졌어요.　ショッピングをする／気分がよくなりました。
　→ ＿＿＿＿＿＿＿＿＿＿.　ショッピングをしたら、気分がよくなりました。

④ 노래를 부르다 / 배가 고파요.　歌を歌う／お腹がすきました。
　→ ＿＿＿＿＿＿＿＿＿＿.　歌を歌ったら、お腹がすきました。

【解答】

1 ① 밥을 먹고 (나서) 이를 닦아요　② 설명을 다 듣고 (나서) 질문하세요
③ 한국어를 배우고 (나서) 고향에 돌아갈 거예요　④ 수업이 끝나고 (나서) 놀러 가요

2 ① 밥을 먹고 나면 졸려요　② 운동을 하고 나면 배가 고파요　③ 비가 오고 나면 조금 쌀쌀해질 거예요
④ 이 약을 먹고 나면 괜찮아질 거예요

3 ① 푹 자고 나니까 피곤이 많이 풀렸어요　② 화를 내고 나니까 스트레스가 다 풀렸어요
③ 쇼핑을 하고 나니까 기분이 좋아졌어요　④ 노래를 부르고 나니까 배가 고파요

例	생각-하다	考える	달라지다	変わる	목이 마르다	喉が渇く		
1	이를 닦다	歯を磨く	설명-하다	説明する	질문-하다	質問する	다	すべて
	수업	授業	끝나다	終わる				
2	잠이 오다	眠い	배가 고프다	お腹が空く	쌀쌀하다	肌寒い		
3	푹	ぐっすり	피곤-하다	疲れ（る）	풀리다	解消する	화를 내다	怒る
	기분	気分	부르다	歌う・呼ぶ				

010 動詞語幹 -고 싶다【~したい】

①欲求、希望を表す。②「-고 싶다」の「싶다」の品詞が形容詞であることに注意。

形態情報　［パッチムX］가다 → 가고 싶다　［パッチムO］먹다 → 먹고 싶다

例 文　・한국 친구를 사귀고 싶어요. | 韓国人の友達を作りたいです。
・저도 가고 싶었어요. | 私も行きたかったです。

1 表を完成しなさい。

	-고 싶어요（現在）	-고 싶었어요（過去）
① 여행을 가다(旅行に行く)		
② 혼자 살다(一人暮らしする)		
③ 물을 마시다(水を飲む)		
④ 조금 쉬다(少し休む)		

2 (　　) の言葉を適当な形に変えて文を完成しなさい。

① A：뭐 마실래요?　何を飲みますか。
B：시원한 거 (마시다)＿＿＿＿＿＿.　冷たいもの飲みたいです。

② A：어느 나라에서 (살다)＿＿＿＿＿＿?　どの国で暮らしたいですか。
B：한국에서 (살다)＿＿＿＿＿＿.　韓国で暮らしたいです。

③ A：나중에 뭐가 (되다)＿＿＿＿＿＿?　将来何になりたいですか。
B：선생님이 (되다)＿＿＿＿＿＿.　先生になりたいです。

④ A：수업 후에 뭐 할 거예요?　授業後、何をしますか。
B：배가 고파요. 밥을 (먹다)＿＿＿＿＿＿.　お腹が空いてます。ご飯を食べたいです。

参考　動詞語幹 **−고 싶어 하다**【〜たがる】

聞き手や第３者の希望を表すとき使う。

① 미나 씨는 한국 친구를 사귀고 싶어 해요.｜ミナさんは韓国人の友達を作りたがっています。

② 하나 씨도 가고 싶어 했어요.｜ハナさんも行きたがっていました。

【解答】

1 ① 여행을 가고 싶어요 / 싶었어요.　② 혼자 살고 싶어요 / 싶었어요.　③ 물을 마시고 싶어요 / 싶었어요.　④ 조금 쉬고 싶어요 / 싶었어요.

2 ① 마시고 싶어요　② 살고 싶어요 / 살고 싶어요　③ 되고 싶어요 / 되고 싶어요　④ 먹고 싶어요

1 혼자	１人（で）	쉬다	休む				
2 시원하다	涼しい	어느 나라	どの国	나중에	後で	수업 후	授業後
배가 고프다	お腹が空く						

011　動詞語幹 **−고 있다(계시다)**【〜している／いらっしゃる】

①進行形や②動作の結果を表す。③主語が目上の人や親しくない人の場合は「−고 계시다」を使う。

形態情報　［パッチムX］자다 → 자고 있다　［パッチム○］먹다 → 먹고 있다

例文　・（進行）지금 밥을 먹고 있어요.｜今ご飯を食べています。
・（動作の結果）모자를 쓰고 있습니다.｜帽子をかぶっています。

1 日本語訳を参考にして、表を完成しなさい。

行動	−고 있어요	意味
① 삿포로에 살다		札幌に住んでいます。
② 지금 가다		今向かっています。
③ 바지를 입다		ズボンをはいています。
④ 웃다		笑っています。
⑤ 먹다		食べています。

2 (　　) の言葉を適当な形に変えて文を完成しなさい。

① A：지금 뭐 해요?　今何していますか。
B：(영화 보다)＿＿＿＿＿＿.　映画観ています。

② A : 지금 어디예요? 今どこですか。
B : 친구랑 (커피 마시다)__________. 友達とコーヒー飲んでいます。
③ A : 어제 전화했었어요. 昨日電話しました。
B : 아, 미안해요. (자다)__________. あ、すみません。寝ていました。
④ A : 여기서 뭐 하고 계세요? ここで何をしてらっしゃるんですか。
B : 친구 (기다리다)__________. 友達待っています。

【解答】
1 ① 삿포로에 살고 있어요 ② 지금 가고 있어요. ③ 바지를 입고 있어요. ④ 웃고 있어요. ⑤ 먹고 있어요.
2 ① 영화 보고 있어요 ② 커피 마시고 있어요 ③ 자고 있었어요 ④ 기다리고 있어요

例 모자를 쓰다	帽子をかぶる						
1 바지를 입다	ズボンをはく	웃다	笑う				
2 전화-하다	電話する	미안-하다	すまない	기다리다	待つ	계시다	いらっしゃる

012 動詞・形容詞語幹 **-고(요)**【～ましてね・～てですよ】

相手や自分が述べた言葉に内容を補充したり話を続ける場合使う。

形態情報 [パッチムX] 싸다 → 싸고요 [パッチム○] 먹었다 → 먹었고요

例 文 ・여기는 추워요. 바람도 많이 불고요. | ここは寒いです。風もたくさん吹いていますし。
・착해요. 얼굴도 예쁘고요. | 礼儀正しいです。顔も綺麗だし。

1 文を書き換えなさい。

① 여기 맛있어요. / 값도 싸요. ここ美味しいです。/値段も安いです。
→ __________. ここ美味しいです。値段も安いですし。
② 방이 작아요. / 화장실도 없어요. 部屋が小さいです。/トイレもありません。
→ __________. 部屋が小さいです。トイレもありませんし。
③ 구경했어요. / 사진도 많이 찍었어요. 見物しました。/写真もたくさん撮りました。
→ __________. 見物しました。写真もたくさん撮りましたし。
④ 참 좋은 사람이에요. / 성격도 밝아요. とてもいい人です。/性格も明るいです。
→ __________. とてもいい人です。性格も明るいですし。

2 ( )の言葉を適当な形に変えて文を完成しなさい。

① A : 하나 씨 예뻐요? ハナさん綺麗ですか。
B : 네, 예뻐요. (성격도 좋다)__________. はい、綺麗です。性格もいいですし。
② A : 거기 날씨 어때요? そちら天気どうですか。
B : 추워요. (바람도 많이 불다)__________. 寒いです。風もとても吹いてますし。
③ A : 그 카페 어땠어요? あのカフェどうでしたか。
B : 맛있었어요. (분위기도 좋았다)__________. 美味しかったです。雰囲気も良かったですし。

④ A : 선물 마음에 들어요? プレゼント気に入りましたか。
B : 네. (디자인도 예쁘다)________. はい。デザインも綺麗ですし。

【解答】

1 ① 여기 맛있어요. 값도 싸고요　② 방이 작아요. 화장실도 없고요　③ 구경했어요. 사진도 많이 찍었고요
④ 참 좋은 사람이에요. 성격도 밝고요

2 ① 성격도 좋고요　② 바람도 많이 불고요　③ 분위기도 좋았고요　④ 디자인도 예쁘고요

例 바람이 불다　風が吹く
1 값　値段　밝다　明るい
2 성격이 좋다　性格がいい　분위기　雰囲気　선물　プレゼント　마음에 들다　気に入る

013 形容詞語幹 **–군요** / 動詞語幹 **–는군요** / 名詞 **(이)–군요** 【～んですね】

①ある事実に感嘆するとき使う。②「019 –네요」も同じような意味として使うときがあるが、「–네요」は話し手が新しい事実に感嘆するのに対して、「–군요」はそのような意味を表さず、話し手が単純にある事実に対して感嘆していることを表す。

形態情報 ［形］바쁘다 → 바쁘군요　［動］가다 → 가는군요　［名］학생이다 → 학생이군요

例 文 ・눈이 크고 예쁘군요. | 目が大きくて綺麗ですね。
・밖에 비가 오는군요. | 外に雨が降っていますね。

1 日本語訳を参考にして、表を完成しなさい。

	–군요/ –는군요/ –(이)군요	意味
① 옷이 참 예쁘다		服が本当に綺麗ですね。
② 오늘 생일이다		今日誕生日ですね。
③ 참 맛있겠다		本当に美味しそうですね。
④ 눈이 많이 나쁘시다		目がとても悪いですね。
⑤ 그래서 연락이 안 됐다		それで連絡を取れなかったんですね。

2 (　　) の言葉を適当な形に変えて文を完成しなさい。

① A : 어렸을 때 찍은 사진이에요. 子供の頃に撮った写真です。
B : 어렸을 때는 (통통했다)________. 子供の頃は太っていたんですね。

② A : 시장에 가세요? 市場に行きますか。
B : 아! 하나 씨도 시장에 (가다)________. あ！ ハナさんも市場に行きますね。

③ A : 수업 시간이 벌써 10분이나 지났어요. 授業時間がもう 10 分も過ぎました。
B : 하나 씨가 많이 (늦다)________. ハナさんがとても遅れていますね。

④ A : 우와! 맛있다! うわ！ 美味しい！
B : 매운 음식도 잘 (드시다)________. 辛いものもよく召し上がるんですね。

【解答】

1 ① 옷이 참 예쁘군요.　② 오늘 생일이군요.　③ 참 맛있겠군요.　④ 눈이 많이 나쁘시군요.
⑤ 그래서 연락이 안 됐군요.

2 ① 통통했군요　② 가는군요　③ 늦는군요　④ 드시는군요

例 밖	外						
1 눈이 나쁘다	目が悪い	연락-하다	連絡する	안 되다	だめだ		
2 어리다	若い	통통하다	太っている	벌써	もう・既に	지나다	過ぎる
늦다	遅い・遅れる						

014 動詞・形容詞語幹 -기 (쉽다/ 어렵다/ 편하다/ 좋다 등)【～しやすい・～しにくい・～するのが楽だ、など】

①前の言葉を名詞化する語尾。②「-기」の後に助詞（이/가, 은/는, 을/를, 이다など）をつけて意味を加えることもできる（例：살기는 편해요（暮らすのは楽です）; 배우기가 쉽습니다（学ぶのが易しいです）。

形態情報 ［パッチム×］쓰다 → 쓰기　［パッチム○］놀다 → 놀기

例 文 ・여기는 살기 좋아요.｜ここは暮らしやすいです。
・이 요리, 만들기 쉬워요.｜この料理、作るのが簡単です。

1 皆さんはどうですか。選びなさい。

① 한국어는 배우기 (쉬워요 / 어려워요).　韓国語は学び（易いです／難いです）。
② 단어 외우기가 너무 (쉬워요 / 어려워요).　単語暗記するのがとても（簡単です／難しいです）。
③ 학교 다니기가 (편해요 / 불편해요)　学校通うのが（楽です／不便です）。
④ (지금 사는 곳) 살기 (좋아요 / 불편해요).　（今住んでいる所）住み（やすいです／にくいです）。

2 1つの文にしなさい。

① 이 노래는 부르다 / 쉬워요.　この歌は歌う／やすいです。
→ ＿＿＿＿＿＿＿＿＿＿＿＿.　この歌は歌いやすいです。
② 남자 친구랑 헤어지다 / 싫어요.　彼氏と別れる／嫌いです。
→ ＿＿＿＿＿＿＿＿＿＿＿＿.　彼氏と別れたくないです。
③ 말하다 / 힘들어요.　話す／大変です。
→ ＿＿＿＿＿＿＿＿＿＿＿＿.　話しづらいです。
④ 제 취미는 음악 듣다 / 예요.　私の趣味は音楽聞く／です。
→ ＿＿＿＿＿＿＿＿＿＿＿＿.　私の趣味は音楽聞くことです。
⑤ 여기서는 말하다 / 좀 불편해요.　ここでは話す／ちょっと不便です。
→ ＿＿＿＿＿＿＿＿＿＿＿＿.　ここではちょっと話しにくいです。

【解答】

1 (省略)

2 ① 이 노래는 부르기 쉬워요　② 남자 친구랑 헤어지기 싫어요　③ 말하기 힘들어요
④ 제 취미는 음악 듣기예요　⑤ 여기서는 말하기 좀 불편해요

例								
例	살다	住む	만들다	作る				
1	배우다	学ぶ	단어	単語	외우다	暗記する	다니다	通う
	편하다	便利だ・楽だ	불편하다	不便だ				
2	부르다	呼ぶ・歌う	헤어지다	別れる	싫다	嫌い		

015 動詞・形容詞語幹 **-기 때문**(에/이다) / 名詞 **(이)-기 때문**(에/이다) 【～から・～ため（に／だ）・～ので】

①原因や理由を表す。②「030 -아서[1]」「041 -니까」の意味とほぼ同じだが、命令文・勧誘文は後続しない。（例）비가 오기 때문에 가세요.（×）

形態情報 ［パッチム×］싸다 → 싸기 때문에　［パッチム○］먹다 → 먹기 때문에
［名］가수 → 가수기 때문에

例文
・매운 걸 안 먹기 때문에 김치도 안 먹어요. | 辛いものを食べないのでキムチも食べません。
・휴일이기 때문에 수업이 없어요. | 休日なので授業がありません。

1 1つの文にしなさい。

① 여름은 덥다 / 짧은 옷이 필요해요.　夏は暑い／短い服が必要です。
→ ＿＿＿＿＿＿＿＿＿＿.　夏は暑いので短い服が必要です。

② 푹 잤다 / 몸이 가벼워요.　ぐっすり寝た／身が軽いです。
→ ＿＿＿＿＿＿＿＿＿＿.　ぐっすり寝たので体が軽いです。

③ 할 일이 많다 / 못 만나요.　することが多い／会えません。
→ ＿＿＿＿＿＿＿＿＿＿.　することが多いので会えません。

④ 내일 시험이다 / 공부해야 해요.　明日試験だ／勉強しなければならないです。
→ ＿＿＿＿＿＿＿＿＿＿.　明日は試験なので勉強しなくてはいけません。

2 （　）の言葉を適当な形に変えて文を完成しなさい。

① A：왜 택시를 탔어요?　どうしてタクシーに乗りましたか。
B：(시간이 없었다)＿＿＿＿＿ 택시를 탔어요.　時間がなかったのでタクシーに乗りました。

② A：이 식당에 자주 오세요?　この食堂によく来られますか。
B：네, 음식이 (맛있다)＿＿＿＿＿ 자주 와요.　はい、料理が美味しいのでよく来ます。

③ A：왜 파티에 안 왔어요?　どうしてパーティーに来なかったですか。
B：(다른 약속이 있었다)＿＿＿＿＿ 못 갔어요.　別の約束があったので行けませんでした。

④ A：오늘 시간 있어요?　今日、時間ありますか。
B：네, (시험이 끝났다)＿＿＿＿＿ 시간이 있어요.　はい、試験が終わったので時間があります。

【解答】
1 ① 여름은 덥기 때문에 짧은 옷이 필요해요　② 푹 잤기 때문에 몸이 가벼워요
③ 할 일이 많기 때문에 못 만나요　④ 내일 시험이기 때문에 공부해야 해요
2 ① 시간이 없었기 때문에　② 맛있기 때문에　③ 다른 약속이 있었기 때문에　④ 시험이 끝났기 때문에

例 매운 거	辛いもの	휴일	休日	수업	授業		
1 짧다	短い	푹 자다	ぐっすり寝る	몸	体	가볍다	軽い
할 일	すること						
2 다르다	異なる・違う	시험이 끝나다	試験が終わる	약속-하다	約束する		

016 動詞・形容詞語幹 **-기 전**(에/이다) / 名詞 **전**(에/이다)【〜する前(に/だ)・前(に/だ)】

ある状況が起こる前を表すときなどに使う。

形態情報 ［パッチムX］자다 → 자기 전　［パッチム○］먹다 → 먹기 전　［名］식사 전

例　文
・늦기 전에 빨리 갑시다.｜遅れる前に早く行きましょう。
・1년 전에 고등학교를 졸업했습니다.｜1年前に高校を卒業しました。

1 1つの文にしなさい。

① 1시간 / 왔어요.　　1時間前／来ました。
→ ＿＿＿＿＿＿＿＿＿＿.　　1時間前に来ました。

② 자다 / 화장실에 가요.　　寝る／トイレに行きます。
→ ＿＿＿＿＿＿＿＿＿＿.　　寝る前にトイレに行きます。

③ 조금 / 왔습니다.　　少し／来ました。
→ ＿＿＿＿＿＿＿＿＿＿.　　少し前に来ました。

④ 밥을 먹다 / 물을 마셔요.　　ご飯を食べる／水を飲みます。
→ ＿＿＿＿＿＿＿＿＿＿.　　ご飯を食べる前に水を飲みます。

2 (　　) の言葉を適当な形に変えて文を完成しなさい。

① A：(수업)＿＿＿＿＿ 뭐 하셨어요?　　授業の前に何なさいましたか。
B：친구랑 이야기했어요.　　友達と話しました。

② A：(자다)＿＿＿＿＿ 보통 뭐 해요?　　寝る前に普段何しますか。
B：유튜브를 봐요.　　YouTubeを見ます。

③ A：(밥 먹다)＿＿＿＿＿ 손 씻어.　　ご飯食べる前に手を洗いなさい。
B：네, 알겠습니다.　　はい、わかりました。

④ A：물에 (들어가다)＿＿＿＿＿ 준비 운동했어요?　　水に入る前に準備運動しましたか。
B：깜빡했어요.　　うっかりしていました。

【解答】
1 ① 1시간 전에 왔어요　② 자기 전에 화장실에 가요　③ 조금 전에 왔습니다
④ 밥을 먹기 전에 물을 마셔요
2 ① 수업 전에　② 자기 전에　③ 밥 먹기 전에　④ 들어가기 전에

例 늦다	遅い・遅れる	졸업-하다	卒業する		
2 수업	授業	손을 씻다	手を洗う	알겠습니다	分かりました
물	水	들어가다	入る	준비-하다	準備する
깜빡-하다	うっかりする				

017 （動詞・形容詞語幹 **–기도 하고**）動詞・形容詞語幹 **–기도 하다**【（〜たり）〜たりする】

①２つの状況がどちらとも起こったことなどを表す。②動詞・形容詞の名詞化した形「–기」と助詞「도（も）」の構成である。

形態情報 ［パッチム×］바쁘다 → 바쁘기도 하다　［パッチム○］먹다 → 먹기도 하다

例文
・친구를 만나기도 하고 낮잠을 자기도 해요. | 友達に会ったりも昼寝をしたりもします。
・심심하기도 하고 외롭기도 해요. | 退屈でもあり寂しくもあります。

1 １つの文にしなさい。

① 가끔 요리를 하다	時々料理をする
→ ＿＿＿＿＿＿＿＿.	時々料理をしたりもします。
② 가끔 친구를 만나다	時々友達に会う
→ ＿＿＿＿＿＿＿＿.	時々友達に会ったりもします。
③ 혼자서 웃다 / 울다	１人で笑う／泣く
→ ＿＿＿＿＿＿＿＿.	１人で笑ったり泣いたりもします。
④ 주말에는 책을 읽다 / 영화를 보다	週末には本を読む／映画を観る
→ ＿＿＿＿＿＿＿＿.	週末には本を読んだり映画を観たりします。

2 （　　）の言葉を適当な形に変えて文を完成しなさい。

① A：주말에는 보통 뭐 해요?	週末は普段何をしますか。
B：청소를 (하다)＿＿＿＿ 빨래를 (하다)＿＿＿＿.	掃除をしたり洗濯をしたりします。
② A：하나 씨는 공부만 하세요?	ハナさんは勉強ばかりしますか。
B：아뇨, 가끔 (놀다)＿＿＿＿.	いいえ、たまに遊んだりもします。
③ A：왜 회사를 그만두셨어요?	なぜ会社をお辞めになったのですか。
B：(힘들다)＿＿＿＿ 재미도 없어서요.	しんどくもあり、面白くもないからです。
④ A：친구들이랑 뭐 하고 놀아요?	友達と何して遊びますか。
B：노래방에 (가다)＿＿＿ 놀이공원에 (가다)＿＿＿.	カラオケに行きも遊園地に行きもします。

【解答】
1 ① 가끔 요리를 하기도 해요　② 가끔 친구를 만나기도 해요　③ 혼자서 웃기도 하고 울기도 해요
④ 주말에는 책을 읽기도 하고 영화를 보기도 해요
2 ① 하기도 하고 / 하기도 해요　② 놀기도 해요　③ 힘들기도 하고　④ 가기도 하고 / 가기도 해요

例	낮잠을 자다	昼寝をする	심심하다	退屈だ	외롭다	寂しい			
1	혼자서	１人で	웃다	笑う	울다	泣く			
2	청소–하다	掃除する	빨래–하다	洗濯する	가끔	時々	그만두다	辞める	
	노래방	カラオケ	놀이공원	遊園地					

018 動詞語幹 **–기로 하다**【〜ことにする】

①そうすることを約束したり、決心したりすることを表す。②「하다」の代わりに、「약속하다（約束する）、결심하다（決心する）」を使うこともある。

形態情報 ［パッチム×］가다 → 가기로 하다　［パッチム○］살다 → 살기로 하다

『例 文』・올해부터는 열심히 운동하기로 했어요. | 今年からは一生懸命運動することにしました。
・원룸에서 친구랑 같이 살기로 했어요. | ワンルームで友達と一緒に暮らすことにしました。

1 日本語訳を参考にして、表を完成しなさい。

	−기로 했어요	意味
① 매일 조깅을 하다		毎日ジョギングをすることにしました。
② 지민 씨랑 헤어지다		チミンさんと別れることにしました。
③ 학교 앞에서 모이다		学校の前で集まることにしました。
④ 신혼여행은 하와이로 가다		新婚旅行はハワイに行くことにしました。
⑤ 내일 만나다		明日会うことにしました。

2 (　　) の言葉を適当な形に変えて文を完成しなさい。

① A：두 사람 싸웠어요? 왜 그래요?　2人、ケンカしたんですか。どうしたんですか。
　B：소이 씨랑 이제 (그만 만나다)＿＿＿＿＿.　ソイさんともう会わないことにしました。
② A：오늘 삼겹살 어때요?　今日、サムギョプサルどうですか。
　B：좋아요. 그럼 저녁에 (먹다)＿＿＿＿＿.　いいですよ。それじゃ、夕飯に食べることにしましょう。
③ A：무슨 좋은 일 있어요?　何かいいことありましたか。
　B：하나 씨랑 저, (결혼하다)＿＿＿＿＿.　ハナさんと私、結婚することにしました。
④ A：몇 시에 만날까요?　何時に会いましょうか。
　B：조금 일찍 (만나다)＿＿＿＿＿.　少し早く会うことにしましょう。

【解答】
1 ① 매일 조깅을 하기로 했어요.　② 지민 씨랑 헤어지기로 했어요.　③ 학교 앞에서 모이기로 했어요
④ 신혼여행은 하와이로 가기로 했어요.　⑤ 내일 만나기로 했어요.
2 ① 그만 만나기로 했어요　② 먹기로 해요　③ 결혼하기로 했어요　④ 만나기로 해요

例 올해 今年　열심히 一生懸命に
1 헤어지다 別れる　모이다 集まる　신혼여행 新婚旅行
2 싸우다 喧嘩する　그만 ここまで　좋은 일 いいこと　결혼−하다 結婚する
일찍 早く

019 動詞・形容詞語幹 −네요【〜ですね・〜ますね】

①話し手が新しい事実について感嘆するときに使う。②尊敬形（−시−/−으시−）、過去形（−았/었/했어요）、未来推量形（−겠−）の後にも付く。

『形態情報』［パッチムX］싸다 → 싸네요　［パッチムO］춥다 → 춥네요　［ㄹ語幹］살다 → 사네요

『例 文』・밖에 비가 오네요. | 外で雨が降っていますね。
・같이 오셨네요. | 一緒に来られたんですね。

1 日本語訳を参考にして、表を完成しなさい。

状況	−네요	意味
① 友達がスカートを安く買った。	치마가 참 (싸다)	スカートがとても安いですね。
② 友達の部屋にはじめてきた。	방이 아주 (깨끗하다)	部屋がとても綺麗ですね。
③ 結局、合格した。	정말 (다행이다)	本当によかったですね。
④ 天気がいい。	날씨가 참 (좋다)	天気が本当にいいですね。
⑤ 優勝した。	정말 (대단하다)	本当にすごいですね。

2 (　　) の言葉を適当な形に変えて文を完成しなさい。

① A：우리 아빠 사진이에요. 　私の父の写真です。
　B：아빠가 참 (멋있으시다)＿＿＿＿＿＿＿＿. 　お父さんが本当にかっこいいですね。

② A：이거 제가 만든 거예요. 　これ私が作ったものです。
　B：음~, 참 (맛있다)＿＿＿＿＿＿＿＿. 　うん、本当に美味しいですね。

③ A：일찍 (오셨다)＿＿＿＿＿＿＿＿. 　早くいらしたんですね。
　B：네, 오늘 시험이 있어서요. 　はい、今日試験があるからです。

④ A：내일 한국에 돌아갑니다. 　明日韓国に帰ります。
　B：이제 못 (만나겠다)＿＿＿＿＿＿＿＿. 　もう会えませんね。

【解答】

1 ① 싸네요. 　② 깨끗하네요. 　③ 다행이네요. 　④ 좋네요. 　⑤ 대단하네요.

2 ① 멋있으시네요 　② 맛있네요 　③ 오셨네요 　④ 만나겠네요

例	밖	外				
1	깨끗하다	綺麗だ	정말	本当（に）	다행−이다	よかった
	날씨	天気	참	とても・本当に	대단하다	すごい
2	만들다	作る	거	もの・こと・の	일찍	早く
	시험	試験	돌아가다	帰る	이제	もう・これから

020 動詞語幹・−있다/없다 形容詞 −는【～する・～ている】

①前の言葉を連体修飾（用言が後の名詞を修飾する）し、その出来事や動作は進行を表す（連体形現在）。②韓国語の連体形は、時制と品詞で形が異なることに注意。

形態情報 ［動］가다 → 가는 　［있다/없다］맛있다 → 맛있는 　［ㄹ語幹］살다 → 사는

例文 ・요즘 유행하는 디자인이에요. | 最近はやっているデザインです。
　・재미있는 영화를 보고 싶어요. | 面白い映画が観たいです。

1 日本語訳を参考にして、表を完成しなさい。

品詞	修飾語	被修飾語	−는	意味
動詞	① 요리를 잘하다	남자		料理がうまい男
	② 살다*	곳		住まい
	③ 알다*	사람		知り合い
있다/없다	④ 맛있다	것		美味しいもの

*「살다」「알다」は「ㄹ脱落用言」→「087」

2 （　　）の言葉を適当な形に変えて文を完成しなさい。

① A：자주 (보다)＿＿＿＿＿＿ 드라마 있어요?　よく観るドラマありますか。
　B：'사랑' 이라는 드라마를 자주 봐요.　「愛」というドラマをよく見ます。

② A：몇 시 기차 타세요?　何時の汽車乗られますか。
　B：9시에 (출발하다)＿＿＿＿＿＿ 기차요.　9時に出発する汽車です。

③ A：한국에 (알다)＿＿＿＿＿＿ 사람 있어요?　韓国に知り合いいますか。
　B：아뇨, 한 명도 없어요.　いいえ、1人もいません。

④ A：저기 (있다)＿＿＿＿＿＿ 사람 누구예요?　あそこにいる人、誰ですか。
　B：제 친구예요.　私の友達です。

⑤ A：(맛있다)＿＿＿＿＿＿ 거 먹고 싶어요.　美味しいもの食べたいです。
　B：그럼 저랑 냉면 먹으러 갈래요?　では私と冷麺食べに行きますか。

【解答】
1 ① 요리를 잘하는 남자　② 사는 곳　③ 아는 사람　④ 맛있는 것
2 ① 보는　② 출발하는　③ 아는　④ 있는　⑤ 맛있는

例 요즘　最近　유행−하다　流行する
1 곳　ところ　것　もの・こと　알다　知る
2 자주　よく・頻繁に　(이)라는　〜という　출발−하다　出発する　한 명도　1人も

021 動詞語幹 −는 동안(에) / 名詞 동안(에)【〜する間（に）／〜の間（に）】

①ある時から他の時までの時間的間隔を表す。②助詞「에（に）」の使用は任意。

形態情報　[パッチムX] 자다 → 자는 동안　[パッチム○] 먹다 → 먹는 동안　[名] 방학 동안

例文　・아기가 자는 동안 청소를 할 거예요. | 赤ちゃんが寝ている間掃除をするつもりです。
・방학 동안에 아르바이트를 하려고요. | 休みの間にアルバイトをしようと思います。

1 1つの文にしなさい。

① 방학 / 여러 곳을 여행했어요.　休み／色んなところを旅行しました。
→ ＿＿＿＿＿＿＿＿＿＿.　休みの間、色んなところを旅行しました。

② 친구를 기다리다 / 책을 읽었어요.　友達を待つ／本を読みました。
→ ＿＿＿＿＿＿＿＿＿＿.　友達を待つ間、本を読みました。

③ 한국에 있다 / 친구를 많이 사귀고 싶어요.　韓国にいる／友達とたくさん付き合いたいです。
→ ________________.　韓国にいる間、友達をたくさん作りたいです。
④ 아내가 밥을 하다 / 나는 청소를 했어요.　妻がご飯を作る／私は掃除をしました。
→ ________________.　妻がご飯を作る間、私は掃除をしました。

2 (　　) の言葉を適当な形に変えて文を完成しなさい。

① A：한국에 (있다)________ 뭘 해 보고 싶어요?　韓国にいる間、何してみたいですか。
B：경주에 한번 가 보고 싶어요.　慶州に一度行ってみたいです。
② A：늦어서 죄송해요.　遅れて申し訳ありません。
B：(기다리다)________ 책 읽고 있었어요.　待っている間、本読んでいました。
③ A：(얼마)________ 한국에 있을 거예요?　どれくらいの間韓国にいるつもりですか。
B：이번에는 한 달쯤 있을 예정이에요.　今回は 1 ヵ月ぐらい滞在する予定です。
④ A：(방학)________ 뭐 할 거예요?　休みの間、何をするつもりですか。
B：(방학)________ 아르바이트를 할까 해요.　休みの間、アルバイトをしようかと思っています。

【解答】
1 ① 방학 동안 여러 곳을 여행했어요　② 친구를 기다리는 동안 책을 읽었어요
③ 한국에 있는 동안 친구를 많이 사귀고 싶어요　④ 아내가 밥을 하는 동안 나는 청소를 했어요
2 ① 있는 동안　② 기다리는 동안　③ 얼마 동안　④ 방학 동안

1	여러 곳	いろんな所	기다리다	待つ	사귀다	付き合う
	밥을 하다	ご飯を作る	청소–하다	掃除する		
2	늦다	遅い・遅れる	얼마 동안	どれくらいの間	예정–이다	予定だ

022 動詞・形容詞語幹 –다가【～ていて・～ている途中で】

①ある行為が進行している途中でその行為が中断され、他の行為に移っていくことを表す。②ある行為が完了した後に他の行為に移っていくことを表すときは「–았/었/했다가」を使う（例：옷을 입었다가 벗었어요（服をきた後脱ぎました）。③「–다가」の「가」が省略される場合もある。

形態情報　[パッチム×] 아프다 → 아프다가　[パッチム○] 먹다 → 먹다가

例　文　・똑바로 가다가 왼쪽으로 가세요. | まっすぐ行って、左に曲がってください。
・맛이 없어서 먹다가 버렸어요. | まずくて食べている途中で捨てました。

1 1 つの文にしなさい。

① 학교에 가다 / 친구를 만났어요.　学校に行く／友達に会いました。
→ ________________.　学校に行く途中で友達に会いました。
② 자다 / 무서운 꿈을 꿨어요.　寝る／怖い夢を見ました。
→ ________________.　寝ているときに夢を見ました。
③ 옷을 입다 / 벗었어요.　服を着る／脱ぎました。
→ ________________.　服を着ている途中で脱ぎました。

2 (　　) の言葉を適当な形に変えて文を完成しなさい。

① A : 어떻게 오셨어요? 　どうしていらっしゃいましたか。
　B : 집에 (가다)__________ 잠시 들렀어요. 　家に行く途中でちょっと立ち寄りました。

② A : 영화 재미있었어요? 　映画、面白かったですか。
　B : 재미없어서 (보다)__________ 나왔어요. 　退屈で、見ている途中で出てきました。

③ A : 왜 벌써 일어났어요? 　なぜもう起きたのですか。
　B : (자다)__________ 깼어요. 　寝ていて目が覚めました。

④ A : 밥 (먹다)__________ 어디에 가요? 　ご飯食べている途中でどこへ行きますか。
　B : 화장실에 잠깐 다녀올게요. 　ちょっとトイレに行ってきます。

【解答】
1 ① 학교에 가다가 친구를 만났어요　② 자다가 무서운 꿈을 꿨어요　③ 옷을 입다가 벗었어요
2 ① 가다가　② 보다가　③ 자다가　④ 먹다가

例 똑바로	まっすぐ	왼쪽-으로	左側へ	버리다	捨てる		
1 무섭다	怖い	꿈을 꾸다	夢を見る	입다	着る	벗다	脱ぐ
2 잠시	しばらく・暫時	들르다	寄る	나오다	出る	벌써	もう・すでに
깨다	(目) 覚める	잠깐	ちょっと				

023 (아무/아무것/아무 데/아무 일)도【(誰／何／どこに／何事) ～も】

①（否定文にのみ用いられ）全体を否定するとき使う（「まったく」)。②後ろには「않다, 없다, 못하다」などのような否定を表す言葉がよく来る。③全体を肯定するときは、「도」の代わりに「나」をつける。(例) 아무나(だれでも), 아무거나(何でも), 아무 데나(どこでも)

形態情報 [パッチム×] 아무 → 아무도　[パッチム○] 아무것 → 아무것도

例 文
・바빠서 아무것도 못 먹었어요. | 忙しくて何も食べられませんでした。
・아무 일도 없으니까 걱정하지 마세요. | 何でもないので心配しないでください。
・어제는 아무 데도 안 갔어요. | 昨日はどこにも行きませんでした。

1 (　　) に入る、適当な表現を例から選び、書きなさい。

[보기] 아무도　아무것도　아무 데도　아무 일도

① 지금 집에 (　　　　) 없어요. 　今家に誰もいません。
② 하루 종일 (　　　　) 안 먹었어요. 　一日中何も食べていません。
③ 이번 방학에는 (　　　　) 안 갈 거예요. 　今度の長期休暇はどこにも行きません。
④ 요즘에는 (　　　　) 없어요. 그래서 좀 심심해요. 　最近は何もありません。だから退屈です。

2 上の [보기] の表現を用いて、対話文を完成しなさい。

① A : 민서 씨, 요즘 무슨 일 있어요? 　ミンソさん、最近何かありますか。
　B : 아뇨, __________ 없어요. 왜요? 　いいえ、何もありません。なんでですか。

② A : 주말에 뭐 할 거예요? 　週末、何するつもりですか。
　B : __________ 안 할 거예요. 잠만 잘 거예요. 　何もしません。寝るだけです。

③ A：아침에 뭐 먹었어요?　　朝何か食べましたか。
B：＿＿＿＿＿ 안 먹었어요.　　何も食べていません。

④ A：지갑 아직 못 찾았어요?　　財布はまだ見つかってないですか。
B：네, ＿＿＿＿＿ 없어요.　　はい、どこにもありません。

【解答】
1 ① 아무도　② 아무것도　③ 아무 데도　④ 아무 일도
2 ① 아무 일도　② 아무것도　③ 아무것도　④ 아무 데도

例 걱정-하다	心配する					
1 아무도	誰も	아무것도	何も	아무 데도	どこにも	
아무 일도	何も	하루 종일	一日中			
2 무슨 일	何か	지갑	財布	찾다	探す・見つける	

024 名詞 **때문**(에/이다)【～せい（で／だ）・～ため（に／だ）】

①物事の原因や理由の意を表す。②「015 -기 때문」と混同しやすいので、気を付けること。

・저는 (강아지 때문에 / ?강아지이기 때문에) 행복해요(私は子犬のおかげで／子犬なので・幸せです).

・동생 (?생일 때문에 / 생일이기 때문에) 선물을 샀어요(妹の誕生日のせいで／誕生日のため・プレゼントを買いました).

形態情報　[パッチム×] 친구 → 친구 때문에　[パッチム○] 눈 → 눈 때문에

例 文　・요즘 시험 때문에 바빠요.｜最近試験で忙しいです。
・남자 친구 때문에 조금 힘들어요.｜彼氏のせいで少しつらいです。

1 1つの文にしなさい。

① 감기 / 학교에 못 갔어요.　　風邪／学校に行けませんでした。
→ ＿＿＿＿＿＿＿＿＿＿.　　風邪のせいで学校に行けませんでした。

② 두통 / 약을 먹었어요.　　頭痛／薬を飲みました。
→ ＿＿＿＿＿＿＿＿＿＿.　　頭痛のために薬を飲みました。

③ 친구 / 남자 친구랑 싸웠어요.　　友達／彼氏とケンカしました。
→ ＿＿＿＿＿＿＿＿＿＿.　　友達のせいで彼氏とケンカしました。

2 (　　) の言葉を適当な形に変えて文を完成しなさい。

① A：아까 왜 전화했었어요?　　さっきなぜ電話をしたのですか。
B：내일 (약속)＿＿＿＿＿ 전화했어요.　　明日の約束のため電話しました。

② A：두 사람 왜 헤어졌어요?　　2人はなぜ別れたのですか。
B：(지민 씨)＿＿＿＿＿요.　　ジミンさんのせいです。

③ A：왜 이사를 가려고 해요?　　なぜ引っ越そうとしているのですか。
B：아빠 (건강)＿＿＿＿＿요.　　お父さんの健康のためです。

④ A：내일 여행은 취소됐어요.　　明日の旅行はキャンセルされました。
B：왜요? (태풍)＿＿＿＿＿이에요?　　なんでですか。台風のせいですか。

【解答】
1 ① 감기 때문에 학교에 못 갔어요　② 두통 때문에 약을 먹었어요　③ 친구 때문에 남자 친구랑 싸웠어요
2 ① 약속 때문에　② 지민 씨 때문에　③ 건강 때문에　④ 태풍 때문

1 두통	頭痛	싸우다	喧嘩する		
2 아까	さっき	헤어지다	別れる	이사−하다	引越しする
취소−되다	キャンセルされる	태풍	台風		

025 名詞 마다【〜たびに・〜ごとに・〜おきに】

1つひとつもれなくすべて。

「形態情報」 [パッチム×] 나라 → 나라마다　[パッチム○] 사람 → 사람마다

「例文」 ・날마다 학교에 가요. | 毎日学校に行きます。
・주말마다 교회에 가요. | 毎週末教会に行きます。

1 1つの文にしなさい。

① 일요일 / 산에 가요.　日曜日／山に行きます。
→ ＿＿＿＿＿＿＿＿＿＿.　毎週日曜日、山に行きます。

② 사람 / 성격이 달라요.　人／性格が異なります。
→ ＿＿＿＿＿＿＿＿＿＿.　人それぞれ性格が異なります。

③ 나라 / 문화가 달라요.　国／文化が異なります。
→ ＿＿＿＿＿＿＿＿＿＿.　各国、文化が異なります。

2 (　　) の言葉を適当な形に変えて文を完成しなさい。

① A：교실에 TV가 있어요?　教室にテレビがありますか。
B：네, (교실)＿＿＿＿＿ 한 대씩 있어요.　はい、教室ごとに1台ずつあります。

② A：한국 사람은 다 그렇게 생각해요?　韓国人はみなそう考えるんですか。
B：아뇨, (사람)＿＿＿＿＿ 달라요.　いいえ、人それぞれ異なります。

③ A：매일 학원에 가요?　毎日塾に行きますか。
B：네, (날)＿＿＿＿＿ 학원에 가요.　はい、毎日塾に行きます。

④ A：요즘 어떻게 지내세요?　最近はいかがお過ごしですか。
B：일이 많아서 (토요일)＿＿＿＿＿ 출근해요.　仕事が多いので毎週土曜日出勤します。

「参考」 **前の言葉が指し示す時期に1回ずつという意を表すときもある（【〜ごとに・〜おきに】）。**
① 10분 / 버스가 와요.　10分ごとにバスが着ます。
② 올림픽은 4년마다 열린다.　オリンピックは4年おきに開かれる。

【解答】
1 ① 일요일마다 산에 가요　② 사람마다 성격이 달라요　③ 나라마다 문화가 달라요
2 ① 교실마다　② 사람마다　③ 날마다　④ 토요일마다

例 날	日	교회	教会					
1 성격	性格	다르다	違う	나라	国			
2 –대	～台	–씩	～ずつ	생각–하다	考える	학원 塾	출근–하다	出勤する

026 名詞 밖에【～しか】

①否定を表す文で「それを除くと」、「それ以外には」という意味。②話し手がその事柄を満足していないことを表すときもある。③「만（だけ・のみ）」と同じ意味だが、「만」はある物事を最小限に限定する意味だが、「밖에」はそれが足りないことを表す。④反対表現は「072（이)나（も）」。

『形態情報』 ［パッチム×］하나 → 하나밖에　［パッチム○］동생 → 동생밖에

『例 文』
・고마워. 역시 너밖에 없어.｜ありがとう。やっぱり君しかいない。
・잠이 안 와서 3시간밖에 못 잤어요.｜眠れなくて、３時間しか寝られませんでした。

1 （　）の言葉を適当な形に変えて文を完成しなさい。

① 숙제를 (조금)＿＿＿＿＿＿ 못했어요.　宿題を少ししかできませんでした。
② 부산 출신은 (저)＿＿＿＿＿＿ 없어요.　釜山出身は私しかいません。
③ 교실에 (저)＿＿＿＿＿＿ 없어요. 아무도 없어요.　教室に私しかいません。誰もいません。
④ 그 사람은 (자기)＿＿＿＿＿＿ 몰라요.　その人は自分しか知らないです。
⑤ 비밀이에요. (하나 씨)＿＿＿＿＿＿ 몰라요.　内緒です。ハナさんしか知りません。

2 （　）の言葉を適当な形に変えて文を完成しなさい。

① A：하나 씨, 도서관에 학생 많아요?　ハナさん、図書館に学生たくさんいますか。
　B：아뇨, (저)＿＿＿＿＿＿ 없어요.　いいえ、私しかいません。
② A：가방 안에 뭐가 있어요?　カバンの中に何がありますか。
　B：(지갑)＿＿＿＿＿＿ 없어요.　財布しかありません。
③ A：생일 선물 많이 받았어요?　誕生日プレゼントたくさんもらいましたか。
　B：아뇨, (하나)＿＿＿＿＿＿ 못 받았어요.　いいえ、１つしかもらえませんでした。
④ A：먹을 거 없어요?　食べ物ありませんか。
　B：(라면)＿＿＿＿＿＿ 없어요.　ラーメンしかありません。

【解答】
1 ① 조금밖에　② 저밖에　③ 저밖에　④ 자기밖에　⑤ 하나 씨밖에
2 ① 저밖에　② 지갑밖에　③ 하나밖에　④ 라면밖에

例 역시	やはり	너	お前	잠이 안 오다	眠れない		
1 출신	出身	아무도	誰も	자기	自分	비밀	秘密
모르다	知らない						
2 지갑	財布	선물–하다	プレゼントする	받다	受け取る	먹을 거	食べ物
뭐	何・何か						

027 名詞 **보다** (더, 덜)【〜より（もっと／少なく）】

互いに違いのあるものを比較する場合、比較の対象となる語に付いて、「〜に比べて」の意味。

「形態情報」 [パッチム✕] 나 → 나보다　　[パッチム○] 동생 → 동생보다

「例　文」 ・동생이 저보다 키가 커요. | 弟が私より背が高いです。
・운동화가 구두보다 편해요. | スニーカーが靴より楽です。

1 1つの文にしなさい。

① (서울 > 제 고향) / 더 추워요.　　ソウル／私の実家／もっと寒いです。
→ ____________.　　ソウルが私の実家よりもっと寒いです。

② (지하철 > 버스) / 빨라요.　　地下鉄／バス／速いです。
→ ____________.　　地下鉄がバスより速いです。

③ (한국어 > 영어) / 더 쉬워요.　　韓国語／英語／もっと易しいです。
→ ____________.　　韓国語が英語よりもっと易しいです。

④ (저 < 친구) / 키가 더 커요.　　私／友達／背がもっと高いです。
→ ____________.　　私より友達が背がもっと高いです。

2 (　　) に適当な単語を入れて、正しい文にしなさい。

① 저는 수학(　　　) 영어를 잘해요.　　私は数学より英語が得意です。
② 생각(　　　) 그렇게 비싸지 않았어요.　　思ったよりそんなに高くなかったです。
③ 제 방(　　　) 화장실이 더 깨끗해요.　　私の部屋よりトイレがもっと綺麗です。
④ 언니가 저(　　　) 두 살이 더 많아요.　　お姉さんが私より2歳上です。

「参　考」 **副詞として使われる場合もある（分かち書き）。**
① 보다 빨리　より速く
② 보다 편리하고 안전하다　より便利で安全だ

【解答】
1 ① 서울이 제 고향보다 더 추워요　② 지하철이 버스보다 빨라요　③ 한국어가 영어보다 더 쉬워요
④ 저보다 친구가 키가 더 커요
2 ① 보다　② 보다　③ 보다　④ 보다

例 키가 크다	背が高い	운동화	運動靴	편하다	楽だ		
1 고향	実家	빠르다	速い	쉽다	易しい		
2 수학	数学	생각-하다	考える	더	もっと	깨끗하다	綺麗だ

028 動詞・形容詞語幹 **-아도/-어도/-해도**【〜ても】

①前の事柄を仮定したり認めたりするものの、後の事柄とは関係がないかそれに影響を及ぼさないという意を表す。②「되다, 괜찮다」などと用いられ、そうであっても構わないという許可や許容を表す（→ 029 -아/어/해도 되다）。

「形態情報」 [ㅏ, ㅗ] 가다 → 가도　　[하다] 하다 → 해도　　[ㅏ, ㅗ他] 먹다 → 먹어도

「例　文」 ・잠을 자도 피곤해요. | 寝ても疲れています。
・비가 와도 갈 거예요. | 雨が降っても行くつもりです。

1 1つの文にしなさい。

① 설명을 듣다 / 잘 모르겠어요.	説明を聞く／よく分かりません。
→ ______________________.	説明を聞いてもよく分かりません。
② 많이 먹다 / 배가 고파요.	たくさん食べる／お腹が空きます。
→ ______________________.	たくさん食べてもお腹が空きます。
③ 술을 마시다 / 안 취해요.	お酒を飲む／酔わないです。
→ ______________________.	お酒を飲んでも酔いません。
④ 바쁘다 / 얼굴 한번 봅시다.	忙しい／顔一度見てみましょう。
→ ______________________.	忙しくても顔を一度見ましょう。

2 (　　) の言葉を適当な形に変えて文を完成しなさい。

① A：늦었어요. 빨리 가요.	遅れました。早く行きましょう。
B：천천히 (가다)__________ 괜찮아요.	ゆっくり行っても大丈夫ですよ。
② A：비가 (오다)__________ 등산 갈 거예요?	雨が降っても登山に行きますか。
B：네, 와도 갈 거예요.	はい、降っても行きます。
③ A：(아프다)__________ 조금만 참으세요.	痛くても少しだけ我慢してください。
B：네, 알겠습니다.	はい、分かりました。
④ A：약을 (먹다)__________ 감기가 안 나아요.	薬を飲んでも風邪が治りません。
B：병원에 한번 가 보세요.	病院に一度行ってみてください。

【解答】

1 ① 설명을 들어도 잘 모르겠어요　② 많이 먹어도 배가 고파요　③ 술을 마셔도 안 취해요
④ 바빠도 얼굴 한번 봅시다

2 ① 가도　② 와도　③ 아파도　④ 먹어도

1	설명-하다	説明する	모르다	知らない	배가 고프다	お腹が空く	취하다	酔う
	얼굴(을) 보다	会う						
2	천천히	ゆっくり	참다	我慢する	낫다	治る		

029 動詞・形容詞語幹 **-아도/-어도/-해도 되다**(괜찮다/좋다)【〜てもいい（大丈夫だ）】

①ある行動に対する許可や許容を表すのに用いる。②「되 + -어요 = 돼요」「되 + -(으)ㅂ니다 = 됩니다」。③「되다」は「なる」「できる」の意味があるが、ここでは「できる」の意味である。

形態情報　[ㅏ, ㅗ] 가다 → 가도 되다　[하다] 하다 → 해도 되다　[ㅏ, ㅗ他] 먹다 → 먹어도 되다

例文　・이제 가도 돼요. | もう行ってもいいです。
・여기에 주차해도 돼요? | ここに駐車してもいいですか。

1 日本語訳を参考にして、表を完成しなさい。

許可してもらう内容	-는	意味
① 여기에 앉다		ここに座ってもいいですか。
② 화장실에 갔다 오다		トイレに行って来てもいいですか。

③ 창문 좀 열다		窓開けてもいいですか。
④ 집에 가다		家に行ってもいいですか。
⑤ 키가 좀 작다		背がちょっと低くてもいいですか。

2 (　　)の言葉を適当な形に変えて文を完成しなさい。

① A：이 옷 한번 (입어 보다)________________? 　この服一度着てみてもいいですか。
　B：네, 입어 보세요. 　はい、着てみてください。

② A：내일 꼭 가야 해요? 　明日、必ず行かなければなりませんか。
　B：아뇨, (안 가다)________________. 　いいえ、行かなくてもいいです。

③ A：카드로 (계산하다)________________? 　カードで支払ってもいいですか。
　B：네, 돼요. 　はい、いいです。

④ A：이거 제가 (먹다)________________? 　これ、私が食べてもいいですか。
　B：아뇨, 먹으면 안 돼요. 　いいえ、食べてはいけません。

【解答】
1 ① 여기에 앉아도 돼요? ② 화장실에 갔다 와도 돼요? ③ 창문 좀 열어도 돼요?
④ 집에 가도 돼요? ⑤ 키가 좀 작아도 돼요?
2 ① 입어 봐도 돼요 ② 안 가도 돼요 ③ 계산해도 돼요 ④ 먹어도 돼요

例 주차–하다	駐車する						
1 앉다	座る	갔다 오다	行ってくる	창문	窓	열다	開ける
키가 작다	背が低い						
2 입다	着る	꼭	必ず	계산–하다	払う・計算する	되다	できる・なる

030 動詞・形容詞語幹 –아서/–어서/–해서[1] / 名詞 (이)–어서【〜て・〜から・〜ので・〜ため】

①理由や根拠。②語尾のように使うときもある。(例) 바빠서요(忙しいからです). ③口語では同じ意味で「–아/어 가지고」を使う場合も多い。④勧誘文や命令文では使えない（041 –(으)니까)。

形態情報 [ㅏ, ㅗ] 좋다 → 좋아서 　[하다] 심심하다 → 심심해서 　[ㅏ, ㅗ他] 예쁘다 → 예뻐서

例文 ・바빠서 시간이 없어요. | 忙しくて時間がないです。
・초대해 주셔서 감사합니다. | 招待してくださってありがとうございます。

1 1つの文にしなさい。

① 늦다 / 죄송합니다. 　遅れる／申し訳ありません。
　→ ________________. 　遅れて申し訳ありません。

② 많이 먹다 / 배가 불러요. 　たくさん食べる／お腹がいっぱいです。
　→ ________________. 　たくさん食べてお腹がいっぱいです。

③ 배가 아팠다 / 회사에 못 갔어요. 　お腹が痛かった／会社に行けませんでした。
　→ ________________. 　お腹が痛くて会社に行けませんでした。

④ 길이 막히다 / 조금 늦을 거예요. 　道が混んでいる／少し遅れると思います。
　→ ________________. 　渋滞して少し遅れると思います。

2 (　　) の言葉を適当な形に変えて文を完成しなさい。

① A : (보고 싶다)＿＿＿＿＿＿ 미치겠어요.　　会いたくてたまりません。
　B : 연락 한번 해 보세요.　　連絡一度してみてください。
② A : (배 고프다)＿＿＿＿＿＿ 죽겠어요.　　お腹がすいて仕方がありません。
　B : 그럼 밥 먹으러 가요.　　ではご飯食べに行きましょう。
③ A : 어제 왜 학교에 안 왔어요?　　昨日なぜ学校に来なかったのですか。
　B : (배가 아프다)＿＿＿＿＿＿요.　　お腹が痛いからです。
④ A : 무슨 일 있어요?　　何かあったんですか。
　B : 친구랑 (싸웠다)＿＿＿＿＿＿ 기분이 안 좋아요.　　友達と喧嘩して気分が良くないです。

【解答】
1 ① 늦어서 죄송합니다　② 많이 먹어서 배가 불러요　③ 배가 아파서 회사에 못 갔어요
④ 길이 막혀서 조금 늦을 거예요
2 ① 보고 싶어서　② 배 고파서　③ 배가 아파서　④ 싸워서

例	초대−하다	招待する	감사−하다	感謝する			
1	배가 부르다	満腹だ	배가 아프다	お腹が痛い	길이 막히다	道が混む
2	미치다	狂う	연락−하다	連絡する	배가 고프다	お腹が空く
	죽다	死ぬ	무슨 일	何のこと・何か	싸우다	喧嘩する

031 動詞語幹 −아서/−어서/−해서² 【〜て・〜てから】

①先行動作を表す。②口語では同じ意味で「−아/어 가지고」を使う場合も多い。

形態情報 [ㅏ, ㅗ] 가다 → 가서　[하다] 하다 → 해서　[ㅏ, ㅗ他] 쓰다 → 써서

例 文 ・학교에 가서 친구를 만났어요. | 学校に行って友達に会いました。
・길을 건너서 똑바로 가세요. | 道を渡ってまっすぐ行きなさい。

1 1つの文にしなさい。

① 아침에 일어나다 / 세수해요.　　朝起きる／顔を洗います。
　→ ＿＿＿＿＿＿＿＿＿＿＿＿.　　朝起きて、顔を洗います。
② 식당에 갔다 / 밥을 먹었어요.　　食堂に行った／ご飯を食べました。
　→ ＿＿＿＿＿＿＿＿＿＿＿＿.　　食堂に行って、ご飯を食べました。
③ 여기에 앉다 / 잠시만 기다리세요.　　ここに座る／少しだけ待っていてください。
　→ ＿＿＿＿＿＿＿＿＿＿＿＿.　　ここに座って、少しだけ待っていてください。
④ 택시에서 내리다 / 걸어왔어요.　　タクシーから降りる／歩いてきました。
　→ ＿＿＿＿＿＿＿＿＿＿＿＿.　　タクシーから降りて歩いてきました。

2 (　　) の言葉を適当な形に変えて文を完成しなさい。

① A : 은행에 가서 뭐 했어요?　　銀行に行って、何をしましたか。
　B : (은행에 가다)＿＿＿＿＿＿ 돈을 찾았어요.　　銀行に行って、お金をおろしました。

② A : 남자 친구 만나서 뭐 할 거예요? 彼氏に会って、何をするつもりですか。
B : (만나다)＿＿＿＿＿＿＿ 영화 볼 거예요. 会って、映画観るつもりです。

③ A : 저기까지 어떻게 가요? あそこまでどうやって行きますか。
B : 이 길을 (건너다)＿＿＿＿＿＿＿ 왼쪽으로 가세요. この道を渡って左に行ってください。

④ A : 어제 뭐 했어요? 昨日何しましたか。
B : 친구들이랑 고기 (굽다)＿＿＿＿＿＿＿ 먹었어요. 友達と肉を焼いて食べました。

【解答】
1 ① 아침에 일어나서 세수해요 ② 식당에 가서 밥을 먹었어요 ③ 여기에 앉아서 잠시만 기다리세요
④ 택시에서 내려서 걸어왔어요
2 ① 은행에 가서 ② 만나서 ③ 건너서 ④ 구워서

例	길을 건너다	道を渡る	똑바로 가다	まっすぐ行く		
1	일어나다	起きる	세수-하다	顔洗う	앉다	座る
	잠시만	少しだけ	내리다	降りる	걸어오다	歩いてくる
2	돈을 찾다	お金をおろす	왼쪽	左側	고기를 굽다	肉を焼く

032 動詞語幹 -아/-어/-해 드리다【~さしあげる・お／ご~される】

①自分より年上の人や目上の人のために何かを行うとき使う。②「036 -아/어/해 주다」の謙譲語。③相手の「-아 드릴까요? (~いたしましょうか)」という言葉に対し、「-아 주세요. (ええ、~てください)」と答える。(例) A : 도와 드릴까요? (手伝いましょうか) B : 네, 도와주세요. (ええ、お願いします)。④一部の動詞 (전화하다, 부탁하다) は「-아 드리다」という表現の他に、「드리다」ということもできる。(例) 전화하다 → 전화해 드리다/전화드리다

形態情報 [ㅏ, ㅗ] 사 주다 → 사 드리다 [하다] 해 주다 → 해 드리다 [ㅏ, ㅗ他] 도와주다 → 도와 드리다

例文 ・부모님께 옷을 사 드렸습니다. | ご両親にお洋服を買って差し上げました。
・문을 열어 드릴까요? | ドアを開けて差し上げましょうか。

1 表を完成しなさい。

	-아/어/해 드릴까요? (~て差し上げましょうか)	-아/어/해 드리겠습니다 (~て差し上げます)
① 안내하다(案内する)		
② 점심 사 주다(お昼を買ってあげる)		
③ 문을 닫다(ドアを閉める)		
④ 불을 켜다(電気をつける)		

2 (　　) の言葉を適当な形に変えて文を完成しなさい。

① A : (도와주다)＿＿＿＿＿＿＿? 手伝いましょうか。
B : 네, 좀 도와주세요. はい、ちょっと手伝ってください。

② A : 제가 (들어 주다)＿＿＿＿＿＿＿? 私が持ってあげましょうか。
B : 네, 좀 들어 주세요. はい、持ってください。

③ A：저, 좀 도와주시겠어요? あの、ちょっと手伝ってもらえますか。
B：네, 뭘 (도와주다)＿＿＿＿＿＿＿＿? はい、何を手伝って差し上げましょうか。
④ A：문 좀 열어 주실래요? ドアを開けてもらえますか。
B：잠시만요. (열다)＿＿＿＿＿＿＿＿. ちょっと待ってください。開けてあげます。

【解答】
1 ① 안내해 드릴까요? / 안내해 드리겠습니다. ② 점심 사 드릴까요? / 점심 사 드리겠습니다.
③ 문을 닫아 드릴까요? / 문을 닫아 드리겠습니다. ④ 불을 켜 드릴까요? / 불을 켜 드리겠습니다.
2 ① 도와 드릴까요 ② 들어 드릴까요 ③ 도와 드릴까요 ④ 열어 드리겠습니다

例 문	ドア	열다	開ける		
1 안내-하다	案内する	닫다	閉める	불을 켜다	電気をつける
2 도와주다	手伝ってあげる	들다	持つ		

033 動詞語幹 **-아/-어/-해 보다【〜てみる】**

その動作を①試しにやったり、②以前に経験したことがあることを表す。

形態情報 [ㅏ, ㅗ] 가다 → 가 보다 [하다] 하다 → 해 보다 [ㅏ, ㅗ他] 먹다 → 먹어 보다

例文 ・제 친구 한번 만나 보세요. | 私の友達一度会ってみてください。
A：한국에 가 봤어요? | 韓国に行ってみましたか。
B：아직 못 가 봤어요. | まだ行けてません。

1 表を完成しなさい。

	-아/어 봤어요（経験）	-아/어 보세요（試し）
① 가다(行く)		
② 하다(する)		
③ 먹다(食べる)		
④ 만들다(作る)		
⑤ 고르다(選ぶ)		

2 対話文を完成しなさい。

① A：노래방에 가 봤어요? カラオケに行ってみましたか。
B：네, ＿＿＿＿＿＿＿＿. はい、行ってみました。
② A：이 옷 입어 봐도 돼요? この服着てみても、いいですか。
B：네, 저기에서 ＿＿＿＿＿＿＿＿. はい、あそこで着てみてください。
③ A：이 노래 (듣다)＿＿＿＿＿＿＿＿? この歌聞いてみましたか。
B：아뇨, 누구 노래예요? いいえ、誰の曲ですか。
④ A：새로 나온 라면 (먹다)＿＿＿＿＿＿＿＿? 新製品のラーメン食べてみましたか。
B：아뇨, 아직요. いいえ、まだです。

【解答】
1 ① 가 봤어요 / 가 보세요.　② 해 봤어요 / 해 보세요.　③ 먹어 봤어요 / 먹어 보세요.
④ 만들어 봤어요 / 만들어 보세요　⑤ 골라 봤어요 / 골라 보세요.
2 ① 가 봤어요　② 입어 보세요　③ 들어 봤어요　④ 먹어 봤어요

1 만들다　作る　고르다　選ぶ
2 노래방　カラオケ　입다　着る　노래　歌　새로　新しく　나오다　出る　아직　まだ

034 形容詞語幹 -아/-어/-해 보이다【～ようにみえる・～みたいに思われる】

①表面的な情報から見当をつけて言うときに使う。②「-게 보이다」に置き換えることもできる。(例) 하나는 나이보다 어려 보여요. Vs. 하나는 나이보다 어리게 보여요. (ハナは年より若く見えます)

形態情報　[ㅏ, ㅗ] 좋다 → 좋아 보이다　[하다] 편하다 → 편해 보이다　[ㅏ, ㅗ他] 젊다 → 젊어 보이다

例　文　・피곤해 보여요. 좀 쉬세요. | 疲れてみえます。休んでください。
・저희 언니는 저보다 어려 보여요. | 私の姉は私より若くみえます。

1 日本語訳を参考にして、表を完成しなさい。

	-아/어 보여요	意味
① 아프다		具合悪そうに見えます。
② 예쁘다		かわいくみえます。
③ 피곤하다		疲れてみえます。
④ 기분이 나쁘다		気に障ってみえます。
⑤ 젊다		若くみえます。

2 (　　) の言葉を適当な形に変えて文を完成しなさい。

① A：하나 씨, 안색이 안 (좋다)＿＿＿＿＿＿＿＿.　ハナさん、顔色が悪いようです。
B：화장을 안 해서 그래요.　化粧をしてないからです。
② A：미용실에 갔다 왔어요.　美容室に行ってきました。
B：그래요? 열 살은 더 (젊다)＿＿＿＿＿＿＿세요.　そうですか。10歳はより若くみえます。
③ A：이 문제 어때요?　この問題どうですか。
B：조금 (어렵다)＿＿＿＿＿＿＿네요.　少し難しそうですね。
④ A：소이 씨, 요즘 (힘들다)＿＿＿＿＿＿＿.　ソイさん、最近疲れてみえます。
B：그래요? 숙제가 좀 많아서요.　そうですか。宿題が少し多いからです。

【解答】
1 ① 아파 보여요.　② 예뻐 보여요.　③ 피곤해 보여요.　④ 기분이 나빠 보여요.　⑤ 젊어 보여요.
2 ① 좋아 보여요　② 젊어 보이　③ 어려워 보이　④ 힘들어 보여요

例 피곤-하다　疲れる　저희　私ども　어리다　若い・幼い
1 기분이 나쁘다　気に障る　젊다　若い
2 안색　顔色　화장-하다　化粧する　미용실　美容室　갔다오다　行ってくる
힘들다　きつい

035 動詞語幹 -아/-어/-해 있다【～ている】

①動作の結果状態を表す。②主語が目上の人の場合は、「-아/어/해 계시다」。

形態情報 [ㅏ, ㅗ] 앉다 → 앉아 있다　[하다] 입원하다 → 입원해 있다　[ㅏ, ㅗ他] 눕다 → 누워 있다

例 文 ・저기에 앉아 있는 사람이 미나 씨예요. | あそこに座っている人がミナさんです。
・꽃이 예쁘게 피어 있어요. | 花がきれいに咲いています。

1 日本語訳を参考にして、表を完成しなさい。

	-아 있어요/-아 있었어요	意味
① 의자에 앉다		椅子に座っています。
② 조금 남다		少し残っています。
③ 그냥 서다		ただ立っていました。
④ 꽃이 피다		花が咲いています。
⑤ 아직 살다		まだ生きています。

2 (　　) の言葉を適当な形に変えて文を完成しなさい。

① A：하나 씨, 지금 뭐 해요?　ハナさん、今何をしていますか。
B：침대 위에 (눕다)＿＿＿＿＿＿＿＿.　ベッドの上に横になっています。

② A：엄마, 물 어디에 있어요?　母さん、水どこにありますか。
B：냉장고 안에 (들다)＿＿＿＿＿＿＿＿.　冷蔵庫の中に入っているよ。

③ A：이 꽃 죽었어요?　この花枯れましたか。
B：아뇨, 아직 (살다)＿＿＿＿＿＿＿＿.　いいえ、まだ生きています。

④ A：어제 산 음료수 다 마셨어요?　昨日買った飲み物全部飲みましたか。
B：아뇨, 아직 조금 (남다)＿＿＿＿＿＿＿＿.　いいえ、まだ少し残っています。

【解答】

1 ① 의자에 앉아 있어요.　② 조금 남아 있어요.　③ 그냥 서 있었어요.　④ 꽃이 피어 있어요.
⑤ 아직 살아 있어요.

2 ① 누워 있어요　② 들어 있어　③ 살아 있어요　④ 남아 있어요

例	앉다	座る	꽃이 피다	花が咲く	입원-하다	入院する				
1	남다	残る	서다	立つ	살다	生きる・住む				
2	침대	ベッド	눕다	横になる	들어 있다	入っている	죽다	死ぬ	음료수	飲料水
	아직	まだ	남다	残る						

036 動詞語幹 -아/-어/-해 주다【～てあげる・～てくれる】

①他人のためにある行動を行うことを表す。②「-아 주다」は、基本的には「～てあげる」という動作を示すが、受け取るのが話し手の場合、〈他人が私に〉「～てくれる」という日本語にも対応する。③〈誰にその動作を授受するか〉に応じて「～てあげる」と「～てくれる」を訳し分けなければならない。

形態情報 [ㅏ, ㅗ] 가다 → 가 주다　[하다] 하다 → 해 주다　[ㅏ, ㅗ他] 빌리다 → 빌려 주다

例文 ・저 좀 도와주세요. | 私助けてください。
・초대해 줘서 고마워요. | 招待してくれて、ありがとうございます。

1 表を完成しなさい。

	−아/어 주세요. (〜てください)	−아/어 줬어요. (〜てあげました)	−아/어 줄래요? (〜てくれますか)	−아/어 줄게요. (〜てあげます)
① 빌리다(借りる)				
② 보이다(見せる)				
③ 가르치다(教える)				

2 (　　)の言葉を適当な形に変えて文を完成しなさい。

① A : 사전 좀 (빌리다)＿＿＿＿＿＿＿＿ 주세요. 　辞書貸してください。
　B : 네, 여기 있어요. 　はい、どうぞ。
② A : 아저씨, 좀 (깎다)＿＿＿＿＿＿＿＿ 주세요. 　おじさん、少し値引きしてください。
　B : 네, 알겠습니다. 　はい、分かりました。
③ A : 잠시만 (기다리다)＿＿＿＿＿＿＿＿. 　少々待ちください。
　B : 네, 알겠습니다. 　はい、分かりました。
④ A : 가족 사진 좀 (보이다)＿＿＿＿＿＿＿＿. 　家族写真を見せてください。
　B : 네, 여기요. 　はい、どうぞ。

参考 **韓国語の授受表現（「〜してくれる」「〜してあげる」）**
・(내가) 친구에게 가르쳐 줬어요. （私が）友達に教えてあげました。
・친구가 (나에게) 가르쳐 줬어요. 友達が（私に）教えてくれました。
・(네가 나에게) 가르쳐 주세요. （あなたが私に）教えてください。
・(네가) 영민 씨에게 가르쳐 주세요. （あなたが）ヨンミンさんに教えてあげてください。

【解答】
1 ① 빌려 주세요 / 빌려 줬어요 / 빌려 줄래요 / 빌려 줄게요
② 보여 주세요 / 보여 줬어요 / 보여 줄래요 / 보여 줄게요
③ 가르쳐 주세요 / 가르쳐 줬어요 / 가르쳐 줄래요? / 가르쳐 줄게요.
2 ① 빌려 　② 깎아 　③ 기다려 주세요 　④ 보여 주세요

例 도와주다	助けてあげる	초대−하다	招待する
1 빌리다	借りる	보이다	見える・見せる
2 깎다	剥く・そる	잠시만	少しだけ

037 動詞・形容詞語幹 **−아야/−어야/−해야 하다**(되다)【〜ないといけない・〜なければならない】

ある動作を行わなければならないことを表す。

形態情報 ［ㅏ, ㅗ］가다 → 가야 하다 　［하다］하다 → 해야 하다 　［ㅏ, ㅗ他］먹다 → 먹어야 하다

例文 ・열심히 공부해야 해요. | 一生懸命勉強しなければなりません。
・시험이 있어서 일찍 자야 돼요. | 試験があるので早く寝なければなりません。

1 日本語訳を参考にして、表を完成しなさい。

	−아/어야 해요(돼요)	意味
① 지금 가다		今、行かなければなりません。
② 일찍 일어나다		早く起きなければなりません。
③ 표를 예매하다		チケットを予め買わなければなりません。
④ 서두르다		急がなければいけないです。
⑤ 아파도 참다		痛くても我慢しなければなりません。

2 (　　)の言葉を適当な形に変えて文を完成しなさい。

① A：영화 보러 갈래요?　映画観に行きますか。
　B：시험이 있어서 (공부하다)____________.　試験があって、勉強しなければなりません。

② A：조금 더 놀아요.　もう少し遊びましょう。
　B：안 돼요. 집에 일찍 (들어가다)____________.　ダメです。家に早く帰らなければなりません。

③ A：호텔 예약 안 해도 돼요?　ホテルの予約しなくてもいいですか。
　B：주말이라서 (예약하다)____________.　週末なので予約しなければなりません。

④ A：몇 시에 출발해요?　何時に出発しますか。
　B：지금 (출발하다)____________.　今出発しなければなりません。

【解答】

1 ① 지금 가야 해요(돼요).　② 일찍 일어나야 해요(돼요).　③ 표를 예매해야 해요(돼요).
④ 서둘러야 해요(돼요).　⑤ 아파도 참아야 해요(돼요).

2 ① 공부해야 해요(돼요)　② 들어가야 해요(돼요)　③ 예약해야 해요(돼요)　④ 출발해야 해요(돼요)

例	열심히	熱心に	일찍	早く・早めに		
1	예매−하다	予め買う	서두르다	急ぐ	참다	我慢する
2	조금 더	もう少し	놀다	遊ぶ	들어가다	入る
	예약−하다	予約する	주말−이라서	週末なので	출발−하다	出発する

038 動詞・形容詞語幹 **−아야겠다/−어야겠다/−해야겠다【〜しなくてはならない】**

①前の言葉の表す行動に対する強い意志・義務を表したり、その行動をする必要があるとき使う。②「−아/어/해야 하다（しなければならない）」の「−아/어/해야」と「意志」の「−겠−」が組み合わせられた表現である。

形態情報　[ㅏ, ㅗ] 가다 → 가야겠다　[하다] 하다 → 해야겠다　[ㅏ, ㅗ他] 먹다 → 먹어야겠다

例文
・너무 늦었어요. 이제 가 봐야겠어요.｜遅すぎました。そろそろ帰らないといけません。
・병원에 한번 가 봐야겠어요.｜病院に一度行ってみなければなりません。

1 日本語訳を参考にして、表を完成しなさい。

	−아/어야겠어요	意味
① 만나 보다		会ってみなければいけないです。
② 좀 더 열심히 하다		もっと頑張らなければいけないです。

③ 한번 먹어 보다		一度食べてみなければいけないです。
④ 전화를 끊다		電話を切らなくてはいけません。
⑤ 일찍 자다		早く寝ないといけません。

2 (　　)の言葉を適当な形に変えて文を完成しなさい。

① A：시간이 벌써 이렇게 됐네요.　もうこんな時間ですね。
　B：네, 슬슬 (가 보다)＿＿＿＿＿.　はい、そろそろ行かなければなりません。
② A：옷이 더러워서 (빨다)＿＿＿＿＿.　服が汚いので洗わなければなりません。
　B：그럼 세탁기에 넣어 두세요.　それでは洗濯機に入れておいてください。
③ A：좀 쉬세요.　ちょっと休んでください。
　B：네, 오늘은 일찍 (쉬다)＿＿＿＿＿.　はい、今日は早く休まなければなりません。
④ A：살이 많이 쪘어요.　とても太りました。
　B：슬슬 운동을 (시작하다)＿＿＿＿＿네요.　そろそろ運動を始めなければならないですね。

【解答】
1 ① 만나 봐야겠어요.　② 좀 더 열심해 해야겠어요.　③ 한번 먹어 봐야겠어요.
④ 전화를 끊어야겠어요.　⑤ 일찍 자야겠어요.
2 ① 가 봐야겠어요　② 빨아야겠어요　③ 쉬어야겠어요　④ 시작해야겠

1 좀 더	もう少し	끊다	切る	일찍	早く		
2 벌써	もう・すでに	슬슬	そろそろ	더럽다	汚い	빨다	洗濯する
넣어 두다	入れておく	살이 찌다	太る	시작하다	始まる		

039 形容詞語幹 **-아지다/-어지다/-해지다**【～くなる・～ていく】

自ずと変化することを表す。

形態情報　[ㅏ, ㅗ] 많다 → 많아지다　[하다] 유명하다 → 유명해지다　[ㅏ, ㅗ他] 적다 → 적어지다

例　文　・날씨가 점점 추워집니다. | 天気がだんだん寒くなります。
・하나 씨가 예뻐졌어요. | ハナさんが綺麗になりました。

1 日本語訳を参考にして、表を完成しなさい。

	-아/어/해졌어요	意味
① 바쁘다(忙しい)		忙しくなりました。
② 날씬하다(スリムだ)		細くなりました。
③ 많다(多い)		多くなりました。
④ 짧다(短い)		短くなりました。
⑤ 좋다(いい)		よくなりました。

2 (　　) の言葉を適当な形に変えて文を完成しなさい。

① A：하나 씨 만났죠? 어땠어요?	ハナさん会ったでしょう？ どうでしたか。
B：옛날보다 훨씬 (귀엽다)＿＿＿＿＿＿＿＿＿.	昔よりずっと可愛くなりました。
② A：이제 봄이네요.	もう春ですね。
B：네, 기온이 많이 (높다)＿＿＿＿＿＿＿＿＿.	はい、気温がかなり高くなりました。
③ A：지금 보고 있는 드라마 어때요?	今見ているドラマどうですか。
B：조금 (재미있다)＿＿＿＿＿＿＿＿＿.	少し面白くなりました。
④ A：옷이 왜 그렇게 더러워요?	服がなぜそんなに汚いのですか。
B：흰옷이라 금방 (더럽다)＿＿＿＿＿＿＿＿＿.	白い服なので、すぐ汚れます。

【解答】

1 ① 바빠졌어요　② 날씬해졌어요　③ 많아졌어요　④ 짧아졌어요　⑤ 좋아졌어요

2 ① 귀여워졌어요　② 높아졌어요　③ 재미있어졌어요　④ 더러워져요

例 날씨	天気	점점	だんだん						
2 옛날	昔	훨씬	はるかに	이제	もう	기온	気温	더럽다	汚い
흰옷	白い服	금방	すぐ・たった今						

040 動詞・形容詞語幹 **–았으면/–었으면/–했으면** (하다/좋겠다)【～たら（～なあと思う／～いいと思う)】

①希望や願望を表す。②名詞の場合は「(이)–었으면」。③「–았으면 해요/–았으면 좋겠어요」の形でよく使われる。④「–(으)면 좋겠다」と入れ替えて使うこともできる。

形態情報　[ㅏ, ㅗ] 많다 → 많았으면　[하다] 유명하다 → 유명했으면　[ㅏ, ㅗ他] 적다 → 적었으면

例　文　・할머니가 건강하셨으면 좋겠어요. | おばあさんが元気でいてほしいです。
　・크리스마스에 눈이 왔으면 좋겠어요. | クリスマスに雪が降ったらいいなと思います。

1 日本語訳を参考にして、表を完成しなさい。

現在の状況	–았/었/했으면 좋겠어요	意味
① 彼氏がいない	(남자 친구가 있다)	彼氏がいたらいいなと思います。
② お金がない	(돈이 많다)	お金が多かったらいいなと思います。
③ 背が低い	(키가 크다)	背が高かったらいいなと思います。
④ 性格が暗い	(성격이 밝다)	性格が明るければいいなと思います。

2 (　　) の言葉を適当な形に変えて文を完成しなさい。

① A：내일 소풍인데 비가 와요.	明日、遠足なんですが、雨が降っています。
B：내일은 날씨가 (맑다)＿＿＿＿＿＿ 좋겠네요.	明日は天気が晴れたらいいですね。
② A：빨리 여름 방학이 (오다)＿＿＿＿＿＿＿.	早く夏休みが来たらいいなと思います。
B：저도요.	私もです。

③ A : 더 이상 안 (만나다)__________ 해요.　もう会わなければいいと思います。
B : 왜요? 제가 싫으세요?　なぜですか。私が嫌いですか。
④ A : 도움이 (되다)__________.　役に立てればいいなと思います。
B : 많은 도움이 됐어요. 고마워요.　大変助かりました。ありがとう。

【解答】
1 ① 남자 친구가 있었으면 좋겠어요.　② 돈이 많았으면 좋겠어요.　③ 키가 컸으면 좋겠어요.
④ 성격이 밝았으면 좋겠어요.
2 ① 맑았으면　② 왔으면 좋겠어요　③ 만났으면　④ 되었으면(됐으면) 좋겠어요

例 건강-하다	健康だ				
1 성격이 밝다	性格が明るい				
2 소풍	遠足	날씨가 맑다	晴れる	방학	長期休み
더 이상	これ以上	싫다	嫌い	도움이 되다	役に立つ

041 動詞・形容詞語幹 **-(으)니까 / 名詞 (이)-니까**【～ので・～から】

①原因や根拠を表す（「030 -아/어서[1]」と違って、後に相手への依頼・勧誘・命令を表す文がくる）。②推測の根拠も表す（「-니까 -(으)ㄹ 거예요」）。

形態情報　[形] 크다 → 크니까　[動] 먹다 → 먹으니까　[ㄹ脱落] 살다 → 사니까
例　文　・비가 오니까 우산을 가지고 가세요. | 雨が降るので傘を持っていってください。
・이 영화 재미있으니까 보세요. | この映画面白いのでご覧になってください。

1 1つの文にしなさい。

① 시험이 있다 / 열심히 공부하세요.　試験がある／一生懸命勉強してください。
→ __________.　試験があるので、一生懸命勉強してください。
② 목이 마르다 / 콜라나 한잔합시다.　喉が渇く／コーラでも一杯飲みましょう。
→ __________.　喉が渇いたからコーラでも一杯飲みましょう。
③ 엄마가 예쁘시다 / 아이도 예쁠 거예요.　お母さんが綺麗だ／子供も綺麗でしょう。
→ __________.　お母さんが綺麗だから子供も綺麗でしょう。
④ 피곤하다 / 여기에서 좀 쉽시다.　疲れる／ここで休みましょう。
→ __________.　疲れたので、ここで休みましょう。

2 (　　) の言葉を適当な形に変えて文を完成しなさい。

① A : 버스 탈까요?　バス乗りましょうか。
B : 시간이 (없다)__________ 택시 탑시다.　時間がないのでタクシー乗りましょう。
② A : 선생님, 시간 있으세요?　先生、時間ありますか。
B : 지금은 (바쁘다)__________ 나중에 이야기해요.　今は忙しいので、後で話しましょう。
③ A : 역까지 어떻게 가실 거예요?　駅までどうやって行くんですか。
B : 길이 (복잡하다)__________ 지하철을 탈 거예요.　道が混んでいるので地下鉄に乗ります。
④ A : 다녀오겠습니다.　行ってきます。
B : (춥다)__________ 따뜻하게 입고 가.　寒いから温かくして（着て）行きなさい。

【解答】
1 ① 시험이 있으니까 열심히 공부하세요　② 목이 마르니까 콜라나 한잔합시다
③ 엄마가 예쁘시니까 아이도 예쁠 거예요　④ 피곤하니까 여기에서 좀 쉽시다
2 ① 없으니까　② 바쁘니까　③ 복잡하니까　④ 추우니까

例 우산	傘	가지고 가다	持っていく				
1 목이 마르다	のどが渇く	피곤-하다	疲れる				
2 시간이 없다	時間がない	나중에	後で	다녀오다	行ってくる	길	道
복잡하다	複雑だ	입고 가다	着ていく				

042 形容詞語幹 -(으)ㄴ[1] / 名詞 (이)ㄴ 【連体形（現在)】

①形容詞の連体形（用言が後の名詞を修飾する形）であり、その意味は現在の状態や性質を表す。②形容詞と指定詞（이다）に付く形である。③韓国語の連体形は時制、品詞で形が異なるので注意。

形態情報 ［パッチム×］예쁘다 → 예쁜　［パッチム○］작다 → 작은　［ㄹ語幹］멀다 → 먼

例文
・예쁜 가방을 샀어요. | 可愛いカバンを買いました。
A：친한 친구 있어요? | 親友いますか。
B：네, 있어요. | はい、います。

1 日本語訳を参考にして、表を完成しなさい。

品詞	修飾語	被修飾語	-(으)ㄴ	意味
形容詞	① 크다	키		高い身長
	② 밝다	성격		明るい性格
	③ 귀엽다	얼굴		可愛い顔
	④ 슬프다	영화		悲しい映画

2 (　　) の言葉を適当な形に変えて文を完成しなさい。

① A：저 사람 누구예요?　あの人、誰ですか。
B：몰라요? (유명하다)＿＿＿＿＿ 배우예요.　知らないんですか。有名な俳優です。
② A：어제 뭐 샀어요?　昨日、何買いましたか。
B：(예쁘다)＿＿＿＿＿ 귀걸이 하나 샀어요.　可愛いイヤリング１つ買いました。
③ A：이 가방 비싸요?　このカバン高いですか。
B：아뇨, (싸다)＿＿＿＿＿ 거예요.　いいえ、安物です。
④ A：이사했어요?　引越しましたか。
B：네, (조용하다)＿＿＿＿＿ 곳으로 이사했어요.　はい、静かな場所に引越しました。

【解答】
1 ① 큰 키　② 밝은 성격　③ 귀여운 얼굴　④ 슬픈 영화
2 ① 유명한　② 예쁜　③ 싼　④ 조용한

例 친하다	親しい						
1 키가 크다	背が高い	밝다	明るい	슬프다	悲しい		
2 유명하다	有名だ	배우	俳優	귀걸이	イヤリング	사다	買う
싼 거	安物	이사–하다	引越しする	조용하다	静かだ	곳	ところ

043 動詞語幹 –(으)ㄴ[2]【連体形（過去）】

①動詞の連体形（名詞を修飾する時の形）であり、その意味はすでに実現した行為・変化を表す。②形容詞・存在詞（있다/없다）・指定詞（이다）の過去連体形は「–던」である。

形態情報 ［パッチムX］보다 → 본　［パッチム〇］먹다 → 먹은　［ㄹ語幹］만들다 → 만든

例 文 ・어제 본 영화, 재미있었어요.｜昨日観た映画、面白かったです。
A：어제 읽은 책 어땠어요?｜昨日読んだ本、どうでしたか。
B：꽤 재미있었어요.｜なかなか面白かったです。

1 日本語訳を参考にして、表を完成しなさい。

品詞	修飾語	被修飾語	–(으)ㄴ	意味
動詞	① 어제 먹었다	요리		昨日食べた料理
	② 주말에 봤다	영화		週末に観た映画
	③ 어제 만났다	사람		昨日会った人
	④ 친구랑 찍었다	사진		友達と撮った写真

2 （　　）の言葉を適当な形に変えて文を完成しなさい。

① A：어디 가세요?　どこへ行きますか。
B：어제 (사다)＿＿＿＿ 옷이 좀 작아서요.　昨日買った服がちょっと小さくて。

② A：지난번에 (만나다)＿＿＿＿ 사람 어땠어요?　前会った人どうでしたか。
B：그냥 그랬어요.　まあまあでした。

③ A：하나 씨가 (만들다)＿＿＿＿ 요리 맛있었어요?　ハナさんが作った料理美味しかったですか。
B：네, 엄청 맛있었어요.　はい、とても美味しかったです。

④ A：반지 예쁘네요!　指輪綺麗ですね！
B：생일에 친구한테서 (받다)＿＿＿＿ 거예요.　誕生日に友達からもらったものです。

【解答】
1 ① 어제 먹은 요리　② 주말에 본 영화　③ 어제 만난 사람　④ 친구랑 찍은 사진
2 ① 산　② 만난　③ 만든　④ 받은

例 어땠어요?	どうでしたか	꽤	なかなか				
1 사진을 찍다	写真を撮る						
2 사다	買う	그냥 그랬어요	まあまあでした	엄청	とても	반지	指輪
친구한테서	友達から	받다	もらう				

044 動詞語幹 **-(으)ㄴ 지**【〜てから・〜たあとから】

前の言葉の表す行動をしてからどれくらい時間が経過したのかを表す。

形態情報 [パッチムX] 만나다 → 만난 지　[パッチム○] 먹다 → 먹은 지　[ㄹ語幹] 만들다 → 만든 지

例 文
・남자 친구랑 사귄 지 1년 됐어요.｜彼氏と付き合って 1 年になりました。
・한국에 온 지 한 달쯤 됐어요.｜韓国に来て 1 ヵ月くらいになりました。
・밥 먹은 지 얼마 안 됐어요.｜ご飯食べたばかりです。

1 1 つの文にしなさい。

① 한국어를 배우다 / 1년 되다.　韓国語を学ぶ／1 年になる
→ ＿＿＿＿＿＿＿＿＿＿.　韓国語を学んで 1 年になりました。

② 남자 친구를 만나다 / 얼마 안 되다.　彼氏に会う／間もない
→ ＿＿＿＿＿＿＿＿＿＿.　彼氏に会って間もないです。

③ 그 친구랑 헤어지다 / 5개월쯤 되다.　その友達と別れる／5 ヶ月ぐらいになる
→ ＿＿＿＿＿＿＿＿＿＿.　その友達と別れて 5 ヶ月ぐらいになりました。

④ 청소를 안 하다 / 오래되다.　掃除をしない／かなり経つ
→ ＿＿＿＿＿＿＿＿＿＿.　掃除をしてなくてかなり経ちました。

2 対話文を完成しなさい。

① A：언제 한국에 왔어요?　いつ韓国に来ましたか。
B：(오다)＿＿＿＿＿ 2개월쯤 됐어요.　来て 2 か月ぐらいなりました。

② A：한국어 (배우다)＿＿＿＿＿ 얼마나 됐어요?　韓国語学んでどのくらいになりますか。
B：꽤 됐어요. 한 7개월쯤?　ずいぶん前ですね。約 7 ヵ月ぐらい？

③ A：두 사람 (사귀다)＿＿＿＿＿ 오래됐어요?　2 人は付き合って長いですか。
B：2년쯤 됐어요.　2 年ぐらい経ちました。

④ A：이 책 내용 기억나세요?　この本の内容、覚えていますか。
B：(읽다)＿＿＿＿＿ 오래돼서 기억이 안 나요.　読んで久しいので覚えていません。

【解答】
1 ① 한국어를 배운 지 1년 됐어요　② 남자 친구를 만난 지 얼마 안 됐어요
③ 그 친구랑 헤어진 지 5개월쯤 됐어요　④ 청소를 안 한 지 오래됐어요
2 ① 온 지　② 배운 지　③ 사귄 지　④ 읽은 지

1 얼마 안 되다	間もない	헤어지다	別れる	오래되다	長い・古い	청소-하다	掃除する
2 -개월	〜ヶ月	꽤	ずいぶん	한	約	내용	内容
기억나다	思い出す						

045 動詞・形容詞語幹 **-(으)ㄴ 후**(에/이다) / 名詞 **후**(에/이다)【〜た後（に／だ）・後（に／だ）】

①ある動作をした後で、次に違う動作をするという意味を表したりもする。②助詞「에（に）」の使用は任意。

形態情報 [パッチムX] 가다 → 간 후　[パッチム○] 먹다 → 먹은 후　[名] 수업 후

例 文
・식사한 후에 약을 드십시오.｜食事した後に薬をお飲みにください。
・밥을 먹은 후에 커피를 마십니다.｜ご飯を食べた後にコーヒーを飲みます。

1 1つの文にしなさい。

① 책을 읽다 → 자요. 本を読む → 寝ます。
→ ______________. 本を読んだ後（に）寝ます。

② 청소를 하다 → 빨래를 해요. 掃除をする → 洗濯をします。
→ ______________. 掃除をした後（に）洗濯をします。

③ 수업이 끝나다 → 집에 가요. 授業が終わる → 家に帰ります。
→ ______________. 授業が終わった後（に）家に帰ります。

④ 졸업 → 취직할 거예요. 卒業 → 就職するんです
→ ______________. 卒業後（に）就職するつもりです。

2 （　　）の言葉を適当な形に変えて文を完成しなさい。

① A：(수업)__________ 어디에 갈 거예요? 授業後（に）、どこに行くつもりですか。
B：아르바이트하러 갈 거예요. アルバイトしに行くつもりです。

② A：시험이 (끝나다)__________ 뭐 할 거예요? 試験が終わった後（に）、何するつもりですか。
B：놀러 갈 거예요. 遊びに行くつもりです。

③ A：어제 (헤어지다)__________ 뭐 했어요? 昨日別れた後（に）、何しましたか。
B：친구 만나러 시내에 갔어요. 友達に会いに街に出かけました。

④ A：밥 (먹다)__________ 이 닦았어? ご飯食べた後（に）、歯磨いたの？
B：깜빡 잊어버렸어요. 지금 닦을게요. うっかり忘れてしまいました。今磨きます。

【解答】
1 ① 책을 읽은 후(에) 자요　② 청소를 한 후(에) 빨래를 해요　③ 수업이 끝난 후(에) 집에 가요
④ 졸업 후(에) 취직할 거예요
2 ① 수업 후(에)　② 끝난 후(에)　③ 헤어진 후(에)　④ 먹은 후(에)

例	식사-하다	食事する	약	薬	드시다	召し上がる
1	청소-하다	掃除する	빨래-하다	洗濯する	수업이 끝나다	授業が終わる
	졸업-하다	卒業する	취직-하다	就職する		
2	시험이 끝나다	試験が終わる	헤어지다	別れる	이를 닦다	歯を磨く
	깜빡	うっかり	잊어버리다	忘れる		

046 動詞・形容詞語幹 -(으)ㄴ/-는/-으(ㄹ) 것【～ること・～るもの・～たこと・～たもの】

①用言の連体形に「것」がついたもの。②連体形は用言と時制によってその語尾の形が異なる。③「것」の後ろに助詞が続く形は話し言葉では縮約形が使われる。(例)「-는 것이 → -는 게」「-는 것을 → -는 걸 → 는 거」「-는 것은 → -는 건」など。

046-1 動詞語幹 -는 것【～ること・～るの（現在）】

形態情報 [パッチムX] 자다 → 자는 것　[パッチムO] 먹다 → 먹는 것　[ㄹ語幹] 만들다 → 만드는 것

例 文 ・저는 야구하는 것을 좋아해요. | 私は野球するのが好きです。
・제 꿈은 배우가 되는 것입니다. | 私の夢は俳優になることです。

1 日本語訳を参考にして、1つの文にしなさい。

① 저는 음악 듣다 / 좋아해요. 私は音楽聞く／好きです。

→ ____________________. 私は音楽聞くのが好きです。

② 이 시계 / 비싸다. この時計／高い

→ ____________________. この時計、高いものです。

③ 맛있다 / 먹고 싶어요. 美味しい／食べたいです

→ ____________________. 美味しいものが食べたいです。

【解答】

1 ① 저는 음악 듣는 것을(걸/거) 좋아해요 ② 이 시계 비싼 것이에요(거예요)
③ 맛있는 것을(걸/거) 먹고 싶어요

046-2 形容詞語幹 -(으)ㄴ 것[1] / 名詞 (이)-ㄴ 것【～いこと／～なこと（現在)】

形態情報 ［パッチムX］싸다 → 싼 것 ［パッチムO］밝다 → 밝은 것 ［名］학생 → 학생인 것

例文
・저는 따뜻한 거 좋아해요. | 私は暖かいのが好きです。
・저는 매운 건 잘 못 먹어요. | 私は辛いのはよく食べられません。

1 日本語訳を参考にして、1つの文にしなさい。

① 저는 맵다 / 잘 먹어요. 私は辛い／よく食べます。

→ ____________________. 私は辛いものもよく食べます。

② 하나 씨가 선생님이다 / 알아요? ハナさんが先生だ／知っていますか。

→ ____________________. ハナさんが先生なのを知っていますか。

③ 저는 비싸다 / 별로 안 좋아해요. 私は高い／別に好きではありません。

→ ____________________. 私は高いものは別に好きではありません。

【解答】

1 ① 저는 매운 것도 잘 먹어요 ② 하나 씨가 선생님인 것을(걸/거) 알아요
③ 저는 비싼 것은(건/거) 별로 안 좋아해요

046-3 動詞語幹 -(으)ㄴ 것[2]【～たこと・～たもの・～たの（過去)】

形態情報 ［パッチムX］하다 → 한 것 ［パッチムO］먹다 → 먹은 것 ［ㄹ語幹］만들다 → 만든 것

例文
・이거 어제 먹은 거 아니에요? | これ昨日食べたのじゃないですか。
・두 사람 헤어진 거 몰랐어요. | 2人が別れたの知らなかったです。

1 日本語訳を参考にして、1つの文にしなさい。

① 내가 말했다 / 잊지 않았죠? 私が言った／忘れてないでしょう？

→ ____________________. 私が言ったこと忘れてないでしょう？

② 어제 배웠다 / 다시 설명해 주세요. 昨日学んだ／もう一度説明してください。

→ ____________________. 昨日学んだことをもう一度説明してください。

③ 오늘 먹었다 / 빵 하나밖에 없어요.　　今日食べた／パン１つしかありません。
→ ________________.　　今日食べたのはパン１つしかありません。

【解答】
1 ① 내가 말한 것(걸/거) 잊지 않았죠　② 어제 배운 것(걸/거) 다시 한 번 설명해 주세요
③ 오늘 먹은 것은(건) 빵 하나밖에 없어요.

046-4 動詞・形容詞語幹 −(으)ㄹ 것【～ること・～るもの・～るの（未来)】

形態情報　[パッチムX] 하다 → 할 것　[パッチムO] 먹다 → 먹을 것　[ㄹ語幹] 만들다 → 만들 것

例文　・오늘 할 거 많아요? | 今日すること多いですか。
・저는 마실 걸 준비할게요. | 私は飲み物を準備します。

1 1つの文にしなさい。

① 먹다 / 좀 있어요?　　食べる／ありますか。
→ ________________.　　食べ物、ありますか。

② 오늘 하다 / 많아요?　　今日する／多いですか。
→ ________________.　　今日することは多いですか。

③ 심심한데 읽다 / 좀 주세요.　　退屈なので読む／ください。
→ ________________.　　退屈なので読むものをください。

【解答】
1 ① 먹을 것(거) 좀 있어요?　② 오늘 할 것이(게/거) 많아요?　③ 심심한데 읽을 것을(걸/거) 좀 주세요.

047 動詞・形容詞語幹 −은/−는/−(으)ㄹ 것 같다【～ようだ・～みたいだ・～と思う】

①推測を表す。②用言と時制によって語尾の形が異なる（動詞・形容詞が連体形で、被修飾語の名詞것を修飾していると考えればよい)。

047-1 動詞語幹・있다/없다形容詞の語幹 −는 것 같다【～ようだ・～みたいだ・～と思う（現在)】

形態情報　[パッチムX] 자다 → 자는 것　[パッチムO] 먹다 → 먹는 것　[ㄹ語幹] 살다 → 사는 것

例文　・밖에 비가 오는 것 같아요. | 外は雨が降っているようです。
・집에 아무도 없는 것 같아요. | 家に誰もいないようです。

1 日本語訳を参考にして、表を完成しなさい。

	−는 것 같아요	意味
① 지금 자고 있다		今寝ているようです。
② 두 사람 지금 싸우다		２人は今喧嘩しているようです。
③ 밖에 누가 있다		外に誰かがいるようです。
④ 하나 씨도 가다		ハナさんも行くみたいです。

【解答】
1 ① 지금 자고 있는 것 같아요.　② 두 사람 지금 싸우는 것 같아요.　③ 밖에 누가 있는 것 같아요.
④ 하나 씨도 가는 것 같아요.

047-2 形容詞語幹 -(으)ㄴ 것 같다[1] / 名詞 (이)-ㄴ 것 같다【～たようだ・～たみたいだ・～たと思う（現在)】

形態情報　[パッチムX] 싸다 → 싼 것　[パッチム〇] 밝다 → 밝은 것　[名] 학생 → 학생인 것

例 文　・방이 좀 더운 것 같아요. | 部屋が少し暑いようです。
・지민 씨 요즘 많이 바쁜 것 같아요. | ジミンさん、最近忙しいみたいです。

1 日本語訳を参考にして、表を完成しなさい。

	-(으)ㄴ 것 같아요	意味
① 저게 더 좋다		あれがよりいいと思います。
② 조금 맵다		少し辛いようです。
③ 좋은 생각이다		いい考えのようです。
④ 하나 씨는 친구가 많다		ハナさんは友達が多いみたいです。

【解答】
1 ① 저게 더 좋은 것 같아요.　② 조금 매운 것 같아요.　③ 좋은 생각인 것 같아요.
④ 하나 씨는 친구가 많은 것 같아요.

047-3 動詞語幹 -(으)ㄴ 것 같다[2]【～たようだ・～たみたいだ・～たと思う（過去)】

形態情報　[パッチムX] 하다 → 한 것　[パッチム〇] 먹다 → 먹은 것　[ㄹ語幹] 만들다 → 만든 것

例 文　・낮잠을 잔 것 같아요. | 昼寝をしていたようです。
・두 사람 헤어진 거 같아요. | 2人は別れたみたいです。

1 日本語訳を参考にして、表を完成しなさい。

	-(으)ㄴ 것 같아요	意味
① 비가 왔다		雨が降ったようです。
② 벌써 먹었다		もう食べたようです。
③ 취했다		酔ったようです。
④ 두 사람 싸웠다		2人はけんかしたみたいです。

【解答】
1 ① 비가 온 것 같아요.　② 벌써 먹은 것 같아요.　③ 취한 것 같아요.　④ 두 사람 싸운 것 같아요.

047-4 動詞・形容詞語幹 -(으)ㄹ 것 같다【～ようだ・～みたいだ・～と思う（未来)】

形態情報　[パッチムX] 하다 → 할 것 같다　[パッチム〇] 나쁘다 → 나쁠 것 같다

例 文
・오후에 비가 올 것 같아요. | 午後雨が降りそうです。
・맛있을 것 같아요. | 美味しそうです。

1 日本語訳を参考にして、表を完成しなさい。

状況	−(으)ㄹ 것 같아요	意味
① お姉さんが綺麗だ	(동생도 예쁘다)	妹も綺麗だと思います。
② 明日忙しい	(내일 못 가다)	明日行けそうにないです。
③ 今日から寒い	(내일도 춥다)	明日も寒いようです。
④ 小言を言われた	(기분이 나쁘다)	気に障っていると思います。

【解答】
1 ① 동생도 예쁠 것 같아요. ② 내일 못 갈 것 같아요. ③ 내일도 추울 것 같아요.
④ 기분이 나쁠 것 같아요.

048 形容詞語幹 −(으)ㄴ지 / 動詞語幹 −는지 / 動詞・形容詞語幹 −(으)ㄹ지【〜か・〜かどうか・〜のか】

①動詞・存在詞＋ −는지, 形容詞＋ −(으)ㄴ지, 指定詞＋ (이)ㄴ−지, 過去＋ −았/−었는지、未来＋ −(으)ㄹ지。②「누구, 어디, 왜, 무엇, 어떻게」などと一緒に使われることもある。

形態情報 ［形・現］좋다 → 좋은지　［動・現］가다 → 가는지　［動／形・未］먹다 → 먹을지

例 文
・기분이 왜 나쁜지 모르겠어요. | なんで気分が悪いのか分かりません。
・하나 씨 어디에 갔는지 알아요? | ハナさん、どこへ行ったか分かりますか。
・저 사람 뭐라고 하는지 모르겠어요. | あの人何と言っているのか分かりません。
・저 사람 누구인지 아세요? | あの人誰だか知っていますか。
・맛이 있는지 없는지 드셔 보세요. | 美味しいかどうか、お召し上がりください。
・앞으로 뭘 해야 할지 모르겠어요. | これから何をしていいか分かりません。

1 日本語訳を参考にして、表を完成しなさい。

	−(으)ㄴ지 알아요?	意味
① 이거 뭐다		これ何か知っていますか。
② 저 사람 누구이다		あの人、誰か知っていますか。
③ 집이 어디이다		家はどこか知っていますか。

2 日本語訳を参考にして、表を完成しなさい。

	−는지 몰라요	意味
① 어디 살다		どこに住んでいるのか知りません。
② 이거 어떻게 먹다		これどうやって食べるのか分かりません。
③ 핸드폰 어디에 있다		携帯どこにあるのか分かりません。

3 表を完成しなさい。

	−(으)ㄹ지/−았는지 모르겠어요	意味
① 무엇을 해야 하다		何をしなければいけないのか分かりません。
② 어디에 갔다		どこに行ったのか分かりません。
③ 앞으로 뭘 하다		これから何をするか分かりません。

【解答】

1 ① 이거 뭔지 알아요?　② 저 사람 누구인지(누군지) 알아요?　③ 집이 어디인지(어딘지) 알아요?

2 ① 어디 사는지 몰라요.　② 이거 어떻게 먹는지 몰라요.　③ 핸드폰이 어디에 있는지 몰라요.

3 ① 무엇을 해야 할지 모르겠어요.　② 어디에 갔는지 모르겠어요.　③ 앞으로 뭘 할지 모르겠어요.

049 形容詞語幹 **−(으)ㄴ가요?** / 動詞 **−나요?** / 名詞 **(이)−ㄴ가요?** 【〜ますか・〜ですか】

①疑問を表すが、聞き手が柔らかい印象を感じることもある。②「해요?/합니까?」との意味的な違いはない。③過去形は「−았/었/했나요」、未来形は「−(으)ㄹ 건가요」。

形態情報 ［形］비싸다 → 비싼가요　［動］가다 → 가나요　［名］학생이다 → 학생인가요

例 文
・요즘 많이 바쁘신가요? | 最近お忙しいですか。
・벌써 집에 가나요? | もう家に帰るんですか。

1 日本語訳を参考にして、表を完成しなさい。

	−(으)ㄴ가요? / −나요	意味
① 많이 바쁘시다		お忙しいですか。
② 어떤 사람이다		どんな人ですか。
③ 누구시다		どなたですか。
④ 제 말 맞다		私の言うこと合ってますか。
⑤ 저를 사랑하다		私を愛していますか。

2 (　　) の言葉を適当な形に変えて文を完成しなさい。

① A：주말 어떻게 (보내셨다)＿＿＿＿＿＿＿＿? 　週末どのようにお過ごしになりましたか。
　B：그냥 집에 있었어요. 　ただ家にいました。

② A：오늘 (무슨 요일이다)＿＿＿＿＿＿＿＿? 　今日何曜日ですか。
　B：토요일이잖아요. 　土曜日じゃないですか。

③ A：옷이 저한테 (어울리다)＿＿＿＿＿＿＿＿? 　服が私に似合いますか。
　B：네, 잘 어울리는 것 같아요. 　はい、よく似合っているようです。

④ A：내일 몇 시쯤 (오시다)＿＿＿＿＿＿＿＿? 　明日、何時頃いらっしゃいますか。
　B：두 시쯤 가려고 해요. 　2時頃に行こうと思います。

【解答】

1 ① 많이 바쁘신가요?　② 어떤 사람인가요?　③ 누구신가요?　④ 제 말 맞나요?
⑤ 저를 사랑하나요?

2 ① 보내셨나요　② 무슨 요일인가요　③ 어울리나요　④ 오시나요/오실 건가요

例 벌써　もう・すでに
1 어떤　どんな　맞다　合う・当たる
2 보내다　送る・過ごす　그냥　ただ・なんとなく　어울리다　似合う

050 形容詞語幹 **-(으)ㄴ데** / 動詞語幹 **-는데** / 名詞 **(이)-ㄴ데**[1] 【～が・～けど】

関連した背景・状況を前置きとして述べるとき使う。

形態情報 [形] 비싸다 → 비싼데, 좋다 → 좋은데　[動] 가다 → 가는데, 먹다 → 먹는데

例 文 ・산책 가는데 같이 갈래요? | 散歩行くけど一緒に行きますか。
・피곤한데 택시를 탑시다. | 疲れたのでタクシーに乗りましょう。

1 1つの文にしなさい。

① 덥다 / 냉면 먹읍시다.　暑い／冷麺食べましょう。
→ ＿＿＿＿＿＿＿＿＿＿＿＿.　暑いので、冷麺食べましょう。

② 비가 오다 / 우산 가지고 가세요.　雨が降る／傘を持っていってください。
→ ＿＿＿＿＿＿＿＿＿＿＿＿.　雨が降るので、傘を持っていってください。

③ 선물을 사고 싶다 / 뭐가 좋을까요?　プレゼントを買いたい／何がいいでしょうか。
→ ＿＿＿＿＿＿＿＿＿＿＿＿.　プレゼントを買いたいんですが、何がいいでしょうか。

④ 저 영화 봤다 / 재미없었어요.　あの映画観た／つまらなかったです。
→ ＿＿＿＿＿＿＿＿＿＿＿＿.　あの映画を観ましたが、つまらなかったです。

2 (　　) の言葉を適当な形に変えて文を完成しなさい。

① A : 전 이게 (좋다)＿＿＿＿ 미나 씨는 어때요?　私はこれがいいですが、ミナさんはどうですか。
B : 전 이게 더 좋아요.　私はこっちの方がいいです。

② A : 배 (고프다)＿＿＿＿ 밥 먹으러 가요.　お腹が空いているので、ご飯食べに行きましょう。
B : 네, 좋아요.　はい、いいですよ。

③ A : 치마 예쁘네요.　スカート綺麗ですね。
B : 어제 (샀다)＿＿＿＿ 마음에 들어요.　昨日買ったのですが、気に入っています。

④ A : 이 사람 누구예요?　この人、誰ですか。
B : 제 (친구이다)＿＿＿＿ 미국에 살아요.　私の友達ですがアメリカに住んでいます。

【解答】

1 ① 더운데 냉면 먹읍시다　② 비가 오는데 우산 가지고 가세요　③ 선물을 사고 싶은데 뭐가 좋을까요
④ 저 영화 봤는데 재미없었어요

2 ① 좋은데　② 고픈데　③ 샀는데　④ 친구인데

例 산책-하다　散歩する
1 우산　傘　가지고 가다　持っていく
2 배 고프다　お腹空く　마음에 들어요　気に入っています

051 形容詞語幹 **–(으)ㄴ데** / 動詞語幹 **–는데** / 名詞 **(이)–ㄴ데**[2] 【～が・～けど・～のに】

後の事柄と相反する内容を提示するとき使う。

「形態情報」 ［形］비싸다 → 비싼데　［動］가다 → 가는데　［名］학생이다 → 학생인데

「例 文」 ・예쁜데 너무 비싸요. | 可愛いけど高すぎます。

・매운 건 좋아하는데 김치는 안 좋아해요. | 辛いのは好きだけどキムチは好きじゃないです。

1 1つの文にしなさい。

① 일은 많다 + 그런데 월급이 너무 적어요.　仕事は多い＋ところで給料が少なすぎます。

→ ＿＿＿＿＿＿＿＿＿＿＿＿＿＿＿＿.　仕事は多いのに給料がとても少ないです。

② 저는 학생이다 + 그런데 친구는 회사원이에요.　私は学生だ＋ところで友達は会社員です。

→ ＿＿＿＿＿＿＿＿＿＿＿＿＿＿＿＿.　私は学生ですが、友達は会社員です。

③ 얼굴은 예쁘다 + 그런데 성격이 안 좋아요.　顔は綺麗だ＋ところで性格が良くないです。

→ ＿＿＿＿＿＿＿＿＿＿＿＿＿＿＿＿.　顔は綺麗ですが性格が悪いです。

④ 한국은 여름이다 + 그런데 제 고향은 겨울이에요.　韓国は夏だ＋ところで私の実家は冬です。

→ ＿＿＿＿＿＿＿＿＿＿＿＿＿＿＿＿.　韓国は夏ですが私の実家は冬です。

2 対話文を完成しなさい。

① A：한국 음식은 다 매워요?　韓国の食べ物は全部辛いですか。

B：김치는 ＿＿＿＿＿ 김밥은 안 매워요.　キムチは辛いですが、キンパプは辛くありません。

② A：드라마 좋아하세요?　ドラマお好きですか。

B：영화는 ＿＿＿＿＿ 드라마는 별로…　映画は好きですが、ドラマは別に…。

③ A：신발 비싸지 않았어요?　履物高くなかったですか。

B：구두는 ＿＿＿＿ 운동화는 안 비쌌어요.　靴は高かったですが、運動靴は高くなかったです。

④ A：여동생 있어요?　妹いますか。

B：언니는 ＿＿＿＿＿ 여동생은 없어요.　お姉さんはいますが妹はいません。

【解答】

1 ① 일은 많은데 월급이 너무 적어요　② 저는 학생인데 친구는 회사원이에요
③ 얼굴은 예쁜데 성격이 안 좋아요　④ 한국은 여름인데 제 고향은 겨울이에요

2 ① 매운데　② 좋아하는데　③ 비싼데　④ 있는데

例	맵다	辛い										
1	일	仕事・こと	월급	給料	그런데	ところで	얼굴	顔	성격	性格	고향	実家
2	다	すべて	별로	別に	신발	履物						

052 動詞・있다/없다 形容詞語幹 **–는 데** / 形容詞語幹 **–(으)ㄴ 데** 【～するところ・～するのに】

①連体形語尾（「–는/–(으)ㄴ/–(으)ㄹ」）と名詞（「데（所や場所、境遇や状況）」）の組み合わせでできた表現。

②「050-052 –은데/는데[1,2]」との違いに注意。

「形態情報」 （現在）［動詞語幹＋ –는 데］［形容詞語幹＋ –(으)ㄴ 데］

（過去）［動詞語幹＋ –(으)ㄴ 데］

（未来）［動詞・形容詞語幹＋ –(으)ㄹ 데］

（場所）

1 次の文を日本語に直しなさい。

① 여기가 영민 씨가 사는 데예요? → ________________.
② 거기는 제가 가 본 데예요. → ________________.
③ 틀린 데가 많아요. → ________________.
④ 같이 가 볼 데가 있어요. → ________________.
⑤ 머리 아픈 데 먹는 약 있어요? → ________________.
⑥ 조용한 데 가서 이야기 좀 합시다. → ________________.

（ことやもの）

2 次の文を日本語に直しなさい。

① 이거 병원 가는 데 쓰세요. → ________________.
② 여기까지 오는 데 두 시간이나 걸렸어요. → ________________.
③ 결혼식하는 데 돈이 많이 들었어요. → ________________.
④ 한국어를 배우는 데 뭐가 제일 어려워요? → ________________.
⑤ 저는 먹는 데 관심이 많아요. → ________________.

【解答】

1 ① ここがヨンミンさんが住んでいる所ですか。 ② そこは私が行ってみた所です。
③ 間違いが多いです。 ④ 一緒に行くところがあります。 ⑤ 頭が痛い時に飲む薬ありますか。
⑥ 静かな所に行って話をしましょう。

2 ① これ病院に行くのに使ってください。 ② ここまで来るのに2時間もかかりました。
③ 結婚式にお金がたくさんかかりました。 ④ 韓国語を学ぶのに何が一番難しいですか。
⑤ 私は食べることに関心があります。

1 틀리다　間違う　조용하다　静かだ
2 쓰다　書く・使う・かぶる　(시간이) 걸리다　（時間が）かかる　돈이 들다　お金がかかる
관심이 많다　関心がある

053 形容詞語幹 **−(으)ㄴ데요** / 動詞語幹 **−는데요** / 名詞 **(이)−ㄴ데요**【～ですが・～ますが】

ある状況について婉曲的に伝える、つまりはっきり物事を伝えず、聞き手に話し手の状況を暗示する。

形態情報　［形］비싸다 → 비싼데요　［動］가다 → 가는데요　［ㄹ語幹（動詞）］알다 → 아는데요

例 文
・전데요. | 私ですが。
・집에서 쉬고 있는데요. | 家で休んでいますが。
・오늘은 조금 바쁜데요. | 今日はちょっと忙しいですが。

1 日本語訳を参考にして、表を完成しなさい。

	−(으)ㄴ데요/−는데요	意味
① 질문이 있다		質問があるんですが。
② 괜찮다		大丈夫ですけど。

③ 기억이 안 나다		覚えていませんが。
④ 잘 모르겠다		よく分かりませんが。

2 (　　) を活用させて、対話文を完成しなさい。

① A：이거 누구 거예요?　これ誰の本ですか。
　B：(제 것이다)＿＿＿＿＿＿＿＿.　私のですが。

② A：(전화에서) 실례지만 누구세요?　(電話で) 失礼ですが、どなたですか。
　B：저 (민서이다)＿＿＿＿＿＿＿＿, 하나 씨 있어요?　私ミソンですが、ハナさんいますか。

③ A：통장을 (만들려고 하다)＿＿＿＿＿＿＿＿.　通帳を作ろうと思うんですが。
　B：여기에 이름과 주소를 써 주세요.　ここに名前と住所を書いてください。

④ A：어떻게 오셨습니까?　どうしましたか。
　B：편지를 (보내러 왔다)＿＿＿＿＿＿＿＿.　手紙を送りに来たんですが。

「参考」 **婉曲ではなく、疑問を表すこともある。**

① 주말에 어디에 갔는데요?　週末にどこに行ったんですか。
② 거긴 왜 가는데요?　そこにはなぜ行くんですか。

【解答】

1 ① 질문이 있는데요.　② 괜찮은데요.　③ 기억이 안 나는데요.　④ 잘 모르겠는데요.
2 ① 제 것인데요(건데요)　② 민서인데요(민선데요)　③ 만들려고 하는데요　④ 보내러 왔는데요

1 질문–하다	質問する	기억이 나다	思い出す	모르다	知らない		
2 제 것	私のもの	실례–하다	失礼する	통장	通帳	만들다	作る
주소를 쓰다	住所を書く	보내다	送る				

054 動詞語幹 **–(으)ㄴ 적**(이) **있다**(없다) 【〜たこと（が）ある／ない】

①過去に経験したことを表す。②助詞「이」は任意。

「形態情報」 ［パッチム✕］보다 → 본 적　［パッチム〇］먹다 → 먹은 적　［ㄹ語幹］살다 → 산 적

「例文」
・한국에 간 적이 있어요.｜韓国に行ったことがあります。
・저도 실수한 적 많아요.｜私もミスしたこと、たくさんあります。
・삼계탕을 먹어 본 적이 있어요.｜参鶏湯を食べたことがあります。

1 日本語訳を参考にして、表を完成しなさい。

	–(으)ㄴ 적(이) 있어요/없어요	意味
① 한번도 잊다		一度も忘れたことがありません。
② 친구랑 싸우다		友達と喧嘩したことがあります。
③ 한국 영화를 보다		韓国映画を観たことがあります。
④ 거짓말하다		嘘をついたことがあります。

2 (　　) を活用させて、対話文を完成しなさい。

① A：수업에 (지각하다)________________? 　授業に遅刻したことがありますか。
　B：아뇨, 한번도 없어요. 　いいえ、一度もありません。

② A：한국에 (가 보다)________________? 　韓国に行ったことがありますか。
　B：네, 작년에 한 번 가 봤어요. 　はい、去年一度行ってみました。

③ A：우리 (만나다)________________? 　私たち会ったことがありますか。
　B：지난번 축제에서 만났잖아요. 　この前の学園祭で会ったじゃないですか。

④ A：이 책 읽어 봤어요? 　この本、読みましたか。
　B：네, (읽다)________________ 있어요. 　はい、読んだことがあります。

【解答】

1 ① 한번도 잊은 적(이) 없어요. 　② 친구랑 싸운 적(이) 있어요. 　③ 성인 영화를 본 적(이) 있어요.
　④ 거짓말한 적(이) 있어요.

2 ① 지각한 적(이) 있어요 　② 가 본 적(이) 있어요 　③ 만난 적(이) 있어요
　④ 읽은 적(이)(읽어 본 적(이))

例 실수−하다	失敗する				
1 한번도	一度も	잊다	忘れる	싸우다	喧嘩する
거짓말−하다	嘘をつく				
2 지각−하다	遅刻する	축제	祭り	작년	去年

055 動詞・形容詞語幹 −(으)ㄹ【連体形（未来）】

連体形であり、まだ実現していない事柄を表すとき使う。

形態情報 ［パッチム×］하다 → 할 　［パッチム○］먹다 → 먹을 　［ㄹ語幹］살다 → 살

例文 ・내일 할 일｜明日すること
　・저녁에 먹을 거｜夕方食べるもの

1 日本語訳を参考にして、表を完成しなさい。

品詞	修飾語	被修飾語	−(으)ㄹ	意味
動詞	① 하다	일		すること（仕事）
	② 앉다	자리		座る席
	③ 먹다	거(것)		食べるもの（食べ物）
	④ 하다	예정		する予定
있다/없다	⑤ 있다	경기		（これから）ある試合

2 (　　) の言葉を適当な形に変えて文を完成しなさい。

① A：많이 바빠요? 　忙しいですか。
　B：바빠서 (밥 먹다)______________ 시간도 없어요. 　忙しくてご飯食べる時間もありません。

② A：어제 사람들 많이 왔어요? 　昨日たくさんの人が来ましたか。
　B：네, (앉다)______________ 자리도 없었어요. 　はい、座る席もありませんでした。

③ A：아직 (하다)____________ 일 많이 남았어요?　　まだすることたくさん残っていますか。
　B：아뇨, 거의 다 했어요.　　いいえ、ほとんど終わりました。
④ A：어디 가세요?　　どこへ行かれますか。
　B：친구에게 (주다)____________ 선물 사러 가요.　　友達にあげるプレゼント買いに行きます。

参考　**未来連体形の中にはそのままの形で覚えてると便利な表現が多いです。**
① 할 일(やること)　② 먹을 거(食べるもの)　③ 드릴 말씀(お話したいこと)

【解答】
1 ① 할 일　② 앉을 자리　③ 먹을 거　④ 할 예정　⑤ 있을 경기
2 ① 밥 먹을　② 앉을　③ 할　④ 줄

1 자리	席	앉다	座る	예정	予定	경기	試合
2 아직	まだ	일	仕事・こと	남다	残る	거의 다	ほとんど全て
주다	あげる・くれる						

056 動詞語幹 **–(으)ㄹ 것이다**[1]【～るつもりだ】

①まだ起こってないことに対する予定や話し手の意志（1人称主語の場合）を表す。②会話では「–(으)ㄹ 것입니다 / –(으)ㄹ 것이에요」の縮約形「–(으)ㄹ 겁니다 / –(으)ㄹ 거예요」という形でよく使われる。

形態情報　［パッチム×］하다 → 할거예요　　［パッチム○］먹다 → 먹을 거예요
　［ㄹ語幹］놀다 → 놀 거예요

例 文　・내일 학교에 갈 거예요.｜明日学校に行くつもりです。
　・무슨 영화를 볼 거예요?｜何の映画を見るつもりですか。

1 日本語訳を参考にして、表を完成しなさい。

	–(으)ㄹ 거예요/–(으)ㄹ 겁니다	意味
① 공부하다		勉強するつもりです。
② 라면을 먹다		ラーメンを食べるつもりです。
③ 친구를 만나다		友達に会うつもりです。
④ 집에 있다		家にいるつもりです。

2 (　　) の言葉を適当な形に変えて文を完成しなさい。

① A：내일 어디 갈 거예요?　　明日どこに行くんですか。
　B：(도서관에서 공부하다)________________.　　図書館で勉強するつもりです。
② A：토요일에 뭐 할 거예요?　　土曜日に何するつもりですか。
　B：(청소를 하다)________________.　　掃除をするつもりです。
③ A：뭐 (먹다)________________?　　何食べるつもりですか。
　B：오늘은 좀 매운 걸 먹고 싶어요.　　今日は少し辛いのを食べたいです。
④ A：이제 어떻게 (하다)________________?　　これからどうするつもりですか。
　B：그 사람 더 이상 안 (만나다)________________.　　その人ともう会わないつもりです。

【解答】
1 ① 공부할 거예요(공부할 겁니다).　② 라면을 먹을 거예요(먹을 겁니다).
③ 친구를 만날 거예요(만날 겁니다).　④ 집에 있을 거예요(있을 겁니다).
2 ① 도서관에서 공부할 거예요(공부할 겁니다)　② 청소를 할 거예요(할 겁니다)
③ 먹을 거예요(먹을 겁니다)　④ 할 거예요(할 겁니다) / 만날 거예요(만날 겁니다)

例 무슨	どんな・何の						
2 청소-하다	掃除する	맵다	辛い	매운 걸	辛いのを	이제	これから
어떻게	どう	더 이상	これ以上				

057 動詞・形容詞語幹 -(으)ㄹ 것이다[2]【～だろう・～はずだ】

①推測を表す。②会話では「-(으)ㄹ 것입니다 / -(으)ㄹ 것이에요」の縮約形「-(으)ㄹ 겁니다 / -(으)ㄹ 거예요」という形で使われる場合が多い。③推測の「아마 (たぶん・おそらく)」や原因の「041 -니까」とよく使われる。

形態情報　[形] 크다 → 클 거예요　[動] 먹다 → 먹을 거예요　[ㄹ語幹] 놀다 → 놀 거예요

例 文　・이 옷 많이 비쌀 거예요. | この服とても高いでしょう。
・아마 하나 씨도 좋아할 거예요. | たぶんハナさんも好きでしょう。

1 右の下線部の意味になるよう、左の下線部を直しなさい。

① 주말은 백화점이 복잡해요.	週末はデパートが混んでいるでしょう。
② 아마 내일은 비가 와요.	たぶん明日は雨が降るでしょう。
③ 지금쯤 집에 도착했어요.	今頃家に到着していることでしょう。
④ *고기 좋아하니까 삼겹살도 잘 먹어요.	肉が好きなのでサムギョプサルもよく食べるでしょう。

*過去の経験から推測する場合によく使われる。

2 (　　) の言葉を適当な形に変えて文を完成しなさい。

① A : 하나 씨는 지금 뭐 하고 있을까요?　ハナさんは今何しているでしょうか。
B : 아직 (자고 있다)________.　まだ寝ているでしょう。
② A : 이 반지 비쌀까요?　この指輪、高いでしょうか。
B : 조금 (비싸다)________.　少し高いでしょう。
③ A : 지금 몇 시예요?　今何時ですか。
B : 아마 열 시쯤 (됐다)________.　たぶん10時ぐらいでしょう。
④ A : 오늘도 늦게 오세요?　今日も遅く来るのですか。
B : 네, 오늘도 조금 (늦다)________.　はい、今日も少し遅れるでしょう。

【解答】
1 ① 복잡할 거예요　② 올 거예요　③ 도착했을 거예요　④ 잘 먹을 거예요
2 ① 자고 있을 거예요　② 비쌀 거예요　③ 됐을 거예요　④ 늦을 거예요

例 아마	たぶん						
1 복잡-하다	複雑だ	지금쯤	今頃	도착-하다	到着する	고기	肉
2 아직	まだ	자고 있다	寝ている	반지	指輪	되다	なる・できる
늦게	遅く	늦다	遅れる・遅い				

058 動詞語幹 -(으)ㄹ게요【～でしょう・～ます】

①話し手が聞き手に対してある行動をすると約束したり知らせるとき使う。②主に１人称主語で使われる。③代わりに「-겠습니다」を使うことも可能だが、「-겠습니다」が主にフォーマルな状況で使うに対して、「-(으)ㄹ게요」はカジュアルな状況で使う。

形態情報 ［パッチム✕］가다 → 갈게요　［パッチム〇］먹다 → 먹을게요　［ㄹ語幹］만들다 → 만들게요

例 文
・열심히 공부할게요. | 一生懸命勉強します。
・내일부터 일찍 일어날게요. | 明日から早く起きます。

1 日本語訳を参考にして、表を完成しなさい。

約束すること	-(으)ㄹ게요	意味
① 비빔밥을 먹다		ビビンバを食べます。
② 일찍 자다		早く寝ます。
③ 집에 가서 전화하다		家に帰って電話しますね。
④ 올해는 술을 끊다		今年はお酒をやめます。
⑤ 창문 좀 열다		窓開けます。

2（　）の言葉を適当な形に変えて文を完成しなさい。

① A：오늘 청소 누가 할래요?　　今日の掃除、誰がしますか。
　B：제가 (하다)________.　　私がします。
② A：오늘은 제가 (사다)________.　　今日は私がおごります。
　B：그럼 다음에는 제가 (사다)________.　　じゃ、次は私がおごります。
③ A：조심해서 가세요.　　気をつけて帰ってください。
　B：네, 도착하면 (전화하다)________.　　はい、着いたら電話します。
④ A：몇 시쯤 올래요?　　何時頃に来ますか。
　B：7시쯤 (가다)________.　　7時ごろ行きます。

【解答】

1 ① 비빔밥을 먹을게요.　② 일찍 잘게요.　③ 집에 가서 전화할게요.　④ 올해는 술을 끊을게요.
⑤ 창문 좀 열게요.

2 ① 할게요　② 살게요 / 살게요　③ 전화할게요　④ 갈게요

例 일찍	早く	일어나다	起きる				
1 올해	今年	술을 끊다	酒を止める	창문	窓	열다	開ける
2 청소-하다	掃除する	다음에는	今度は	조심-하다	気を付ける	도착-하다	到着する

059 動詞語幹 -(으)ㄹ까요?[1]【〜ましょうか・〜ませんか】

①相手に意見を言うか何か提案するとき使う。②提案・意向を尋ねる表現として「063 -(으)ㄹ래요?」もあるが、「-(으)ㄹ래요?」は主語が1人称複数（「우리」）や2人称（相手）に使えるが、「-(으)ㄹ까요?」は主語が1人称複数のみに使う。

形態情報 [パッチムX] 자다 → 잘까요　[パッチム○] 읽다 → 읽을까요　[ㄹ語幹] 놀다 → 놀까요

例文
・커피 한잔할까요? | コーヒー一杯飲みましょうか。
・뭐 마실까요? | 何飲みましょうか。

1 日本語訳を参考にして、表を完成しなさい。

	-(으)ㄹ까요?	意味
① 한잔하다		一杯飲みましょうか。
② 비빔밥 먹다		ビビンバ食べましょうか。
③ 커피라도 마시러 가다		コーヒーでも飲みに行きましょうか。
④ 창문 열다		窓開けましょうか。
⑤ 김치찌개 만들다		キムチチゲ作りましょうか。

2 (　　) の言葉を適当な形に変えて文を完成しなさい。

① A：점심 같이 (먹다)＿＿＿＿＿＿？　お昼一緒に食べましょうか。
　B：네, 좋아요.　はい、いいです。
② A：시험 공부 같이 (하다)＿＿＿＿＿＿？　試験勉強一緒にしましょうか。
　B：미안해요. 다른 약속이 있어요.　ごめんなさい。他の約束があります。
③ A：우리 음악 (듣다)＿＿＿＿＿＿？　私たち、音楽聞きましょうか。
　B：네, 음악 들으면서 조금 쉬어요.　はい、音楽聴きながら少し休みましょう。
④ A：춥죠? 창문 (닫다)＿＿＿＿＿＿？　寒いでしょう？ 窓閉めましょうか。
　B：네, 좀 닫아 주세요.　はい、閉めてください。

【解答】
1 ① 한잔할까요?　② 비빔밥 먹을까요?　③ 커피라도 마시러 갈까요?　④ 창문 열까요?
⑤ 김치찌개 만들까요?
2 ① 먹을까요　② 할까요　③ 들을까요　④ 닫을까요

例	한잔-하다	一杯飲む				
1	창문	窓	열다	開ける	커피라도	コーヒーでも
2	다른	他の・別の	약속-하다	約束する	닫다	閉める

060 動詞・形容詞語幹 -(으)ㄹ까요?[2] / 名詞 (이)-ㄹ까요?【〜ましょうか・〜でしょうか】

まだ起こっていないことや知らないことについて話し手が推測しながら尋ねるとき使う。

形態情報 [パッチムX] 자다 → 잘까요　[パッチム○] 읽다 → 읽을까요　[名] 학생이다 → 학생일까요

例文
・내일 날씨 좋을까요? | 明日の天気いいでしょうか。
・영민 씨도 올까요? | ヨンミンさんも来るでしょうか。

1 日本語訳を参考にして、表を完成しなさい。

	−(으)ㄹ까요?	意味
① 저 옷 비싸다		あの服高いでしょうか。
② 저 사람 학생이다		あの人学生でしょうか。
③ 늦지 않다		遅れないでしょうか。
④ 이 김치 많이 맵다		このキムチとても辛いでしょうか。
⑤ 제가 잘할 수 있다		私に上手くできるでしょうか。

2 (　　)の言葉を適当な形に変えて文を完成しなさい。

① A：저 사람 (일본 사람이다)＿＿＿＿＿＿＿＿? あの人日本人でしょうか。
　B：글쎄요. 잘 모르겠어요. そうですね。よく分かりません。

② A：제가 이 일을 (할 수 있다)＿＿＿＿＿＿＿＿? 私がこの仕事できるでしょうか。
　B：물론이에요. もちろんです。

③ A：하나 씨 어디쯤 (갔다)＿＿＿＿＿＿＿＿? ハナさん、どの辺行ってるんでしょうか。
　B：지금쯤 집에 도착했을 거예요. 今頃家に到着していると思います。

④ A：이 정도면 (충분하다)＿＿＿＿＿＿＿＿? これくらいなら充分でしょうか。
　B：네 명이니까 그 정도면 충분할 거예요. 4 人だから、その程度なら十分でしょう。

【解答】

1 ① 저 옷 비쌀까요?　② 저 사람 학생일까요?　③ 늦지 않을까요?　④ 이 김치 많이 매울까요?
⑤ 제가 잘할 수 있을까요?

2 ① 일본 사람일까요　② 할 수 있을까요　③ 갔을까요　④ 충분할까요

1 늦지 않다	遅れない	잘하다	上手だ	맵다	辛い		
2 글쎄요	そうですね	모르다	知らない	물론이다	もちろんだ	도착−하다	到着する
정도	程度	충분하다	十分だ	지금쯤	今頃		

061 動詞語幹 −(으)ㄹ까 하다【〜ようか・〜ようと思う】

①その動作を行う意志があることを表す。②話し手の意志を表す表現として「066 −(으)려고 하다」があるが、意志の程度は「−(으)려고 하다」が強い。(例) 집에 있으려고 해요. > 집에 있을까 해요. (家にいようかと思います。)

形態情報　[パッチムX] 가다 → 갈까 하다　[パッチム○] 읽다 → 읽을까　[ㄹ語幹] 놀다 → 놀까

例 文　・오늘은 일찍 잘까 해요. | 今日は早く寝ようかと思います。
・저녁에 혼자 TV나 볼까 해요. | 夕方 1 人でテレビでも見ようかと思います。

1 日本語訳を参考にして、表を完成しなさい。

	−(으)ㄹ까 해요	意味
① 여행을 가다		旅行に行こうかと思っています。
② 혼자 살다		1 人で暮らそうかと思っています。

③ 불고기 먹다		プルコギ食べようかと思っています。
④ 낚시나 하러 가다		釣りでもしに行こうかと思っています。
⑤ 온천에 한번 가 보다		温泉に一度行ってみようかと思います。

2 (　　) の言葉を適当な形に変えて文を完成しなさい。

① A：어디 가세요? どこへ行きますか。
　B：봄인데 옷이라도 (사다)＿＿＿＿＿ 해서요. 春なので、服でも買おうかなと思って。

② A：주말에 뭐 할 거예요? 週末に何しますか。
　B：드라이브나 (하다)＿＿＿＿＿ 해요. ドライブでもしようかと思います。

③ A：방학하면 뭐 하고 싶어요? 長期休暇になったら何したいですか。
　B：우선은 좀 (쉬다)＿＿＿＿＿ 해요. まずはちょっと休もうかと思います。

④ A：학교에 (가 보다)＿＿＿＿＿ 하는데 갈래요? 学校に行こうかと思うのですが、行きませんか。
　B：네, 좋아요. 몇 시에 만날까요? はい、いいですよ。何時に会いましょうか。

【解答】
1 ① 여행을 갈까 해요.　② 혼자 살까 해요.　③ 불고기 먹을까 해요.　④ 낚시나 하러 갈까 해요.
⑤ 온천에 한번 가 볼까 해요.
2 ① 살까　② 할까　③ 쉴까　④ 가 볼까

例 일찍	早く	TV나	TVでも	혼자	1人で
1 불고기	プルコギ	온천	温泉	낚시	釣り
2 옷이라도	服でも	우선(은)	まず（は）	봄	春

062 動詞・形容詞語幹 **-(으)ㄹ 때** / 名詞 **때**【～るとき（に／だ）・～とき（に／だ）】

ある動作や状況が起こっている間やその時期、またそのようなことが起こった時を表す。

形態情報 ［形］싸다 → 쌀 때　［動］먹다 → 먹을 때　［ㄹ語幹］놀다 → 놀 때

例文
・집에 있을 때는 화장을 안 해요.｜家にいるときは、化粧をしません。
・피곤할 때 커피를 마셔요.｜疲れたとき、コーヒーを飲みます。

1 1つの文にしなさい。

① 어리다 / 키가 작았어요. 幼い／背が低かったです。
　→ ＿＿＿＿＿＿＿＿＿＿＿＿＿＿. 幼いとき、背が低かったです。

② 방학 / 아르바이트를 할 거예요. 長期休暇／バイトをするつもりです。
　→ ＿＿＿＿＿＿＿＿＿＿＿＿＿＿. 長期休暇のとき、バイトをするつもりです。

③ 심심하다 / 영화를 봐요. 退屈だ／映画を見ます。
　→ ＿＿＿＿＿＿＿＿＿＿＿＿＿＿. 退屈なときは、映画を見ます。

④ 웃다 / 제일 예뻐요. 笑う／一番きれいです。
　→ ＿＿＿＿＿＿＿＿＿＿＿＿＿＿. 笑っているときが一番きれいです。

2 (　　) の言葉を適当な形に変えて文を完成しなさい。

① A：언제 가장 힘들어요? いつ一番つらいですか。
　B：(외롭다)＿＿＿＿＿＿ 가장 힘들어요. 寂しいとき、一番つらいです。
② A：(집에 있다)＿＿＿＿＿＿ 보통 뭐 해요? 家にいるとき、普段何してますか。
　B：청소도 하고 영화도 봐요. 掃除もするし映画も見ます。
③ A：(시간이 있다)＿＿＿＿＿＿는 뭐 해요? 時間があるときは何をしますか。
　B：친구랑 맛있는 거 먹으러 가요. 友達と美味しいもの食べに行きます。
④ A：언제 한국어를 배웠어요? いつ韓国語を学びましたか。
　B：대학 (다니다)＿＿＿＿＿＿ 조금 배웠어요. 大学通っていたとき少し学びました。

【解答】
1 ① 어릴 때 키가 작았어요　② 방학 때 아르바이트를 할 거예요　③ 심심할 때는 영화를 봐요
④ 웃을 때가 제일 예뻐요
2 ① 외로울 때　② 집에 있을 때　③ 시간이 있을 때　④ 다닐 때

例	화장−하다	化粧する	피곤−하다	疲れる		
1	어리다	若い・幼い	키가 작다	背が低い	심심하다	つまらない
2	외롭다	寂しい	힘들다	しんどい	청소−하다	掃除する
	맛있는 거	美味しいもの	다니다	通う	배우다	学ぶ

063 動詞語幹 −(으)ㄹ래요?【〜ましょうか・〜ますか・〜ませんか】

①何かをしようとする意志があるかを聞き手に尋ねるとき使う。②提案・意向を尋ねる表現として「059 −(으)ㄹ까요?」もあるが、「−(으)ㄹ까요?」は主語が1人称複数（「우리」）になる（cf.「−(으)ㄹ래요?」は主に主語が2人称（聞き手）になる場合が多い）。

形態情報　[パッチム×] 자다 → 잘래요　[パッチム○] 읽다 → 읽을래요　[ㄹ語幹] 놀다 → 놀래요

例 文　・시내에 같이 안 갈래요? | 街に一緒に行きませんか。
　・뭐 먹을래요? | 何食べましょうか。

1 日本語訳を参考にして、表を完成しなさい。

	−(으)ㄹ래요?	意味
① 한잔하다		一杯飲みましょうか。
② 같이 영화 보다		一緒に映画見ましょうか。
③ 놀러 가다		遊びに行きましょうか。
④ 한번 먹어 보다		一度食べてみますか。

2 (　　) の言葉を適当な形に変えて文を完成しなさい。

① A：주말에 바다에 (안 가다)＿＿＿＿＿＿? 週末に海に行きませんか。
　B：네, 좋아요. 가요. はい、いいです。行きましょう。
② A：배가 고파요. お腹が空いてます。
　B：뭐 (먹으러 가다)＿＿＿＿＿＿? 何か食べに行きましょうか。

③ A：저녁에 커피 (한잔하다)＿＿＿＿＿＿＿＿＿＿?　夕方にコーヒー一杯飲みましょうか。
B：미안해요. 약속이 있어요.　ごめんなさい。約束があります。

参考 動詞語幹 -(으)ㄹ래요【～ます（何かをしようとする話し手の意志を表明するとき使う)】
① 저는 비빔밥 먹을래요. | 私はビビンパ食べます。
② 많이 먹으면 살이 찌니까 그만 먹을래요. | たくさん食べると太るからもう食べません。

【解答】
1 ① 한잔할래요　② 같이 영화 볼래요　③ 놀러 갈래요　④ 한번 먹어 볼래요
2 ① 안 갈래요　② 먹으러 갈래요　③ 한잔할래요

例 시내	街	뭐	何・何か		
1 한잔-하다	一杯飲む				
2 바다	海	배가 고프다	お腹が空いてる	약속-하다	約束する
参 살이 찌다	太る	그만-하다	止める		

064 動詞語幹 -(으)ㄹ 수 있다(없다)【～ことができる／できない】

①あることができる能力を持っている、ある行動や状態が可能であることを表す。②不可能を表す表現には「081 -지 못하다 / 못」もある。

形態情報 [パッチム×] 하다 → 할 수　[パッチム○] 먹다 → 먹을 수　[ㄹ語幹] 만들다 → 만들 수

例文 ・한국어를 읽을 수 있어요. | 韓国語を読めます。
・잡채를 만들 수 없어요. | チャプチェを作ることができません。

1 日本語訳を参考にして、表を完成しなさい。

	-(으)ㄹ 수 있어요[없어요]	意味
① 운전하다		運転できます。
② 자전거 타다		自転車乗れます。
③ 한국 노래 부르다		韓国の歌歌えます。
④ 매운 음식 먹다		辛い食べ物食べられます。
⑤ 약속 시간을 바꾸다		約束の時間を変えることができます。

2 (　　) の言葉を適当な形に変えて文を完成しなさい。

① A：집까지 혼자 (가다)＿＿＿＿＿＿＿＿＿＿?　家まで1人で帰れますか。
B：네, 걱정 마세요.　はい、心配しないでください。
② A：한국어 (하다)＿＿＿＿＿＿＿＿＿＿?　韓国語話せますか。
B：아뇨, 잘 못해요.　いいえ、苦手です。
③ A：이거 (먹다)＿＿＿＿＿＿＿＿＿＿?　これ食べられますか。
B：아뇨, 먹으면 안 돼요.　いいえ、食べてはいけません。
④ A：내일 9시까지 (오다)＿＿＿＿＿＿＿＿＿＿?　明日9時までに来られますか。
B：아뇨, 올 수 없어요.　いいえ、来られません。

【解答】

1 ① 운전할 수 있어요.　② 자전거 탈 수 있어요.　③ 한국 노래 부를 수 있어요.
④ 매운 음식 먹을 수 있어요.　⑤ 약속 시간을 바꿀 수 있어요.

2 ① 갈 수 있어요　② 할 수 있어요　③ 먹을 수 있어요　④ 올 수 있어요

例	만들다	作る						
1	운전-하다	運転する	자전거를 타다	自転車に乗る	노래를 부르다	歌を歌う	맵다	辛い
	약속 시간	約束時間	바꾸다	変える				
2	걱정-하다	心配する	잘 못하다	苦手だ	안 돼요	ダメです		

065 動詞語幹 **-(으)러** (가다/오다/다니다)【～しに（行く／来る／通う）】

①動作の目的を表す。②後ろには「가다（行く）」「오다（来る）」「다니다（通う）」が続くことが多い。

形態情報　［パッチム×］하다 → 하러　［パッチム○］먹다 → 먹으러　［ㄹ語幹］놀다 → 놀러

例文　・식당에 밥 먹으러 가요. | 食堂にご飯食べに行きましょう。
・친구를 만나러 왔어요. | 友達に会いに来ました。

1 1つの文にしなさい。

① 도서관에 책을 빌리다 / 가요.　図書館に本を借りる／行きます。
→ ＿＿＿＿＿＿＿＿＿＿.　図書館に本を借りに行きます。

② 시내에 친구를 만나다 / 갈 거예요.　街に友達に会う／行くつもりです。
→ ＿＿＿＿＿＿＿＿＿＿.　街に友達に会いに行くつもりです。

③ 밥 먹다 / 근처 식당에 갔어요.　ご飯食べる／近所の食堂に行きました。
→ ＿＿＿＿＿＿＿＿＿＿.　ご飯食べに近所の食堂に行きました。

④ 가끔 우리 집에도 놀다 / 오세요.　たまにうちにも遊びにきてください。
→ ＿＿＿＿＿＿＿＿＿＿.　たまにうちにも遊びに来てください。

2 （　）の言葉を適当な形に変えて文を完成しなさい。

① A : 어디에 가세요?　どこへ行かれますか。
B : 친구 (만나다)＿＿＿＿＿＿ 가요.　友達会いに行きます。

② A : 어디 가세요?　どこへ行かれますか。
B : 친구 집에 (놀다)＿＿＿＿＿＿ 가요.　友達の家に遊びに行きます。

③ A : 한국에는 왜 왔어요?　韓国にはなぜ来ましたか。
B : 한국어 (공부하다)＿＿＿＿＿＿ 왔어요.　韓国語勉強しに来ました。

④ A : 요즘 어떻게 지내세요?　最近はいかがお過ごしですか。
B : 학원에 영어 (배우다)＿＿＿＿＿＿ 다녀요.　塾に英語習いに通っています。

【解答】

1 ① 도서관에 책을 빌리러 가요　② 시내에 친구를 만나러 갈 거예요　③ 밥 먹으러 근처 식당에 갔어요
④ 가끔 우리 집에도 놀러 오세요

2 ① 만나러　② 놀러　③ 공부하러　④ 배우러

1 빌리다	借りる	시내	街	근처	近所	가끔	たまに
2 어떻게	どう	어떻게 오셨어요?	なぜ来ましたか	요즘	最近		
지내다	過ごす	학원	塾	다니다	通う		

066 動詞語幹 -(으)려고 (하다)【～ようと（思う）】

その動作をしようとする意志があることを表す。その動作がちょうど始まることを表すこともある。

形態情報 [パッチム✕] 가다 → 가려고　[パッチム〇] 읽다 → 읽으려고　[ㄹ語幹] 놀다 → 놀려고

例 文
・옷을 사려 옷 가게에 가려고 해요. | 服を買いに服屋に行こうと思います。
・외국어 공부를 열심히 하려고 해요. | 外国語の勉強を一生懸命にしようと思います。

1 日本語訳を参考にして、表を完成しなさい。

	-(으)려고 해요	意味
① 주말에 파티하다		週末にパーティーしようと思います。
② 내년쯤 결혼하다		来年頃結婚しようとします。
③ 1시쯤 점심을 먹다		1時頃昼食を食べようと思います。
④ 기차가 출발하다		汽車が出発しようとしています。
⑤ 집에서 쉬다		家で休もうと思います。

2 (　　) の言葉を適当な形に変えて文を完成しなさい。

① A：B씨는 나중에 뭐가 되고 싶어요?　B さんは将来、何になりたいですか。
　B：(선생님이 되다)____________.　先生になろうと思います。

② A：무슨 꽃이에요?　何のお花ですか。
　B：아내에게 (주다)____________ 샀어요.　妻にあげようと買いました。

③ A：졸업 후에 뭐 할 거예요?　卒業の後何するつもりですか。
　B：(취직하다)____________.　就職しようと思います。

④ A：어디 갔다오세요?　どこに行ってらっしゃいますか。
　B：고향에 (가다)________ 표를 예매하고 왔어요.　実家に帰ろうとチケットを購入してきました。

【解答】

1 ① 주말에 파티하려고 해요.　② 내년쯤 결혼하려고 해요.　③ 1시쯤 점심을 먹으려고 해요.
　④ 기차가 출발하려고 해요.　⑤ 집에서 쉬려고 해요.

2 ① 선생님이 되려고 해요　② 주려고　③ 취직하려고 해요　④ 가려고

例 가게	お店	외국어	外国語				
1 결혼-하다	結婚する	기차	汽車	출발-하다	出発する		
2 나중에	後で	되다	なる	졸업-하다	卒業する	취직-하다	就職する
갔다오다	行ってくる	고향	実家	표	チケット	예매-하다	予約して購入する

067 動詞・形容詞語幹 -(으)면 / 名詞 (이)-면【～れば・～と・～たら】

①仮定や条件を表す。②語幹末にパッチムがない時や「ㄹ」パッチムの場合は「-면」。

「形態情報」 [パッチム×] 가다 → 가면　[パッチム○] 먹다 → 먹으면　[ㄹ語幹] 알다 → 알면

「例　文」 ・매일 사과를 먹으면 건강에 좋아요. | 毎日リンゴを食べると健康にいいです。
・비가 오면 집에서 쉴 거예요. | 雨が降ったら家で休むつもりです。

1 1つの文にしなさい。

① 시간이 있다 / 영화 보러 갑시다.　時間がある／映画観に行きましょう。
→ ________________.　時間があれば映画観に行きましょう。

② 지금 가다 / 만날 수 있어요?　今行く／会えますか。
→ ________________.　今行けば会えますか。

③ 전화번호를 알다 / 가르쳐 주세요.　電話番号を知っている／教えてください。
→ ________________.　電話番号を知っていれば教えてください。

④ 하나 씨가 가다 / 저도 갈 거예요.　ハナさんが行く／私も行きます。
→ ________________.　ハナさんが行けば私も行きます。

2 (　　) の言葉を適当な形に変えて文を完成しなさい。

① A : 몇 시쯤 도착해요?　何時頃到着しますか。
B : (지금 출발하다)________ 5시쯤 도착할 거예요.　今出発すると5時頃到着するでしょう。

② A : 피곤해요.　疲れています。
B : (피곤하다)________ 소파에서 좀 쉬세요.　疲れているならソファーで休んでください。

③ A : 지하철역이 어디에 있어요?　地下鉄駅はどこにありますか。
B : (똑바로 가다)________ 있어요.　まっすぐ行けば、あります。

④ A : 커피 왜 안 마셔요?　なぜコーヒー飲まないのですか。
B : (커피를 마시다)________ 잠을 못 자요.　コーヒーを飲むと眠れません。

【解答】

1 ① 시간이 있으면 영화 보러 갑시다　② 지금 가면 만날 수 있어요　③ 전화번호를 알면 가르쳐 주세요
④ 하나 씨가 가면 저도 갈 거예요

2 ① 지금 출발하면　② 피곤하면　③ 똑바로 가면　④ 커피를 마시면

例	건강-하다	健康だ						
1	알다	知る	가르쳐 주다	教えてあげる				
2	도착-하다	到着する	출발-하다	出発する	피곤-하다	疲れる	지하철역	地下鉄駅
	똑바로	まっすぐ	잠을 못 자다	寝られない				

068 動詞・形容詞語幹 **-(으)면 되다** / 名詞 **(이)-면 되다** 【～ばいい・～といい】

①ある動作を行うか、ある状態を維持するための条件を提示するとき使う。②語幹末にパッチムがない時や「ㄹ」パッチムの場合は「-면」。③「070 -(으)면 안 되다（禁止)」も参考にすること。

「形態情報」 [パッチム×] 오다 → 오면 되다　[パッチム○] 먹다 → 먹으면 되다
[ㄹ語幹] 놀다 → 놀면 되다

「例　文」 ・그냥 오시면 됩니다. | ただいらっしゃればいいです。
・서울역에서 1호선으로 갈아타시면 돼요. | ソウル駅で1号線に乗り換えればいいです。

1 日本語訳を参考にして、表を完成しなさい。

	−(으)면 돼요	意味
① 9시까지 오시다		9時までいらっしゃればいいです。
② 2번 출구로 나오다		2番出口に出て来ればいいです。
③ 돈은 얼마쯤 있다		お金はどのくらいあればいいですか。
④ 식후에 드시다		食後に召し上がればいいです。
⑤ 학생이다		学生ならいいです。

2 (　　)の言葉を適当な形に変えて文を完成しなさい。

① A：이거 어떻게 먹어요? これどうやって食べますか。
　B：고추장을 넣은 후 (비비다)＿＿＿＿＿＿. コチュジャンを入れた後、混ぜればいいです。
② A：어디에 앉으면 돼요? どこに座れば良いのですか。
　B：빈자리에 (앉으시다)＿＿＿＿＿＿. 空席に座られればいいです。
③ A：어디에서 기다리면 됩니까? どこで待てばいいですか。
　B：여기에서 (기다리시다)＿＿＿＿＿＿. ここで待たれればいいです。
④ A：은행이 어디에 있어요? 銀行はどこにありますか。
　B：저쪽으로 (가시다)＿＿＿＿＿＿. あちらへ行かれればいいです。

【解答】
1 ① 9시까지 오시면 돼요.　② 2번 출구로 나오면 돼요.　③ 돈은 얼마쯤 있으면 돼요?
　④ 식후에 드시면 돼요.　⑤ 학생이면 돼요.
2 ① 비비면 돼요　② 앉으시면 돼요　③ 기다리시면 돼요　④ 가시면 돼요

例 그냥	ただ・なんとなく	갈아타다	乗り換える	서울역	ソウル駅		
1 출구	出口	얼마쯤	どのくらい	식후	食後	드시다	召し上がる
2 고추장	コチュジャン	넣다	入れる	비비다	混ぜる	빈자리	空席
앉다	座る	기다리다	待つ	저쪽	あちら		

069 動詞・形容詞語幹 −(으)면서 / 名詞 (이)−면서【〜ながら】

①2つ以上の動作や状態が共に起こることを意味する。②語幹末にパッチムがない時や「ㄹ」パッチムの場合は「−면서」。

形態情報 [形] 싸다 → 싸면서　[動] 읽다 → 읽으면서　[ㄹ語幹] 살다 → 살면서

例 文 ・텔레비전을 보면서 밥을 먹어요.｜テレビを見ながらご飯を食べます。
・제 얼굴을 보면서 말했어요.｜私の顔を見ながら言いました。

1 1つの文にしなさい。

① 샤워를 하다 / 노래를 불러요. シャワーをします／歌を歌います。
　→＿＿＿＿＿＿＿＿. シャワーをしながら歌を歌います。
② 그 사람이 웃다 / 말했어요. 彼が笑う／言いました。
　→＿＿＿＿＿＿＿＿. 彼が笑いながら言いました。

③ 음악을 듣다 / 요리를 해요. 音楽を聞く／料理をします。

→ ____________________. 音楽を聞きながら料理をします。

④ 청소를 하다 / 내일 일을 생각해요. 掃除をする／明日のことを考えます。

→ ____________________. 掃除をしながら明日のことを考えます。

2 (　　)の言葉を適当な形に変えて文を完成しなさい。

① A：(운전하다)________ 담배를 피우면 안 돼요. 運転しながら、タバコを吸ったら、ダメです。
B：네, 알겠습니다. はい、分かりました。

② A：미나 씨, 왜 그러세요? ミナさん、どうなさいましたか。
B：(자다)________ 무서운 꿈을 꿨어요. 寝ていて、怖い夢をみました。

③ A：하나 씨 만나서 뭐 했어요? ハナさんに会って、何しましたか。
B：(커피 마시다)________ 이야기했어요. コーヒー飲みながら、話しました。

④ A：여행 가서 뭐 했어요? 旅行に行って何しましたか。
B：(걸어 다니다)________ 이곳저곳 구경했어요. 歩きながらあちこち見物しました。

【解答】
1 ① 샤워를 하면서 노래를 불러요　② 그 사람이 웃으면서 말했어요　③ 음악을 들으면서 요리를 해요
④ 청소를 하면서 내일 일을 생각해요
2 ① 운전하면서　② 자면서　③ 커피 마시면서　④ 걸어 다니면서

1 노래-하다	歌う	부르다	歌う	웃다	笑う	청소-하다	掃除する
일	仕事・こと	생각-하다	考える				
2 운전-하다	運転する	담배를 피우다	タバコを吸う	무섭다	怖い	꿈을 꾸다	夢を見る
걸어 다니다	歩き回る	구경-하다	見物する				

070 動詞・形容詞語幹 -(으)면 안 되다【～てはいけない・～てはならない】

①ある動作を禁止したり制限するとき使う。②語幹末にパッチムがない時や「ㄹ」パッチムの場合は「-면」。
③「해요体」되 + 어요 = 돼요、「합니다体」되 + (으)ㅂ니다 = 됩니다

形態情報 ［パッチム×］오다 → 오면　［パッチム○］먹다 → 먹으면　［ㄹ語幹］놀다 → 놀면

例文
・이곳에 주차하면 안 됩니다. | ここに駐車してはいけません。
・저도 가면 안 돼요? | 僕も行ったらダメですか。

1 日本語訳を参考にして、表を完成しなさい。

	-(으)면 안 돼요	意味
① (도서관에서) 떠들다		騒いではいけません。
② (실내에서) 담배를 피우다		タバコを吸ってはいけません。
③ (여기에서) 술을 마시다		お酒を飲んではいけません。
④ (길에) 쓰레기를 버리다		ゴミを捨ててはいけません。
⑤ (친구끼리) 거짓말을 하다		嘘をついてはいけません。

2 (　　) の言葉を適当な形に変えて文を完成しなさい。

① A：지금 집에 가도 돼요?　　今家に行ってもいいですか。
　B：아니요, (가다)＿＿＿＿＿＿.　　いいえ、行ったらダメです。

② A：내일 조금 늦게 와도 돼요?　　明日少し遅く来てもいいですか。
　B：아니요, (늦게 오다)＿＿＿＿＿＿.　　いいえ、遅く来たらダメです。

③ A：시험 볼 때 사전을 봐도 돼요?　　試験を受けるとき、辞書をみてもいいですか。
　B：아니요, (보다)＿＿＿＿＿＿.　　いいえ、みたらダメです。

④ A：여기에 앉아도 됩니까?　　ここに座ってもいいですか。
　B：아니요, (앉다)＿＿＿＿＿＿.　　いいえ、座ってはいけません。

【解答】

1 ① 떠들면 안 돼요.　② 담배를 피우면 안 돼요.　③ 술을 마시면 안 돼요.　④ 쓰레기를 버리면 안 돼요.
⑤ 거짓말을 하면 안 돼요.

2 ① 가면 안 돼요　② 늦게 오면 안 돼요　③ 보면 안 돼요　④ 앉으면 안 돼요

例	이곳	ここ	주차-하다	駐車する			
1	떠들다	騒ぐ	실내	室内	거짓말(을) 하다	嘘（を）つく
	술	酒	쓰레기	ゴミ	버리다	捨てる
2	늦다	遅い・遅れる	시험을 보다	試験を受ける	사전	辞書

071 動詞・形容詞語幹 **-(으)시-** / 名詞 **(이)-시-**【お～だ・～れる・～られる】

①目上の人に尊敬を表すとき使う。②動詞・形容詞・이다の語幹と語尾（「-ㅂ니다」「-어요」など）の間に入る。

形態情報　[パッチムX] 가다 → 가시다　[パッチム○] 앉다 → 앉으시다　[ㄹ語幹] 살다 → 사시다

例文　・어디 가세요? | どこ行かれますか。
　・선생님께서는 조금 바쁘세요. | 先生はちょっとお忙しいです。

1 日本語訳を参考にして、表を完成しなさい。

	-(으)세요	意味	-(으)셨어요	意味
① 가다		行かれます。		行かれました。
② 있다		いらっしゃいます。		いらっしゃいました。
③ 하다		なさいます。		なさいました。

2 (　　) の言葉を適当な形に変えて文を完成しなさい。

① A：아버지께서는 무슨 일 하세요?　　お父さんは何されていますか。
　B：아버지는 (선생님이다)＿＿＿＿＿＿.　　父は先生です。

② A：지금 기분이 (어떻다)＿＿＿＿＿＿?　　今の気分はいかがですか。
　B：아주 좋아요.　　とてもいいですね。

③ A：요즘 많이 (바쁘다)＿＿＿＿＿＿?　　最近お忙しいですか。
　B：네, 조금 바쁘네요.　　はい、少し忙しいですね。

3 特殊な尊敬形

	尊敬語	語幹＋ -어요(～ます)	意味
① 먹다 / 마시다	드시다	드세요	召し上がります。
② 자다	주무시다		お休みになります。
③ 있다*	계시다		いらっしゃいます。
④ 죽다	돌아가시다		亡くなりました。

＊「계시다」と「있으시다」: 人が主語のときは「계시다(存在)」、ものが主語のときは「있으시다(所有)」。

【解答】
1 ① 가세요 / 가셨어요.　② 있으세요 / 있으셨어요.　③ 하세요 / 하셨어요.
2 ① 선생님이세요　② 어떠세요　③ 바쁘세요
3 ① 주무세요.　② 계세요.　③ 돌아가셨어요.

072 名詞 (이)나【～も】

①数量が予想を超えたり、かなり大きかったり多かったりすることを強調する助詞。②反対の意味を持つ助詞は、「026 밖에」。

「形態情報」 [パッチム×] 세 개 → 세 개나　[パッチム○] 반 → 반이나
「例　文」 ・고기를 3인분이나 먹었어요.｜肉を 3 人前も食べました。
・피곤해서 12시간이나 잤어요.｜疲れたので 12 時間も寝ました。

1 1 つの文にしなさい。

① 커피를 다섯 잔 / 마셨어요.　コーヒーを 5 杯／飲みました。
→ ＿＿＿＿＿＿＿＿＿＿.　コーヒーを 5 杯も飲みました。
② 버스를 한 시간 / 기다렸어요.　バスを 1 時間／待ちました。
→ ＿＿＿＿＿＿＿＿＿＿.　バスを 1 時間も待ちました。
③ 술이 반 / 남았어요.　酒が半分／残りました。
→ ＿＿＿＿＿＿＿＿＿＿.　酒が半分も残りました。
④ 결혼을 세 번 / 했어요.　結婚を 3 回／しました。
→ ＿＿＿＿＿＿＿＿＿＿.　結婚を 3 回もしました。

2 (　　) の言葉を適当な形に変えて文を完成しなさい。

① A : 오래 기다렸어요?　ずっと待ちましたか。
B : 거의 (1시간)＿＿＿＿＿ 기다렸어요.　1 時間近くも待ちました。
② A : 한 달에 책을 (몇 권)＿＿＿＿＿ 읽어요?　1 カ月に本を何冊ほど読みますか。
B : 다섯 권쯤 읽어요.　5 冊ぐらい読みます。
③ A : 심심해서 영화를 (3편)＿＿＿＿＿ 봤어요.　退屈で映画を 3 本も観ました。
B : 세 편이나요?　3 本もですか。

参考 「(이)나」の多様な意味

①【～や】: 주말에는 강이나 바다로 놀러 가요.(週末は川や海に遊びに行きます。)

②【～でも】: 커피나 한잔합시다.(コーヒーでも一杯飲みましょう。)

【解答】

1 ① 커피를 다섯 잔이나 마셨어요　② 버스를 한 시간이나 기다렸어요　③ 술이 반이나 남았어요　④ 결혼을 세 번이나 했어요

2 ① 한 시간이나　② 몇 권이나　③ 세 편이나

例	-인분	～人前				
1	-잔	～杯	술	酒	남다	残る
2	오래	長く	거의	ほとんど	-권	～冊

073 名詞（疑問詞）(이)든지【～でも】

①「～であっても区別せずに全て」。どれを選択しても構わないことを表す。②「075 (이)라도」も代わりに使える。

形態情報 [パッチム×] 누구 → 누구든지　[パッチム○] 무엇 → 무엇이든지

例文 ・저는 뭐든지 다 잘 먹어요. | 私は何でもよく食べます。

・하나 씨랑 함께라면 어디든지 갈 수 있어요. | ハナさんと一緒なら、どこへでも行けます。

1 適切な表現を［보기］から選んで書きなさい。

［보기］ 뭐든지　언제든지　어디든지　누구든지

① 모르는 것이 있으면 ________ 물어보세요.　知らないことがあれば、何でも聞いてみてください。

② 저는 ________ 다 잘 먹어요.　私は何でもみんなよく食べます。

③ 심심해요. ________ 갑시다.　退屈です。どこにでも行きましょう。

④ ________ 괜찮으니까 필요하면 연락하세요.　いつでも大丈夫なので、必要ならば連絡してください。

⑤ ________ 질문이 있으면 질문하세요.　何でも質問があれば、質問してください。

2 日本語訳を参考にして、____に入る適切な表現を書きなさい。

① A: 우리 언제 만날까요?　私たち、いつ会いましょうか。

B: 저는 __________ 괜찮아요.　私はいつでも大丈夫です。

② A: 주말에 어디로 놀러 갈까요?　週末にどこに遊びに行きましょうか。

B: 저는 __________ 괜찮아요.　私はどこでもいいです。

③ A: 하나 씨 뭐 먹을래요?　ハナさん、何食べましょうか。

B: __________ 다 괜찮아요.　何でもいいですよ。

④ A: 선생님, 질문 있는데요.　先生、質問あるんですが…。

B: 그래요? __________ 물어보세요.　そうですか。何でも聞いてください。

【解答】

1 ① 뭐든지　② 뭐든지　③ 어디든지　④ 언제든지　⑤ 뭐든지

2 ① 언제든지　② 어디든지　③ 뭐든지　④ 뭐든지

例	다	すべて	함께라면	一緒なら					
1	물어보다	聞いてみる	심심하다	つまらない	연락-하다	連絡する	질문-하다	質問する	
	필요-하다	必要だ							

074 引用文（ダブルクォート・シングルクォート）(이)라고 / 名詞 (이)라고【〜と・〜であると】

①前の言葉が、元の発話内容そのまま引用するとき使う。②「하다(する), 묻다(尋ねる), 듣다(聞く), 쓰다(書く)」や「생각하다(考える), 믿다(信じる)」のような動詞と一緒に使う。③後の名詞を修飾するときは、「-라는(〜という)」を使う。

形態情報 [引用文] '사랑해' → '사랑해' 라고　[名詞] 학생이다 → 학생이라고

例文
・엄마가 "널 믿어."라고 했어요. | 母が「君を信じてる。」と言いました。
・싫으면 "싫어."라고 말씀하세요. | 嫌なら「嫌です」と言ってください。

1 1つの文にしなさい。

① 하나 씨: "비가 와요."　ハナさん：『雨が降っています。』
→ 하나 씨가 "＿＿＿＿＿."라고 해요.　ハナさんが「雨が降っています。」と言います。

② 하루 씨: "밥 먹어요!"　ハルさん：『ご飯食べましょう！』
→ 하루 씨가 "＿＿＿＿＿."라고 했어요.　ハルさんが「ご飯食べましょう！」と言いました。

③ 하나 씨: "저 사람, 일본 사람이에요?"　ハナさん：『あの人、日本人ですか。』
→ 하나 씨가 "＿＿＿＿＿?"라고 물었어요.　ハナさんが「あの人、日本人ですか。」と尋ねました。

④ 하루 씨: "한국어로 '사전' 이에요."　ハルさん：「韓国語で『辞書』です。」
→ 하루 씨가 "＿＿＿＿＿."라고 했어요.　ハルさんが「韓国語で『辞書』です。」と言いました。

2 日本語訳を参考にして、＿＿に入る適切な表現を書きなさい。

① A：'お母さん' 을 한국말로 뭐라고 해요?　「お母さん」を韓国語で何と言いますか。
B：'엄마' ＿＿＿＿＿.　「お母さん」と言います。

② A：동생이 뭐라고 해요?　弟が何と言っていますか。
B：동생이 "인터넷이 뭐예요?" ＿＿＿＿＿.　弟が『インターネットって何ですか。』と言います。

③ A：어릴 때 별명이 뭐였어요?　幼いときのあだ名は何でしたか。
B：친구들이 저를 '돼지' ＿＿＿＿＿ 불렀어요.　友達が私を「豚」と呼びました。

④ A：엄마가 뭐라고 하셨어요?　お母さんが何と言いましたか。
B："잘했어." ＿＿＿＿＿ 하셨어요.　『よく出来ました。』と言いました。

【解答】
1 ① 비가 와요　② 밥 먹어요　③ 저 사람, 일본 사람이에요　④ 한국어로 사전이에요
2 ① 라고 해요　② 라고 해요　③ 라고　④ 라고

例	믿다	信じる	싫다	嫌い	말씀-하다	おっしゃる				
1	묻다	尋ねる								
2	한국말	韓国語	어리다	若い	별명	あだ名	뭐라고	何だと	잘하다	上手だ
	돼지	豚	부르다	呼ぶ						

075 名詞 (이)라도【~でも】

①それが最善ではないが、選択肢の中ではそれなりに良いことを表す助詞。②「072 (이)나」の〈参考〉も参照。

形態情報 [パッチム×] 영화 → 영화라도　[パッチム○] 빵 → 빵이라도

例文
・물이라도 한 잔 주세요. | 水でも一杯ください。
・커피라도 한잔할래요? | コーヒーでも一杯飲みましょうか。

1 1つの文にしなさい。

① 커피 / 한잔합시다.　コーヒー/一杯飲みましょう。
→ ＿＿＿＿＿＿＿＿.　コーヒーでも一杯飲みましょう。

② 일 끝나고 술 / 한잔해요.　仕事終ってから、酒/一杯飲みましょう。
→ ＿＿＿＿＿＿＿＿.　仕事終ってから、酒でも一杯飲みましょう。

③ 심심하면 영화 / 한 편 보세요.　退屈なら、映画/1本観てください。
→ ＿＿＿＿＿＿＿＿.　退屈なら、映画でも1本観てください。

④ 배 고픈데 라면 / 먹을까요?　お腹がすいたので、ラーメン/食べましょうか。
→ ＿＿＿＿＿＿＿＿.　お腹がすいたので、ラーメンでも食べましょうか。

2 (　　)の言葉を適当な形に変えて文を完成しなさい。

① A：먹을 게 하나도 없어요.　食べるものがひとつもありません。
　B：그럼 (물)＿＿＿＿ 한 잔 주세요.　じゃ、水でも一杯ください。

② A：공부가 안 돼요.　勉強になりません。
　B：공부가 안 되면 (잠)＿＿＿＿ 자요.　勉強にならないなら、寝てください。

③ A：시간이 있으면 (술)＿＿＿＿ 한잔할까요?　時間があれば、お酒でも一杯飲みましょうか。
　B：술이요? 좋죠!　酒ですか。いいですね。

④ A：돈이 없어요.　お金がありません。
　B：그럼 (아르바이트)＿＿＿＿ 하는 게 어때요?　じゃ、アルバイトでもするのはどうですか。

【解答】
1 ① 커피라도 한잔합시다　② 일 끝나고 술이라도 한잔해요　③ 심심하면 영화라도 한 편 보세요
④ 배 고픈데 라면이라도 먹을까요
2 ① 물이라도　② 잠이라도　③ 술이라도　④ 아르바이트라도

例	한 잔	一杯	한잔-하다	一杯飲む				
1	끝나다	終わる	심심하다	つまらない	(영화)한 편	(映画) 一本		
2	먹을 거	食べ物	안 되다	できない・ダメだ	술	酒	돈	お金

076 名詞 (이)라서【~て・~から・~ので・~ため】

①理由や根拠を表すとき使う。②同じ表現で、「030 -이어서」がある。③「아니다」は話す時「아니어서」より「아니라서」で使う場合が多い。④「(이)라서」の「-서」は省略される場合がある。

形態情報 [パッチム×] 친구 → 친구라서　[パッチム○] 방학 → 방학이라서

例文
・여자라서 행복해요. | 女なので幸せです。
・방학이라서 별로 안 바빠요. | 長期休暇だからあまり忙しくないです。

1 1つの文にしなさい。

① 봄 / 날씨가 따뜻해요. 春／暖かいです。
→ ______________________. 春なので、暖かいです。

② 출근 시간 / 길이 많이 막히네요. 出勤時間／とても混みますね。
→ ______________________. 出勤時間なので、とても混みますね。

③ 친구 생일 / 선물 사러 갈 거예요. 友達の誕生日／プレゼント買いに行くつもりです。
→ ______________________. 友達の誕生日なので、プレゼントを買いに行くつもりです。

④ 혼자 / 심심해요. 人で退屈です。
→ ______________________. 1人なので退屈です。

2 (　　) の言葉を適当な形に変えて文を完成しなさい。

① A：룸메이트랑 사이 좋아요? ルームメイトと仲がいいですか。
B：네, (고향 친구)__________ 편해요. はい、実家の友達なので、気兼ねがありません。

② A：이 책 좀 빌려 주세요. この本貸してください。
B：제 책이 (아니다)__________ 안 돼요. 私の本ではないので、ダメです。

③ A：왜 하나 씨한테 반말해요? なんでハナさんにため口で言うんですか。
B：아~, (학교 후배)__________ 요. あ～、学校の後輩だからです。

④ A：왜 이렇게 사람이 많아요? なぜこんなに人が多いのですか。
B：(세일 중)__________ 요. セール中だからです。

【解答】

1 ① 봄이라(서) 날씨가 따뜻해요　② 출근 시간이라(서) 길이 많이 막히네요
③ 친구 생일이라(서) 선물 사러 갈 거예요　④ 혼자라(서) 심심해요

2 ① 고향 친구라(서)　② 아니라(서)　③ 학교 후배라(서)　④ 세일 중이라(서)

例	여자	女	행복-하다	幸せだ	별로	あまり・別に
1	출근-하다	出勤する	길이 막히다	道が混む		
2	사이가 좋다	仲がいい	빌리다	借りる	편하다	楽だ
	반말-하다	ため口で言う	세일 중이다	セール中だ		

077 名詞・助詞・語尾 요【～です・～ます・～ですね】

①相手に対して丁寧に答えるとき使う。②同じ言葉の繰り返しを省略するときなどにも使われる。(例) A：지금 어디에 가요? B：집에 가요 → 집에요(집이요).

形態情報 [パッチムX] 가수 → 가수요　[パッチム○] 학생 → 학생이요

例文 A：어제 누구 만났어요? | 昨日誰に会いましたか。
B：친구요. | 友達です。
A：어디에서요? | どこでですか。
B：집에서요. | 家でです。

1 日本語訳を参考にして、対話文を完成しなさい。

① 점심 뭐 먹었어요? お昼何食べましたか。
→ (비빔밥을 먹었어요) ____________________. ビビンバです。

② 오전에 어디에 갔다 왔어요? 午前どこに行きましたか。
→ (학교에 갔다 왔어요) ____________________. 学校（に）です。

③ 어제 어디에서 쇼핑했어요? 昨日どこで買い物しましたか。
→ (ABC백화점에서 쇼핑했어요) ____________________. ABC デパート（で）です。

④ 누구랑 갔어요? 誰と行きましたか。
→ (언니랑 갔어요) ____________________. 姉（と）です。

2 (　　) の中を短縮した形に変えなさい。

① A : 언제 결혼할 거예요? いつ頃結婚しますか。
B : (내년쯤에 할 거예요.) (来年頃にしようとします。)
→ ____________________. 来年頃（に）です。

② A : 왜 학교에 안 왔어요? なぜ学校に来なかったですか。
B : (아파서 못 왔어요.) (具合が悪くて来られませんでした。)
→ ____________________. 痛いからです。

③ A : 기분이 안 좋아 보여요. 気分がよくなさそうです。
B : (눈이 오니까 기분이 안 좋아요.) (雪が降って気分がよくないです。)
→ ____________________. 雪が降っているからです。

【解答】
1 ① 비빔밥요　② 학교(에)요　③ ABC백화점(에서)요　④ 언니(랑)요
2 ① 내년쯤(에)요　② 아파서요　③ 눈이 오니까요

1 오전	午前	갔다오다	行ってくる			
2 결혼-하다	結婚する	기분	気分	좋아 보이다	良さそうだ	

078 動詞・形容詞語幹 **-잖아요** / 名詞 **(이)-잖아요**【～じゃないですか】

①相手が知っていることを確認、または訂正するとき使う。②主に口語で、日常的な状況でよく使われる。③非難するときも使うので、親しくない人に使うと無礼である。

形態情報 [パッチム✕] 하다 → 하잖아요　[パッチム〇] 춥다 → 춥잖아요

例 文
・조용히! 학생들이 공부하고 있잖아요. | 静かに！ 学生たちが勉強しているじゃないでか。
・친구가 오잖아요. 그래서 샀어요. | 友達が来るじゃないですか。だから買いました。

1 日本語訳を参考にして、表を完成しなさい。

	-잖아요	意味
① 아까 말했다		さっき言ったじゃないですか。
② 인기가 많다		人気が高いじゃないですか。

③ 내가 그랬다		私がそう言ったじゃないですか。
④ 아까 마셨다		さっき飲んだじゃないですか。
⑤ 아직 학생이다		まだ学生じゃないですか。

2 (　　) の言葉を適当な形に変えて文を完成しなさい。

① A：담배 피우고 올게요.　タバコ吸って来ます。
　B：또요? 조금 전에 (피웠다)＿＿＿＿＿＿.　またですか。さっき吸ったじゃないですか。
② A：하나 씨 다음 주에 결혼해요.　ハナさん来週結婚します。
　B：지난주에 제가 (말했다)＿＿＿＿＿＿.　先週私が言ったじゃないですか。
③ A：술 못 마셔요?　お酒飲めませんか。
　B：저 아직 (18살이다)＿＿＿＿＿＿.　私まだ18歳じゃないですか。
④ A：미역국? 누구 생일이에요?　わかめスープ？ 誰か誕生日ですか。
　B：몰랐어? 아빠 (생신이다)＿＿＿＿＿＿.　知らなかったの？ お父さんの誕生日じゃない。

【解答】
1 ① 아까 말했잖아요.　② 인기가 많잖아요.　③ 내가 그랬잖아요.　④ 아까 마셨잖아요.
　⑤ 아직 학생이잖아요.
2 ① 피웠잖아요　② 말했잖아요　③ 열여덟 살이잖아요　④ 생신이잖아

例 조용-하다	静かだ	조용히	静かに				
1 아까	さっき	아직	まだ				
2 담배를 피우다	タバコを吸う	또	また	미역국	わかめスープ	생신	誕生日

079 動詞・形容詞語幹 **-지만** / 名詞 **(이)-지만**【〜が・〜けれども・〜けれど・〜けど】

①前の内容とは反対か異なることを述べるとき使う。②過去形の後（-았/었/했지만）、未来形の後（-겠지만/-(으)ㄹ 거지만）にも付く。

形態情報　［パッチムX］가다 → 가지만　［パッチム○］춥다 → 춥지만　［名］학생 → 학생이지만

例 文　・조금 맵지만 맛있어요.｜少し辛いけど美味しいです。
　・한국어는 어렵지만 재미있어요.｜韓国語は難しいけど面白いです。

1 1つの文にしなさい。

① 가격은 조금 비싸다 / 아주 편리합니다.　値段は少し高い／とても便利です。
　→ ＿＿＿＿＿＿＿＿.　値段は少し高いけどとても便利です。
② 영어는 잘하다 / 한국어는 잘 못해요.　英語は上手だ／韓国語は下手です。
　→ ＿＿＿＿＿＿＿＿.　英語は上手だが韓国語は下手です。
③ 영화는 좋아하다 / 드라마는 안 좋아해요.　映画は好きだ／ドラマは好きじゃないです。
　→ ＿＿＿＿＿＿＿＿.　映画は好きだがドラマは好きじゃないです。
④ 저는 학생이다 / 동생은 회사원이에요.　私は学生です／弟は会社員です。
　→ ＿＿＿＿＿＿＿＿.　私は学生ですが、弟は会社員です。

2 (　　) の言葉を適当な形に変えて文を完成しなさい。

① A：그 가게 음식 어때요?		そのお店の料理どうですか。
B：조금 (비싸다)＿＿＿＿＿ 맛있어요.		少し高いけど美味しいです。
② A：오빠 있어요?		お兄さんいますか。
B：언니는 (있다)＿＿＿＿＿ 오빠는 없어요.		姉はいますが兄はいません。
③ A：동생도 하나 씨랑 닮았어요?		弟もハナさんと似ていますか。
B：엄마랑은 (닮았다)＿＿＿＿ 저랑은 안 닮았어요.		母とは似ていますが、私とは似ていません。
④ A：부산에도 눈이 왔어요?		釜山にも雪が降りましたか。
B：대구에는 (왔다)＿＿＿＿ 부산에는 안 왔어요.		大邱には降りましたが、釜山には降りませんでした。

【解答】

1 ① 가격은 조금 비싸지만 아주 편리합니다　② 영어는 잘하지만 한국어는 잘 못해요
③ 영화는 좋아하지만 드라마는 안 좋아해요　④ 저는 학생이지만 동생은 회사원이에요

2 ① 비싸지만　② 있지만　③ 닮았지만　④ 왔지만

例	맵다	辛い		
1	가격	値段	편리-하다	便利だ
2	가게	店	닮다	似ている

080 動詞語幹 **–지 말다**(마세요 / 마십시오)【～ない（～ないでください）】

①行動を禁止するとき使う。②「말다」は「087 ㄹ脱落動詞」で、「–지 마세요」「–지 마십시오」「–지 마（ため口）」の形で覚えたほうが楽である。

形態情報　[パッチム×] 가다 → 가지 말다　　[パッチム○] 먹다 → 먹지 말다

例　文　・박물관에서 사진을 찍지 마세요. | 博物館で写真を撮らないでください。
・너무 걱정하지 마세요. | あまり心配しないでください。

1 日本語訳を参考にして、表を完成しなさい。

	–지 마세요	意味
① 하다		しないでください。
② 저를 잊다		私を忘れないでください。
③ 만지다		触らないでください。
④ 너무 무리하다		あまり無理しないでください。
⑤ 떠들다		騒がないでください。

2 (　　) の言葉を適当な形に変えて文を完成しなさい。

① A：집에 일찍 올 거예요?	家に早く帰るつもりですか。
B：늦을 거 같으니까 (기다리다)＿＿＿＿＿＿＿.	遅くなりそうだから待たないでください。

② A : 텔레비전 켜도 돼요? テレビつけてもいいですか。
B : 공부 중이에요. 지금은 (켜다)______________. 勉強中です。今はつけないでください。
③ A : 싱거운데 소금 더 넣을까요? 味が薄いので、もっと塩を入れましょうか。
B : 건강에 안 좋으니까 (넣다)______________. 健康に良くないので、入れないでください。
④ A : 내일 시험이 걱정이에요. 明日の試験が心配です。
B : 너무 (걱정하다)______________. あまり心配しないでください。

＊理由の「-니까」と一緒に使われる場合が多い（「-니까 -지 마세요」）。

【解答】
1 ① 하지 마세요. ② 저를 잊지 마세요. ③ 만지지 마세요. ④ 너무 무리하지 마세요.
⑤ 떠들지 마세요.
2 ① 기다리지 마세요 ② 켜지 마세요 ③ 넣지 마세요 ④ 걱정하지 마세요

例	박물관	博物館	너무	あまり・とても	걱정-하다	心配する		
1	만지다	触る	무리-하다	無理する	잊다	忘れる	떠들다	騒ぐ
2	일찍	早く	켜다	つける	싱겁다	味が薄い	넣다	入れる
	걱정-이다	心配だ	잘 되다	うまくいく				

081 動詞語幹 -지 못하다 / 못 + 動詞【～ことができない・～（ら）れない】

①その動作を行う能力に欠けていたり、主語の意志通りにはならないことを表す。②話し言葉では、「못」をよく使う。③「하다動詞」に使うときは、通常「하다」の直前に「못」を入れる（例：전화하다 → 전화 못했어요（電話できませんでした））。④「能力がない」場合は、「064 -(으)ㄹ 수 없다」「-(으)ㄹ 줄 모르다」と同じ意味である。

形態情報 ［パッチム×］가다 → 가지 못하다 ［パッチム○］먹다 → 먹지 못하다

例 文 ・한국어를 잘하지 못해요. | 韓国語があまり上手ではありません。
・배가 아파서 학교에 못 갔어요. | お腹が痛くて学校に行けませんでした。

1 日本語訳を参考にして、表を完成しなさい。

	못	-지 못하다	意味
① 운전하다			運転できません。
② 테니스 치다			テニスできません。
③ 자주 만나다			あまり会えません。
④ 밥도 먹다			ご飯も食べられませんでした。

2 （　　）の言葉を適当な形に変えて文を完成しなさい。

① A : 수영할 수 있어요? 水泳することができますか。
B : 아뇨, (하다)______________. いいえ、できません。
② A : 주말에 여행 갈까요? 週末に旅行行きましょうか。
B : 미안해요. 일이 많아서 (가다)______________. ごめんなさい。仕事が多くて行けません。

③ A：커피나 한잔해요.　　コーヒーでも一杯飲みましょう。
B：요즘 위가 아파서 (마시다)＿＿＿＿＿＿.　　最近胃が痛くて<u>飲めません</u>。
④ A：왜 전화도 안 했어요?　　なぜ電話もしなかったのですか。
B：일이 바빠서 (전화하다)＿＿＿＿＿＿.　　仕事が忙しくて<u>電話できなかったんです</u>。

【解答】
1 ① 운전 못해요 / 하지 못해요.　② 테니스 못 쳐요 / 치지 못해요.　③ 자주 못 만나요 / 만나지 못해요.
④ 밥도 못 먹었어요 / 먹지 못했어요.
2 ① 못해요 / 하지 못해요　② 못 가요 / 가지 못해요　③ 못 마셔요 / 마시지 못해요
④ 전화 못했어요 / 전화하지 못했어요

例 배가 아프다　お腹が痛い
1 운전−하다　運転する
2 수영−하다　泳ぐ　　일　仕事　　위가 아프다　胃が痛い

082 動詞・形容詞語幹 **−지 않다 / 안 ＋** 動詞・形容詞【〜ない・〜くない・〜ではない】

①動詞・形容詞の否定形（動作や状態を否定する）。②語末の「−다」を除いて「−아요/어요(해요体)」「−습니다(합니다体)」などをつける。③話し言葉では、「안」をよく使う。④「하다動詞」に使うときは、通常「하다」の直前に「안」を入れる。例：공부해요 → 공부 안 해요（勉強しません）

形態情報　[パッチム×] 하다 → 하지 않다　　[パッチム○] 먹다 → 먹지 않다

例　文　・저랑은 어울리지 않아요. | 私とは似合わないです。
・아직 저녁 안 먹었어요. | まだ夕食食べていません。

1 日本語訳を参考にして、表を完成しなさい。

	안	−지 않다	意味
① 어렵다			難しくないです。
② 짜다			塩辛くありません。
③ 힘들다			つらくないです。
④ 좋아하다			好きではありません。

2 (　　)の言葉を適当な形に変えて文を完成しなさい。

① A：친구와 같이 살아요?　　友達と一緒に住んでいますか。
B：아뇨, 같이 (살다)＿＿＿＿＿＿.　　いいえ、一緒に<u>住んでいません</u>。
② A：집이 여기에서 많이 멀어요?　　家がここからかなり遠いのですか。
B：아뇨, 많이 (멀다)＿＿＿＿＿＿.　　いいえ、それほど<u>遠くないですよ</u>。
③ A：한국 노래 자주 들어요?　　韓国の歌はよく聞きますか。
B：아뇨, 자주 (듣다)＿＿＿＿＿＿.　　いいえ、それほど<u>聞きません</u>。
④ A：요즘 많이 바빠요?　　最近とても忙しいですか。
B：아뇨, 별로 (바쁘다)＿＿＿＿＿＿.　　いいえ、<u>あまり忙しくないです</u>。

【解答】

1 ① 안 어려워요 / 어렵지 않아요.　② 안 짜요 / 짜지 않아요.　③ 안 힘들어요 / 힘들지 않아요.
④ 안 좋아해요 / 좋아하지 않아요.

2 ① 안 살아요 / 살지 않아요　② 안 멀어요 / 멀지 않아요　③ 안 들어요 / 듣지 않아요
④ 안 바빠요 / 바쁘지 않아요

例 어울리다	似合う	아직	まだ		
1 짜다	塩辛い	힘들다	しんどい		
2 멀다	遠い	자주	よく	별로	別に・あまり

083 動詞・形容詞語幹 **−지요**(죠)**?** / 名詞 **(이)−지요**(죠)**?**【〜でしょ・〜ますようね】

すでに知っていることを改めて確認するとき使う。

形態情報　[パッチムX] 가다 → 가지요　[パッチム○] 춥다 → 춥지요　[名] 학생 → 학생이지요

例　文　・오늘 날씨 춥지요? | 今日寒いでしょ？
・요즘 많이 바쁘시지요? | 最近お忙しいでしょ？

1 日本語訳を参考にして、表を完成しなさい。

	−지요?(−죠?)	意味
① 일본 분이시다		日本の方でしょ？
② 김치 많이 맵다		キムチ、すごく辛いでしょ？
③ 김선생님 댁이다		金先生のお宅でしょ？
④ 피곤하시다		疲れたでしょ？

2 (　　) の言葉を適当な形に変えて文を完成しなさい。

① A : 이 식당 음식 참 (맛있다)＿＿＿＿＿＿＿? この食堂の料理、本当に美味しいでしょ？
B : 네. 정말 맛있네요. はい。本当に美味しいですね。

② A : (졸립다)＿＿＿＿＿＿＿? 眠いでしょ？
B : 네, 조금 졸립네요. はい、少し眠いですね。

③ A : 냄새 참 (좋다)＿＿＿＿＿＿＿? 匂い本当にいいでしょ？
B : 네, 무슨 냄새예요? はい、何の匂いですか。

④ A : 보세요. 제 말이 (맞다)＿＿＿＿＿＿＿? でしょう。私の話が合ってますよね？
B : 그러네요. A씨 말이 맞네요. そうですね。Aさんの言うとおりですね。

参　考　**疑問詞とともにも使われ、「柔らかな疑問」を表す。**

① 비행기 몇 시에 도착하죠?(飛行機は何時に着くんですか。)
② 이거 얼마죠?(これいくらですか。)

【解答】

1 ① 일본 분이시지요?　② 김치 많이 맵지요?　③ 김선생님 댁이죠?　④ 피곤하시지요?

2 ① 맛있지요　② 졸립지요　③ 좋지요　④ 맞지요

1 일본 분	日本の方	댁	お宅	피곤–하다	疲れる				
2 참	本当に	졸립다	眠い	냄새	匂い	말	言葉	맞다	合う
그렇다	そうだ								

4 不規則動詞・形容詞のまとめ

084 ㄷ不規則

パッチムがㄷである一部の動詞（듣다, 걷다等）が、母音で始まる語尾が続くとき、パッチムㄷがㄹに変わる。

듣다(聞く)　듣+ −어요(〜ます) = 들어요(聞きます)
　　　　　　듣+ −습니다(〜ます) = 듣습니다(聞きます)
　　　　　　듣+ −었어요(〜ます) = 들었어요(聞きました)
　　　　　　듣+ −으세요(敬語・命令) = 들으세요(お〜・命令)
　　　　　　듣+ −는(連体形語尾) = 듣는(聞いている+名詞)
　　　　　　듣+ −어서(〜て) = 들어서(聞いて)

注意！ 語幹末の終声がㄷでも変則用言でないものがある：받다(受け取る), 닫다(閉める), 믿다(信じる) など

1 表を完成しなさい。

	−아/어요	−았/었어요	−(으)세요	−지만
듣다(聞く)				듣지만
걷다(歩く)	걸어요			
*받다(受け取る)		받았어요		
*닫다(閉める)	닫아요		닫으세요	

2 (　　) の言葉を適当な形に変えて文を完成しなさい。

① A：그 이야기 어디서 (듣다)＿＿＿＿＿＿?　その話、どこで聞きましたか。
　B：하나 씨한테서 (듣다)＿＿＿＿＿＿.　ハナさんから聞きましたよ。
② A：그 소문 정말 (믿다)＿＿＿＿＿＿?　その噂、本当に信じますか。
　B：아뇨, 안 (믿다)＿＿＿＿＿＿. 하지만…　いいえ、信じてません。でも…
③ A：창문 좀 (닫다)＿＿＿＿＿＿ 주세요.　窓、閉めてください。
　B：네, 그럴게요.　はい、そうします。
④ A：저기까지 혼자 (걷다)＿＿＿＿＿＿ 갈 수 있어요?　あそこまで1人で歩いて行けますか。
　B：네, 갈 수 있어요.　はい、行けます。

【解答】

1

	−아/어요	−았/었어요	−(으)세요	−지만
듣다	들어요	들었어요	들으세요	듣지만
걷다	걸어요	걸었어요	걸으세요	걷지만
*받다	받아요	받았어요	받으세요	받지만
*닫다	닫아요	닫았어요	닫으세요	닫지만

2 ① 들었어요 / 들었어요　② 믿으세요(믿어요) / 믿어요　③ 닫아　④ 걸어(서)

085 ㅂ不規則

語幹のパッチムがㅂである多くの動詞や形容詞（맵다, 덥다等）は、母音から始まる活用語尾（例えば、「–아/어요（〜です・ます）」、連体形語尾「–은」等）が続くと、パッチムㅂが우に変わる。

맵다(辛い)　맵+ –어요(〜です) = 매워요(辛いです)
맵+ –습니다(〜です) = 맵습니다(辛いです)
맵+ –었어요(〜でした) = 매웠어요(辛かったです)
맵+ –니까(〜から) = 매우니까(辛いから)
맵+ –ㄴ(連体形語尾) = 매운(辛い+名詞)

注意！　語幹末の終声がㅂでも変則用言でないものがある：입다(着る), 좁다(狭い), 잡다(捕まえる) など

1 表を完成しなさい。

	–아/어요	–았/었어요	–(으)ㄴ	–지만
덥다(暑い)			더운	
춥다(寒い)				춥지만
어렵다(難しい)	어려워요			
*입다(着る)	입어요			

2 (　　) の言葉を適当な形に変えて文を完成しなさい。

① A：김치 안 (맵다)＿＿＿＿＿＿＿＿＿?　　キムチ辛くないですか。
B：아뇨, 맛있는데요.　　いいえ、美味しいですよ。

② A：감기 다 나았어요?　　風邪は治りましたか。
B：네, 몸이 많이 (가볍다)＿＿＿＿＿＿＿＿＿졌어요.　　はい、体がすごく軽くなりました。

③ A：너무 (부끄럽다)＿＿＿＿＿＿＿＿＿ 하지 마세요.　　あまり恥ずかしがらないでください。
B：부끄럼을 많이 타서요.　　恥ずかしがり屋だからです。

④ A：시험 너무 어려웠죠?　　試験、とても難しかったでしょう？
B：네, 많이 (어렵다)＿＿＿＿＿＿＿＿＿.　　はい、とても難しかったです。

【解答】

1

	–아/어요	–았/었어요	–(으)ㄴ	–지만
덥다	더워요	더웠어요	더운	덥지만
춥다	추워요	추웠어요	추운	춥지만
어렵다	어려워요	어려웠어요	어려운	어렵지만
*입다	입어요	입었어요	입은	입지만

2 ① 매워요　② 가벼워　③ 부끄러워　④ 어려웠어요

086 으不規則

語幹が母音ㅡである用言の後ろに母音で始まる語尾等が続くと、語幹部分のㅡの前が陽母音の場合は아に、陰母音と語幹が１音節の場合は어に変わる。

바쁘다(忙しい)	바쁘+ –아요(〜です) = 바빠요(忙しいです)	
	바쁘+ –았어요(〜でした) = 바빴어요(忙しかったです)	
	바쁘+ –아서(〜ので) = 바빠서(忙しくて)	
쓰다(書く)	쓰+ –어요(〜ます) = 써요(書きます)	
	쓰+ –었어요(〜ました) = 썼어요(書きました)	
	쓰+ –지만(〜が) = 쓰지만(書くけど)	

注意！ 語幹末音節가르で終わるものは르不規則用言で、으不規則用言ではない。
[**르不規則用言**（087）] 다르다(異なる), 모르다(知らない), 부르다(呼ぶ) など

1 表を完成しなさい。

	–아/어요	–았/었어요	–(으)ㄴ/는	–지만
크다(大きい)	커요			
고프다(空いてる)				
*다르다(異なる)	달라요			다르지만

2 (　　) の言葉を適当な形に変えて文を完成しなさい。

① A：불 좀 (끄다)__________ 주세요.　電気を消してください。
　B：네, 알겠습니다.　はい、分かりました。
② A：지금 울고 있어요?　今泣いてるんですか。
　B：네, 영화가 너무 (슬프다)_______ 울어요.　はい、映画はとても悲しくて泣いています。
③ A：소풍 잘 갔다 왔어요?　遠足、無事に行ってきましたか。
　B：날씨가 (나쁘다)__________ 못 갔어요.　天気が悪くて行けませんでした。
④ A：어제 왜 학교에 안 왔어요?　昨日なぜ学校に来なかったのですか。
　B：(아프다)__________. 그래서 못 왔어요.　具合が悪かったです。それで来られませんでした。

【解答】

1

	–아/어요	–았/었어요	–(으)ㄴ	–지만
크다	커요	컸어요	큰	크지만
고프다	고파요	고팠어요	고픈	고프지만
*다르다	달라요	달랐어요	다른	다르지만

2 ① 꺼　② 슬퍼서　③ 나빠서　④ 아팠어요

087 ㄹ不規則

語幹がㄹで終わる全ての動詞・形容詞（살다, 알다, 놀다, 만들다, 길다, 멀다等）がㄴ,ㅂ, ㅅ、パッチムㄹで始まる語尾（活用形）が続くと（例えば、「–습니다（〜です・ます)」、連体形語尾「–는」等)、語幹のㄹが脱落する。

살다(住む)　살+ –아요(～ます) = 살아요(住んでいます)
살+ –ㅂ니다(～ます) = 삽니다(住んでいます)
살+ –세요(敬語・命令) = 사세요(お～・命令)
살+ –는(連体形語尾) = 사는(住んでいる＋名詞)

1 表を完成しなさい。

	–아/어요	–(으)ㅂ/습니다	–(으)세요	–는	–(으)ㄹ
놀다(遊ぶ)			노세요		
알다(知る)					알
만들다(作る)	만들어요				

2 (　　) の言葉を適当な形に変えて文を完成しなさい。

① A : 살을 좀 빼고 싶어요.　少し痩せたいです。
　B : 그럼 *(달다)________ 음식은 먹지 마세요.　では甘い物は食べないでください。
② A : 사전 어디에서 파는지 (알다)________?　辞書どこで売っているのか分かりますか。
　B : 서점에서 (팔다)________니까 가 보세요.　書店に売っているので行ってみてください。
③ A : 집이 (멀다)______니까 학교 다니기가 불편해요.　家が遠いので学校に通うのが不便です。
　B : 학교 근처로 이사 오는 건 어때요?　学校の近くに引越してきたらどうですか。
④ A : 지금 **(만들다)________ 요리 이름이 뭐예요?　今作っている料理の名前は何ですか。
　B : 잡채라는 요리예요.　チャプチェという料理です。

＊달다(甘い) ＋連体形語尾現在「–(으)ㄴ」　＊＊만들다(作る) ＋連体形語尾現在「–는」

【解答】

1

	–아/어요	–(으)ㅂ/습니다	–(으)세요	–는	–(으)ㄹ
놀다	놀아요	놉니다	노세요	노는	놀
알다	알아요	압니다	아세요	아는	알
만들다	만들어요	만듭니다	만드세요	만드는	만들

2 ① 단　② 아세요(알아요) / 파　③ 머　④ 만드는

088 르不規則

語幹末音節が르であるほとんどの用言（모르다, 다르다, 부르다等）が母音아/어で始まる語尾が続くとき、르と아/어がそれぞれㄹ라/ㄹ러に変わる。

빠르다(速い)　빠르+ –아요(～です) = 빨라요(速いです)
빠르+ –ㅂ니다(～です) = 빠릅니다(速いです)
빠르+ –세요(敬語) = 빠르세요(速いです)
빠르+ –ㄴ(連体形語尾) = 빠른(速い＋名詞)
빠르+ –지만(～けど) = 빠르지만(速いけど)

1 表を完成しなさい。

	−아/어요	−(으)세요	−(으)ㅂ/습니다	−았/었습니다
모르다(知らない)		모르세요		
다르다(違う)				
부르다(歌う・呼ぶ)	불러요			

2 (　　)の言葉を適当な形に変えて文を完成しなさい。

① A：저 사람 이름 알아요?　　あの人の名前知ってますか。
　B：아뇨, (모르다)＿＿＿＿＿＿＿＿.　　いいえ、知りません。
② A：하나 씨, 머리 (자르다)＿＿＿＿＿＿＿＿?　　ハナさん、髪、切りましたか。
　B：어떻게 아셨어요?　　どうして分かったんですか。
③ A：두 사람 쌍둥이인데 안 닮았네요.　　2人、双子なのに似ていませんね。
　B：네, 성격도 많이 (다르다)＿＿＿＿＿＿＿＿.　　はい、性格もかなり違います。
④ A：이 노래 어떻게 (부르다)＿＿＿＿＿＿＿＿?　　この歌、どうやって歌うんですか。
　B：저도 잘 모르겠어요.　　私もよく分かりません。

【解答】

1

	−아/어요	−(으)세요	−(으)ㅂ/습니다	−았/었습니다
모르다	몰라요	모르세요	모릅니다	몰랐습니다
다르다	달라요	다르세요	다릅니다	달랐습니다
부르다	불러요	부르세요	부릅니다	불렀습니다

2 ① 몰라요(모릅니다)　② 잘랐어요(잘랐습니까)　③ 달라요(다릅니다)　④ 불러요(부릅니까)

089 ㅅ不規則

語幹末のパッチムがㅅである一部の用言の後に母音で始まる語尾が続くとき、パッチムㅅが脱落する。

낫다(治る)　낫＋ −아요(〜ます) ＝ 나아요(治ります)
　낫＋ −습니다(〜ます) ＝ 낫습니다(治ります)
　낫＋ −았어요(〜ました) ＝ 나았어요(治りました)
　낫＋ −으세요(敬語・命令) ＝ 나으세요(お〜・命令)
　낫＋ −지만(〜けど) ＝ 낫지만(治るけど)

注意！　語幹末の終声がㅅでも変則用言でないものがある：웃다(笑う), 씻다(洗う) など

1 表を完成しなさい。

	−아/어요	−(으)ㅂ/습니다	−았/었어요	−(으)면
짓다(作る・建てる)	지어요			
붓다(腫れる)		붓습니다		
*웃다(笑う)				웃으면

2 (　　) の言葉を適当な形に変えて文を完成しなさい。

① A : 아이 이름은 누가 (짓다)____________?　子供の名前は誰が付けたのですか。
　B : 할아버지가 (짓다)____________ 주셨어요.　おじいさんが作ってくれました。

② A : 감기 다 (낫다)____________?　風邪は治りましたか。
　B : 네, 지금은 괜찮아요.　はい、今は大丈夫です。

③ A : 얼굴이 많이 (붓다)____________. 괜찮으세요?　顔がとても腫れています。大丈夫ですか。
　B : 아! 어제 라면을 먹고 잤어요.　あ！ 昨日ラーメンを食べて寝ました。

④ A : 왜 (웃다)____________?　なぜ笑うのですか。
　B : 그냥요.　ただ何となくです。

【解答】

1

	–아/어요	–(으)ㅂ/습니다	–았/었어요	–(으)면
짓다	지어요	짓습니다	지었어요	지으면
붓다	부어요	붓습니다	부었어요	부으면
웃다	웃어요	웃습니다	웃었어요	웃으면

2 ① 지었어요 / 지어　② 나았어요　③ 부었어요　④ 웃으세요(웃어요)

090 ㅎ不規則

語幹末のパッチムがㅎである形容詞の後に아/어で始まる語尾が続く場合、①ㅎと아/어が母音ㅐに変わる。②으で始まる語尾が続くときは、パッチムㅎと으が脱落する。

어떻다(どうだ)　어떻＋ –어요?(～ですか) ＝ 어때요(どうですか)
어떻＋ –습니까?(～ですか) ＝ 어떻습니까(どうですか)
어떻＋ –었어요?(～でしたか) ＝ 어땠어요(どうでしたか)
어떻＋ –으세요?(敬語) ＝ 어떠세요(いかがですか)
어떻＋ –어서(～て) ＝ 어때서(どうだから)
어떻＋ –ㄴ(連体形語尾) ＝ 어떤(どんな＋名詞)

	–아/어요	–(으)ㅂ/습니다	–(으)ㄴ	–아/어서
빨갛다(赤い)	빨개요			
파랗다(青い)		파랗습니다		
어떻다(どうだ)			어떤	
이렇다(こうだ)				이래서

2 (　　) の言葉を適当な形に変えて文を完成しなさい。

① A : 하늘이 정말 (파랗다)________________.　空が本当に青いです。
　B : 정말 그러네요.　本当にそうですね。

② A：얼굴이 많이 (까매지다)__________________.　　顔が黒くなりましたね。
B：바캉스 다녀왔어요.　　バカンスに行ってきました。

③ A：저기 (파랗다)__________________ 옷, 누구예요?　　あそこの青い服、誰ですか。
B：저도 잘 모르는 사람이에요.　　私もよく知らない人です。

④ A：거기 날씨는 (어떻다)__________________?　　そこの天気はどうですか。
B：여기는 아주 좋아요.　　ここはとても良いです。

【解答】

1

	-아/어요	-(으)ㅂ/습니다/까	-(으)ㄴ	-아/어서
빨갛다	빨개요	빨갛습니다	빨간	빨개서
파랗다	파래요	파랗습니다	파란	파래서
어떻다	어때요	어떻습니까	어떤	어때서
이렇다	이래요	이렇습니다	이런	이래서

2 ① 파래요　② 까매졌네요　③ 파란　④ 어때요(어떻습니까)